琦君：

2018在瓯海

王玮康◎主编

文匯出版社

图书在版编目(CIP)数据

琦君：2018在瓯海 / 王玮康主编. —上海：文汇出版社，2020.6

ISBN 978-7-5496-3239-8

Ⅰ.①琦…　Ⅱ.①王…　Ⅲ.①地方文化-温州-文集
Ⅳ.①G127.553-53

中国版本图书馆CIP数据核字(2020)第100553号

琦君：2018在瓯海

主　　编 / 王玮康
责任编辑 / 熊　勇
装帧设计 / 力扬文化

出版发行 / 文匯出版社
　　　　　上海市威海路755号
　　　　　(邮政编码200041)
印刷装订 / 成都兴怡包装装潢有限公司
版　　次 / 2020年6月第1版
印　　次 / 2020年6月第1次印刷
开　　本 / 787×1092　1/16
字　　数 / 380千
印　　张 / 19

ISBN 978-7-5496-3239-8
定　　价 / 68.00元

前言

琦君，原名潘希珍，又名潘希真。1917年7月24日出生在瓯海区泽雅镇庙后村，1949年5月去台湾，2006年6月7日在台湾辞世，享年90岁，是享誉海内外的文学大家。琦君的创作以怀乡散文见长，有《桂花雨》《春酒》《下雨天，真好》等10多篇文章入选大陆、港澳台语文课本。曾获得台湾文艺协会散文创作奖章、北美华文作家协会终身成就奖等，被誉为“二十世纪最富有中国风味的散文家”。琦君一生默默耕耘，为我们留下了无数宝贵的精神财富。她的作品，无论是散文、游记，还是小说和儿童文学，都蕴含着温暖真挚的情感，拨动着读者的心弦，影响了无数的海内外华人。如今，随着时间的推移，琦君作品越来越焕发出勃勃生机，不单是文学价值，更散发出人文价值的文化魅力。

琦君作为瓯海的女儿，是瓯海文化的一张金名片。近年来，瓯海区委、区政府在琦君文化品牌建设上不遗余力，先后建设了琦君文学馆、琦君纪念馆，连续举办了七届琦君文化节，与国内重要期刊十月杂志社，联合创立了“琦君散文奖”。2018年，中共瓯海区委宣传部、瓯海区社科联又开始实施琦君文化品牌提升工程，先后创建了琦君文化讲堂、琦君研究高峰论坛、桂花雨读书会、琦君文化公众号等平台，成立了琦君文化研究会，使得瓯海在打造“琦君文化品牌”上，形成了全方位、立体化的工作态势。

我们打造琦君文化品牌，就是要传承琦君笔下的乡愁文化，尤其是以瓯海故乡风土人情为题材的佳作，传达着浓浓的思乡恋情；我们打造琦君文化品牌，就是要弘扬琦君透过世俗万象所展现的温柔敦厚的情怀，处处是爱，时时有情，在平实朴素中见人情之真切；我们打造琦君文化品牌，更是为了再续两岸血浓于水的不解情缘，琦君文化是两岸人民的共同财富，体现着两岸一家亲的人文内涵。琦君文化回归故土，这是家乡人民致敬琦君的最高礼仪，是对琦君叶落归根良好遗愿的接续。

这次瓯海区社科联牵头，把瓯海在2018年打造琦君文化品牌所做的工作，进行了一次全方位的回眸和总结，把相关活动的资料进行了比较全面的收集、整理和编写，这是全区各相关单位通力协作，共同打造琦君文化品牌的成果。本书既是一本反映瓯海地域文化品牌工作成效的书籍，也是一本促进对外文化交流、彰显琦君文化研究最新成果的重要资料，为进一步积淀瓯海人文底蕴、推进“文化瓯海”建设做了一件打基础的事情。

目录 CONTENTS

路　过

——“琦君文化品牌提升工程”实施周年散记

王玮康

你的境遇充满了离乱的忧伤，但你用文字编织了一个温柔敦厚、人性善美的世界。路过你的世界，打开一扇窗，带给人们许多温暖和感动，记得带上这些记忆继续向前。

——题记

一

2017年的春天，来得比往年更早一些，2月份就出现了高达28.4℃的极端天气，进入3月份，春雨绵绵，丰沛的雨水催醒了花花草草冬眠的梦，一个姹紫嫣红的春天，就此拉开了帷幕。我也迎来了职业经历中第十次的岗位变动，区委决定提名我为区社科联主席。一个多月后，接替我岗位的同志到位了，4月下旬我走马上任。

一个全新的领域向我打开了。许多人在向我祝贺之余，都会疑惑地问我，社科联有这个单位吗？社科联是干什么的？这不能怪人家孤陋寡闻，社科联的确是小得不能再小的单位了，仅有3个编制，实际在岗的也就两个人。在我区的人民团体序列里，它是成立最晚的，仅仅4年多时间，影响力自然不能与老牌的工青妇科相比。我总这么跟人家解释，知道理科和文科吗？像物理、化学、生物等理科工作者和相关工作，由科协发挥桥梁纽带作用，行使服务管理职能；像政治、经济、法律、人文等文科工作者和相关工作，由社科联发挥桥梁纽带作用，行使服务管理职能。看着对方似懂非懂的表情，我也陷入了沉思，就这两个人，除了应对好日常工作，还能做些什么呢？

经过几天的调研和思考，理了理头绪，第一次向我的分管领导区委常委、区委宣传部部长徐延鸿汇报。从问题导向、存在短板说起，再到下步思路、具体举措，我洋洋洒洒汇报了几十分钟。其间，徐部长频频点头，我暗自窃喜，看来磨刀不误砍柴工，前几天的调研思考没有白费。汇报毕，徐部长不疾不徐地开口了，“思路很好，举措也很具体，但你就两个人，这么多事情忙得过来吗”？我一时语噎。“我们还是要根据实际情况，有所舍弃，确保重点。基层社科联的工作重点在于社科普及，在于围绕中心服务大局”。他抿了一口茶，继续说：“比如，瓯海人文资源丰富，纸山文化、大罗山文化、塘河文化源远流长，历代名人辈出，他们的言行、文章、学说，影响着瓯海的人文气质。这些具有瓯海标识的文化元素，如同散落在瓯海大地上的文化珍珠，我们在保护、研究、传承、发展方面，还存在一些问题，亟须解决。在这方面，社科联可以做一些查漏补缺的工作。”

没过几天，我来到了王晓康副区长的办公室，政府这头她是联系社科联的领导。王副区长是一位年轻的老领导，无党派人士，三十多岁就是区政协副主席，届满之后到区人大常委会担任副主任，今年年初转岗到区政府任副区长。这是一位精力充沛、做事风风火火的领导，用一句流行语来说，她是风一样的女子。等我汇报完之后，王副区长快人快语，“我给你的工作建议就是社科联要跟区文广新局、区文联的工作有所不同，要搞错位发展。他们没有顾上的领域，你社科联可以发挥优势，布局谋划。当前，全区正在实施‘城中村’改造，许多乡土文化资料正在流失、湮没，这方面乡土档案的收集、整理就很有意义，让这些将来成为市民的村民，还能了解自己来自哪里，还能找到回家的路，还能记得住乡愁”。还没有等我接话，她接着说：“琦君是我们瓯海的文化名人，故乡、亲友、童年是琦君文学创作的主要题材，她利用这三条维系的根，写出了丰富多彩的乡愁文化，是写故乡的圣手。我们要用好‘瓯海琦君故里’金名片，通过琦君文化建设来助推文化强区建设，在这方面社科联也可以做些工作。”作为原杭州大学毕业的高材生，王副区长的人文情结一直很浓厚，前几年她在区政协任职的时候，就为琦君文化品牌的打造出谋划策、摇旗呐喊，曾经主持编撰了《琦君笔下的故乡——民俗风情专辑》。

两位分管、联系领导的一席话，让我醍醐灌顶，若有所思，贪多求大未必好，脚踏实地是正道！在区里原有工作的基础上，如何提升琦君文化品牌的影响力和含金量，应该摆上社科联的重要工作议程。

二

2017 年仲夏的某天，彭大师正在挥毫泼墨，从他办公室里散发出来的墨香弥漫着整个走廊。彭大师乃是我对相邻办公的文联主席彭福云的尊称，其人仙风道骨，时常行走于云山碧水间，精于书法，也擅篆刻、诗文、画画，用他自己的话说，就是关注当下，关注内心，用千锤百炼的线条与世界对话。周才女袅袅婷婷地进了彭大师的工作室。周才女大名周吉敏，这几年专注于地域文化研究，短短几年已有《月之故乡》《民间绝色》《斜阳外》等几本书出来，拿过浙江省民间文艺“映山红”奖和首届琦君散文奖特别奖。才女和大师碰撞，会有什么样的火花呢？我也踱进了老彭的办公室。原来他们在讨论筹建“琦君文学院”的方案，要区里解决编制、经费云云。我一听这事悬，当前县区级机构改革箭在弦上，给你增设事业单位机构、落实编制怎么可能呢？我插话说，你们先跑跑看，如果跑不下来，我们可以退而求其次，先成立一个民间社团——琦君文化研究会，来代替设想中的琦君文学院的工作，开展琦君研究工作，进一步扩大琦君文化品牌的影响力。

果不其然，几天后周才女也袅袅婷婷地进了我的办公室。那天，我们谈了很多，从琦君文化研究会的框架到诸多细节，一一细聊，筹备成立琦君文化研究会的事情，就正式登门入室，上了我的工作案头。她忙着招兵买马，我忙着章程审核、起草相关文件材料。小单位有小单位的好处，效率奇高，一天工夫，关于成立琦君文化研究会的红头文件已经瓜熟蒂落。在安排研究会机构人事方案的时候，发现周吉敏是区管干部，兼职社团职务，还必须区委组织部审批，立即打了请示件。区委组织部也很给力，没几天部务会就作了研究。万事俱备只欠东风，就等成立大会召开了。开会是我的长项，工作 30 多年，也不知道筹办了多少会议、参加了多少会议。业界流传“一万小时定律”，要成为某个领域的专家，需要 10000 小时的淬炼，那显然我是“开会专家”。2017 年 7 月 9 日上午，瓯海区琦君文化研究会成立大会召开。我主持了会议，除了研究会会员外，还邀请了彭福云、冯强生、林长春、王学钊等一些热心推动琦君文化研究的“老先生”参加。听取筹备报告、宣读批复文件、审议章程、候选人建议人选说明、选举产生研究会领导班子、当选会长表态发言……议程一切都按照规矩来，只不过是简化版而已。会上周吉敏当选为琦君研究会首任会长。在这次大会上，还讨论了研究会今年的工作安排，明确了要在今年琦君诞辰百年之际，出一本琦君百年纪念集。

三

2017年12月15日上午，这温（暖之）州的冬天，并不寒冷，那天的最低温度还停留在10℃以上，加上蒙蒙细雨，倒像是“沾衣欲湿杏花雨，吹面不寒杨柳风”的春天，一点也不像时近冬至的寒冬。此刻，瓯海嘉宾云集，来自海峡两岸的200余名文化人士与各界代表前来参加纪念琦君一百周年诞辰暨第二届琦君散文奖颁奖典礼（琦君散文奖由十月杂志社和瓯海区人民政府主办，中共瓯海区委宣传部、区文联、区台办等单位承办），家乡人民再一次以最高礼仪来追思这位伟大的散文家。同时，第二届“琦君散文奖”揭晓，张炜的《松浦居随笔》、周晓枫的《离歌》、李修文的《三过榆林》获“琦君散文奖”作品奖，台湾作家廖玉蕙的散文集《像蝴蝶一样款款飞走以后》获“琦君散文奖”特别奖。

典礼上，区长王振勇如是说：“我们在这里共同纪念琦君女士，就是要传承琦君笔下的乡愁文化，尤其是以瓯海故乡风土、瓯越民俗为题材的佳作，传达着浓浓的乡愁恋情，这种因思念而抒发的文学作品，深深地激励着我们热爱这片养育我们的故土；我们在这里共同纪念琦君女士，更是为了再续两岸血浓于水的不解情缘。琦君文化是两岸人民的共同财富，体现着两岸一家亲的人文内涵。”他强调，回首过去，琦君文学馆、琦君纪念馆、琦君文化节、琦君散文奖等等，已然像花草树木一样在故乡的泥土里成长起来。作为琦君的家乡瓯海，我们将不遗余力地做好琦君故居的保护和琦君文化的传承，推动两岸交流合作向更深层次、更广领域发展，让瓯海“两山一水”地域文化得以传播并发扬光大。

就在这次典礼上，举行了《一生爱好是天然——琦君百年纪念集》首发仪式。从琦君文化研究会成立大会那天明确今年要出这么一本书起，到今天首发式，中间只有159天，编书、联系出版社、申请书号、设计、校核、印刷发行……一样都不少，其背后凝结着众人的心血。手捧着这本中国文联出版社正式出版，43万字，472页码的书，沉甸甸的，犹如劳作一季的老农，终于看到金灿灿的稻穗笑弯了腰。这本书是从零开始起步的。对于主编周吉敏来说，除了大家讨论确定好的编辑体例外，每一辑所需内容都是零，手头并无现成资料。对于我，虽然拍着胸膛说所需经费我来想办法解决，但到底怎么落实，我并没有方案，经费保障是零。这10多万元的出书费用，对于每年只有20万元工作经费的社科联无疑是个大难题。但我相信，只要这个事情是有意义的，就值得去担当，总会得道多助，众人拾柴火焰高。事实上后来的经过也确实是这样。吉敏辛勤的付出，终于收获了众多善缘，内容不断增厚。出书经费也有了着落，得到了区委宣传部领导的大力支持，纳入宣传部年度文艺精品项目解决了部分费用。然后，通过申报重点社科项目又解决了部分。这里还有个小插曲，等我好不容易凑够了出书费用，吉敏又跟我说，为了提高书籍质量，能不能改黑白为彩印？书里有许多文章是作者原创的，是要发些稿费的。这两项费用一加，又让我陷入了焦灼状态，直到第二年才还清债务。《一生爱好是天然——琦君百年纪念集》，是大陆第一本全面呈现琦君生平、著作及研究成果的书籍，作为本书的策划催生者，散发着墨香的书籍让我满心欢喜。

四

万事万物的发展自有前因后果，不会无缘无故凭空出世。在2018年进入倒计时，我们站在这时间节点回望过去，透过貌似纷繁复杂的世事，在每项所做的事情里，总能理出一条清晰的路径，虽然这条路很少是一帆风顺的直线，但蜿蜒曲折里总能看到最美的风景。从我到社科联起，我一直在思考，如何在人少、钱少、资源少的工作条件下，能够打开工作局面，一直在寻找一个切入点。几位领导的指点，犹如点化开智。琦君文化研究会的成立，让我逐渐有了更为明确的目标。进一步提升琦君文化品牌价值，挖掘具有瓯海标识的地方社科文化亮点，正式列入我的2018年计划。

1996年三溪中学40周年校庆期间，有识之士首先提议建立琦君文学馆。从那时开始，瓯海各级党委、政府，民间热心人士，以及琦君本人、家属及其亲友无不在努力地推动琦君文化工作向前走去，虽然时快时慢，但这项工作从来没有被遗忘。经过20多年的发展，琦君文化工作已经成绩斐然。这里可以盘点一下所取得的主要成绩：2001年10月，“琦君文学馆”在三溪中学开馆，琦君从美国回到瞿溪故乡参加了开馆仪式；2002年，琦君文学奖设立，从开始局限于三溪中学，到2011年发展到面向海峡两岸中学生征文；2011年开始，每年举办一届琦君文化节；2013年8月，琦君纪念馆在琦君出生地泽雅庙后开馆；2016年10月，瓯海区政府联合十月杂志社，共同创立“琦君散文奖”，每年一届，这一全国性文学大奖永久落户瓯海……这些活动的举行，平台的搭建，使得“琦君”这张瓯海文化名片的知名度、美誉度日益提高。

一个文化品牌的打造是持续发力的结果，是多方面综合积累所带来的叠加效应。琦君文化节，在促进两岸交流互动，拉近两岸民众感情，推进统战工作上发挥了重要作用；琦君散文奖，在全国打响“琦君”文化品牌，提升文学奖档次，扩大琦君影响力上功不可没。有了这两大平台，区社科联还能为琦君文化品牌打造做哪些拾遗补缺的事情呢？

那段时间，我办公室的茶壶总是“咕噜、咕噜”地忙活着，煮茶论英雄，来的都是客。在散讲讨论中，工作思路不断成型。我正儿八经地书面提出“琦君文化”品牌打造工作上的“五个一”，是在2017年11月。在瓯海区2018年文化体制改革项目申报上，区社科联申报的项目是“打造瓯海地域文化品牌，推进琦君文化研究”，其项目主要内容就是：建立一支有凝聚力的琦君文化研究团队；培养一名有影响力的琦君文化研究领军学者；举办一次高水平的琦君研究论坛；办好一个有号召力的琦君文化微信公众号；编发一本高品质的琦君文化书刊。但最初的“五个一”，很快就被修正为“六个一”了。一次，吉敏跟我聊到李辉老师，他提议我们创设“琦君文化讲堂”。李辉何人？他曾经担任人民日报社高级编辑，著名作家，是个随性率真的文化大咖，前不久应邀来到温州参加过塘河论坛活动。我眼前一亮，这真是一个好主意。我们几经讨论修改，最终形成了《瓯海区“实施琦君文化品牌提升工程，打造地域文化新高地”工作方案》，具体要做六件事：创设琦君文化讲堂；建设琦君文化研究团队；举办琦君研究高峰论坛；办好琦君文化公众号；编发琦君文化书刊；开展“桂花雨读书会”暨琦君文化进校园活动。

五

新年伊始，万象更新。2018年的大门如期开启了。新年第一个工作日，就是召开全省全面深化改革大会，省委车俊书记亲自部署全省改革工作。改革开放的脚步踏入第40个年头，但丝毫没有放慢步伐的迹象。这注定是不平凡的一年。

新年的阳光洒在我的办公桌上，铺上了一层金黄，这是温暖的颜色，我心愉悦：什么是文化？早上看到几句话诠释得真好，我把它写在了工作笔记的扉页上：文化就是根植于内心的修养；文化就是无须提醒的自觉；文化就是以约束为前提的自由；文化就是为别人着想的善良。新年，努力做一个文化人。

“琦君文化品牌提升工程”的工作方案打印稿就放在桌子上，散发着油墨香。之前，这个工作方案我已经向徐延鸿部长、王晓康副区长做过专题汇报，他们都非常支持，也提了一些意见。该向王振勇区长递交方案了，我心想。振勇区长我很熟悉，他从市级部门到瓯海任职的时候，我有幸在他身边工作了8个月，他是一位民主、睿智、善于创新、富有大局观、具有人文情怀的领导。在不久前的琦君散文奖颁奖之后，我有一次与他碰到，就口头汇报了“琦君文化品牌提升工程”的设想，他非常感兴趣。他说，你这些事情一做，再和原来的琦君散文奖、琦君文化节就互为补充、互为倚靠，使得我区在打造“琦君文化品牌”上，形成全方位、立体化的工作态势，非常好！你把这个事情形成一个具体的工作方案，下次拿给我看看。

我来到他的办公室，恰好他不在。于是，我把工作方案交给了他的联络员吴凯。几天后，吴凯给我来电，王区长已经看了我的工作方案，并作了批示，并把批示页面传给了我。批示如下：很好！请徐延鸿部长研究。我笑了，说明领导已经同意实施“琦君文化品牌提升工程”了，叫徐延鸿部长牵头落实，意味着这项工作可以正式启动了。

不久，徐部长召开了部务会，正式把“提升工程”纳入了2018年文化大区建设项目，从文化大区经费里安排了专项经费，一切似乎都上了正轨，但我仍然忧心忡忡。那就是人啊。都说独木难支，一个好汉三个帮啊，我这社科联就这么两个人，应付日常工作，已经勉为其难，突然揽上这么一单大活，怎么干啊？我得向部里要人。这时候，市委宣传部要求各县市区开展2018年全市宣传思想文化系统重点项目申报，王益忠常务副部长看上了“提升工程”，动员我申报为市重点项目。我趁机耍赖，部里给人，我就同意报，不给人，我怕成半拉子工程，不敢报。王部长也是个热心人，不久就给我们临时调剂了一个工作人员。思路有了，钱有了，人有了，万事俱备，剩下的就是放手干吧！

六

“琦君文化品牌提升工程”要做的六件事，这几个月在我心里七上八下，“心似双丝网，中有千千结”，时常反复揣摩，该如何破题？如何分轻急缓重，依次有序推进？六件事里，“建设琦君文化研究团队”这事，其实从去年就在做了，已经正式成立了琦君文化研究会，今年只要在规范社团组织建设，进一步扩充人员力量，吸收本土人才加盟研究会，再通过具体项目的扶持，相信能打开局面。“办好琦君文化公众号”这件事，也已经有了基础，去年年底已经正式开通发布，今年的任务就是要明确定位，把扩大“琦君文化”品牌影响力为目标，通过落实专人、资金，加强维护管理，做好宣传推广，在栏目设置、图文风格、发布内容上下功夫，力争办出管理规范、更新及时、特色鲜明的琦君文化宣传平台。余下的四件事里，开展“桂花雨读书会”暨琦君文化进校园活动，相对容易，规模可大可小，有了合适的读书会主讲嘉宾，可以首先启动，在全区合适的学校陆续展开。“编发琦君文化书刊”，可放在最后，有了系列“琦君文化品牌提升工程”活动和“琦君散文奖”等平台的支撑，有米下锅，也不愁。那么，当前的工作重点就先放在创设琦君文化讲堂、举办琦君研究高峰论坛上。

琦君文化讲堂，计划是每个季度讲一次，眼看现在5月即将过完，我们的首讲嘉宾还没有落实，内心有点着急。我们抓紧与李辉老师联系，聘请他担任琦君文化讲堂顾问，请李辉老师帮忙邀请首讲嘉宾。很快，李辉老师有了反馈，提供了几个首讲嘉宾的推荐人选：冯骥才，著名作家、中国文联原副主席、中国民间文艺家协会主席、民进中央副主席；白岩松，央视著名主持人；陈晓卿，《舌尖上的中国》总编导、腾讯视频副总编辑、稻来纪录片实验室负责人。三位大咖，都赫赫有名，分量很重，而且由他们结合自己的故事来讲琦君的“乡愁”文化，那是最合适不过的了。比如陈晓卿，央视纪录片的金牌导演，获奖无数，他执导的《舌尖上的中国》第一季和第二季播出时，都是引起轰动，成为收视率冠军，远超同期的热门电视剧和综艺节目，引发了全民对于中华传统美食的关注与探讨。琦君的作品里写了很多的家乡美味，其故里泽雅拥有因源于泽雅山区纸农的日常饮食菜品而得名的“纸农菜”，这些与美食金牌导演陈晓卿的碰撞，又会产生多少美妙的文化演绎，无疑是令人期待的。冯骥才，官至副部级的著名作家、画家，是“文革”后崛起的“伤痕文学”代表作家，20世纪90年代以来投身文化遗产抢救，影响深远，成为文化学者，整日奔波在乡村田野，踏勘民间遗存，为保护民间文化奔走呼号。让冯骥才阐述新时代的“乡愁”，应是最佳代言人。至于白岩松，作为央视著名主持人，知名度、影响力更是爆棚，关键是他肚子里有货，其演讲水平已是名声在外，收获了无数粉丝。

三位老师都适合作首讲嘉宾，但我们经过权衡，首选还是把目标盯准了白岩松。琦君文化讲堂能否一炮打响，让讲堂成为提升市民人文素养的发酵器，为琦君文化品牌发挥持久性影响力注入能量，嘉宾的演讲水平和号召力成为我们考虑的首要因素。我们把首期讲堂的时间安排在 7 月上旬，忙着联系白岩松的档期。不巧，6 月 14 日，第 21 届世界杯足球赛在俄罗斯揭幕，将历时 1 个多月，白岩松作为中国明星足球队的主力队员，是个铁杆球迷，世界杯期间，除了本职工作，其他活动概不安排。那就接着联系冯骥才、陈晓卿，遗憾的是两位也由于种种原因，不能成行。徐延鸿部长也给我下了“宁缺毋滥”的指示，那我们就既选之则等之，耐心等待嘉宾档期。直到 7 月下旬，远在北京的李辉老师敲定了白岩松来瓯开讲的具体时间——8 月 25 日。终于有了确切的日子，一切都是最好的安排，一切等待终将物有所值，虽然时间晚了一点。

七

2018 年真正影响温州的台风并不多，但 7 月 11 日在福建省连江县沿海登陆的 8 号强台风“玛莉亚”，实实在在给温州人民带来了骚扰，让多次虚惊一场的抗台部署，发挥了实际效果。据报载，台风造成浙江省温州、台州 2 市 15 个县（市、区）34 万人受灾，29.9 万人紧急转移安置，农作物受灾面积 800 余公顷，直接经济损失 2.5 亿元。但台风也带来了附加值，大雨直接浇灭了温州的酷暑。7 月 13 日上午，“玛莉亚”对温州的影响已渐行渐远，久雨的天空阳光初现，微风荡漾。“玛莉亚”不但给盛夏温州带来了凉爽天气，也给瓯海吹来了一位重量级文学大家，他就是首届琦君散文奖获得者、著名散文家鲍尔吉·原野。当天，他作为首期桂花雨读书会的嘉宾，走进瓯海中学，拉开了“琦君文化进校园”的序幕。

按照我们最初的设想，桂花雨读书会是为爱阅读、爱写作的社会各界人士打造的一个学习平台，进而为琦君文化研究会培养人才、发现人才，积蓄后备力量发挥作用。但我发现，这种活动很可能会演变成小圈子自娱自乐的聚会。群团活动忌讳“贵族化、娱乐化”，必须让更多的人受益。我想到了学校的孩子们，这些正在求学阶段的莘莘学子，正是人格、品格的塑造期，最需要优秀文化的滋养，听进去那么几句话，说不定就能受益终生。于是，一切顺理成章，就有了“桂花雨读书会”与“琦君文化进校园”的联姻。每期的桂花雨读书会都是向社会开放的，不设限的，同时选择走进一所学校，让更多的学生近距离接触名家、学者，开阔学生文化视野，宣传推广琦君文化，传承琦君文学精神，培养学生爱国爱乡的情怀。每次活动，除了名家讲座外，我们还向学校赠送一批琦君文化书籍，授予学校“琦君文化进校园”基地。

整个活动框架搭好后，开展起来就很顺利了。9 月 7 日，在三溪中学举办了第二期桂花雨读书会暨琦君文化进校园活动，本次活动邀请了浙江散文学会会长、鲁迅文学奖获得者陆春祥分享他的新作《而已》。9 月 27 日，第三期桂花雨读书会暨琦君文化进校园活动移师温州大学，邀请著名作家、学者赵柏田和《十月》杂志社事业部主任、诗人谷禾来到瓯海，开展了以“漫步在诗意的大地”为主题的沙龙活动。10 月 15 日，第四期桂花雨读书会暨琦君文化进校园活动走进啸秋中学，《海外文摘》文学版和《散文选刊》原创版执行主编、著名作家蒋建伟作了《散文的阅读与写作》的讲座。

11 月 13 日，第五期桂花雨读书会暨琦君文化进校园活动，以“考试总是迫在眉睫，而古诗却是远方”为主题，与瓯海外国语学校的师生们进行了分享。本期嘉宾邀请了鲁迅文学奖获得者、文学博士、著名作家潘向黎，这是一位知性优雅的美女作家。

八

8 月 25 日逐渐临近，我们的弦也逐渐绷紧。琦君文化讲堂是“琦君文化品牌提升工程”里分量最重的一项活动，第一炮打响了，后续工作就会好做得多。现在，主讲嘉宾白岩松确定了，李辉老师作为讲堂首席顾问，也会陪同前来，凭借两位老师的知名度和公众影响力，相当于手里已经拿到了一副好牌。讲堂现在能不能成功举办，关键就看演讲的选题、讲堂具体方案的谋划落实、媒体宣传等方面了。

白岩松报过来的演讲主题是“我的改革开放 40 年记忆”，这个主题对于他来说是驾轻就熟，材料、包袱烂熟于心，可以滔滔不绝、张嘴就来，肯定是非常精彩的。白岩松出生于 1968 年，1978 年党的十一届三中全会确定改革开放的时候，他正好十岁，是伴随着改革开放成长起来，是改革开放的见证者、参与者。作为媒体人，他在 1993 年参与创办了央视品牌节目《东方时空》，并推出了《东方之子》等栏目，比常人有更多改革开放的记忆、经历和感悟。这个主题向徐部长汇报的时候，他说，这个主题虽然好，也应景，但跟琦君文化的契合度不高，能不能跟他再协商一下，突出“怀乡乡愁”主题呢？通过李辉老师的协调，最终确定演讲主题为“我的故乡记忆”。

最初的讲堂会场安排，计划放在区图书馆的多功能厅，这里有巨幅的电子屏幕，现场布置相对容易。但很快就被我否决了。因为那段时间，碰到熟人聊的话题，都是了解白岩松要来瓯海的情况，人气非常火爆，图书馆多功能厅最多只能坐180人，显然座位不够。于是，我把目光放在了4号楼2楼的大会堂，这里有360多个位置。向徐部长汇报时，他坚持放在2号楼的大礼堂。大礼堂不算楼上的话，有630多个位置。事后想起来，不得不佩服领导的高瞻远瞩。

讲演的日子越逼越近，我的手机铃声也越来越密集地响起，都是来要票听讲座的，讲堂入场券成了香馍馍。社科联成立5年多了，从来没有像现在这样知名度高，仿佛一下子从幕后走到台前的感觉。看这架势，我也犯愁。举办活动，最担心的是没人捧场，冷冷清清收不了场。太过热门，又让人忧心忡忡。人多了，安全是个问题，分票是个问题。我赶紧排了个分票方案，通过文件把大部分票下达到各部门、镇街，然后预留了少部分票，作为工作用票。入场券成了紧缺资源，我不淡定了，专门把票务方案向部里领导作了汇报，向第四纪检组作了沟通，才敢实施。最后，还是伤了很多人的热情，只好作揖致歉，别无他法。

考虑到白岩松的知名度和公众影响力，我又和宣传部作了对接，联合开了一个工作协调会，要求公安、交警、机关事务局等部门做好相关配合工作。会上就安保工作、秩序管理、会场管理作了部署。细到住宿登记、嘉宾路线都作了安排，其目的就是避免出现骚乱、围观及其他异常情况。住宿酒店就安排在区行政中心对面的云天楼·瓯越洲际大酒店，这是一家刚开业的大酒店，环境、条件都很不错，我们的保密工作做得相当好，酒店到现在也还不知道白岩松来过。

九

真是好事多磨，天气预报温州8月25日将有大风暴雨，我的心一下子悬了起来。李辉、白岩松购买的是8月25日上午7：45起飞的CA1567航班，正常抵达时间是10：20，演讲就安排在下午。如果因为天气原因不能准时抵达怎么办？现在媒体宣传、会务安排都已经就绪，讲堂如果不能如期开讲，该如何应对？一边在心里默默祈祷，老天保佑，不要出幺蛾子，让飞机准点降落吧！一边还是作了备选方案，延迟到晚上或者第二天开讲。

8月25日，早早就醒了。7时许，李辉老师来信息了，到达机场，正常登机，一颗心放下小许。但望着彤云密布，雨下不停的天空，仍然焦虑。9时后，雨停了，天气逐渐好转，心花怒放。

站在龙湾国际机场出客大厅，听到CA1567航班准点抵达的播报，七上八下的一颗心算是落地了。盯着旅客出闸通道，李辉老师早就见过，一眼就认出他来了。去年他率领“六根”（以李辉老师为首的6个媒体人开设的公众号）的老师们来过温州。虽然他个子不高，但年过60的人，却充满了活力，嬉笑怒骂率性而为，一副老顽童的样子，“六根”的伙伴们称他为“六根”的颜值担当。白岩松穿着一身黑色T恤休闲装，没有戴那副标志性的眼镜，夹杂在鱼贯而出的人流里，并不显眼，没有人能认出身边这位就是央视的“名嘴”。我迎上前去，想接过他手里的行李箱，帮助拿上车，他很坚决地挡回了我的好意，双手孔武有力，轻轻松松地拎上了车。这位蒙古族汉子不苟言笑，有一张严谨冷峻的脸，这也许是职业习惯使然。因为一天后，我送他去机场返京的时候，他给我展示了他注重细节、温情脉脉的一面。他主动问我，孩子多大了，在哪读书，叫什么名字，然后从随身所带的袋子里，掏出他的新作《白说》，专门给我女儿写了一句话，送她留念。

到了酒店，简单吃过中饭，就安排午休。因为住宿酒店跟讲演的礼堂也就一路之隔，两三分钟就到，所以约好下午3：30准时来接他们去礼堂。我3：20到，1分钟后，李辉和白岩松也提前出现在大堂。路上，白岩松跟我讲，下午的讲演可以轻松一点，主题讲演后，可以安排一下互动，让听众现场提问，他即兴回答。我一听，既高兴，又有点担心。高兴的是即兴问答，是最吸引人的环节，最能点燃听众的热情，但一般的嘉宾是不想安排的，因为这最能考验嘉宾的“急智”和临场应对能力，搞不好容易弄巧成拙。难得嘉宾主动“加课”，确实令我很感动。担心的是，没有提前安排，一来怕冷场，没人提问怎么办？二来怕万一有人提一些敏感性问题，又该怎么办？权衡了一下，我兴奋地答应下来，我相信“名嘴”的能力和临场应对水平。果然，主题演讲之后的即兴问答，白岩松一口气回答了10个问题，非常精彩，妙语连珠，闪烁着智慧的火花。听众也很给力，问题提得很有水平。其中，有人问到他的同事网络红人崔永元的情况，他回答：“谢谢。我还是希望今天的论坛上文化版，我不太希望它上娱乐版，所以咱们有空单聊。”一句轻描淡写的回答，就巧妙回避了敏感话题，他的睿智可见一斑。

总之，这是一次全新的尝试，开启了利用文化名人宣传“琦君文化品牌”的创举。四天后的《温州日报》差不多用了一个版面来报道琦君文化讲堂，其中写道：台上，央视著名主持人白岩松以他惯有的审视的目光，娓娓讲述着“我的故乡记忆”；台下，数百位观众不时点头、鼓掌，沉浸其中。就这几天前，琦君文化讲堂开讲的消息一经传出，入场券便一票难求。不少铁粉从乐清、苍南，甚至外地赶来，文化的魅力和感召力可见一斑。这，是温州文化的一大盛事。

十

11 月 24 日上午 9：00，在区行政中心 2 号楼四楼 447 会议室，首届琦君研究高峰论坛准时启幕。深蓝色的背景幕布上星光闪耀，一场琦君研究的学术交流峰会，在深秋的瓯海绚丽绽放。15 位来自海峡两岸、日本、韩国的琦君研究专家齐聚琦君的故乡，一起追寻“琦君”的“乡愁”足迹，探索她怀乡的“心灵密码”。市社科联副主席张京，区委常委、宣传部部长徐延鸿，区政协副主席李芍等领导出席，开幕式上区社科联聘任温州大学人文学院孙良好院长为首席学术顾问。

论坛上，台湾东华大学华语文中心主任、台湾红楼梦研究学会会长朱嘉雯女士作了《重写绿窗旧梦——琦君诗化特质》的主题演讲，将琦君的诗意世界呈现在大众眼前。北京师范大学文学院教授、博士生导师沈庆利先生从琦君女士的“童心写作”与启蒙现代性的研究角度进行演讲，阐述了琦君始终保持着赤子之心，大爱超越苦难和空间的强大精神世界。瓯海区琦君文化研究会会长周吉敏，从故土出发，进行《乡音不改，故乡呼吸之间》的主题演讲。三位学者的演讲将琦君的作品和形象更立体更有层次地呈现。当天下午，论坛移师温州大学人文学院，开展圆桌会议学术研讨及闭幕式。专家学者们，从不同角度、不同切入点，对琦君展开了全方位的学术阐述，展示了对琦君研究的最新成果。

让时光先回溯到 9 月的日子。8 月琦君文化讲堂的成功举办，让一切的付出都有了完美的回报，忙碌的日子也成就了激情岁月里美好的片段。随着社科联班子的调整，段雪蕾副主席从妇联来到了社科联，一下子让我有了召开社科联第二次代表大会的底气。8 月底召开理事会，定下 10 月下旬召开社科联第二次代表大会。麻雀虽小五脏俱全，作为换届大会，有着仪式感十足的烦琐流程，会议的政治性、严肃性、严谨性也决定了我们必须全力以赴。会议的准备工作量非常大，接下来的一个多月必须全身心投入到会议的召开。但“琦君文化品牌提升工程”里要做的“琦君研究高峰论坛”尚未摆上议程。开弓没有回头箭，在今年剩下不多的日子里，必须择期举办。

我忙里偷闲，9 月中旬，找到温州大学人文学院的孙良好院长。孙院长有着一张棱角分明的国字脸，器宇轩昂，一看就是个充满正能量的人。他在繁忙的教学科研之余，还是文化活动家，这几年与瓯海合作，搞了不少文化活动，算是校地合作的典范。我们一拍即合，相谈甚欢，达成了共同举办“琦君研究高峰论坛”的合作意向。而且，他利用自己广泛的人脉资源，马上就可以先行启动相关嘉宾的邀请工作。之后，我们又碰了几次面，对合作方式、嘉宾人选、论坛主题、实施方案、职责分工等，都作了细致的讨论，确定在 11 月 23—25 日举办琦君研究高峰论坛。

这次论坛，唯一的遗憾是台湾几位嘉宾没有如期来到，最后只来了台湾东华大学的朱嘉雯教授，一位温文尔雅的女学者。此次高峰论坛，我们还安排了一次琦君故里的专题采风活动。25 日上午，与会的专家学者们实地走访了琦君文学馆、琦君纪念馆和泽雅传统造纸博物馆，在琦君故里完成了一次琦君文学精神的溯源。

十一

此刻，已经是 2018 年的最后一个工作日的下午时光。2019 年正迎面走来，站在新年的门槛前，挥手作别即将逝去的 2018 年。

一年，弹指一挥间。瓯海热土上的变化，日新月异；发生的故事，历久弥新。站在新的起点上，我回望走过的路，做过的事，遇到的人。用我并不精彩的语言，记录着这个伟大时代的一小朵浪花。

从小喜欢看书、爱书，散发着油墨香的书籍伴我成长。在那物资贫乏的少年时光，现在回想起来，并不觉得苦，那是书籍为我打开了这个精彩的世界，精神的富足足以抵消了物资贫乏所带来的悲哀。所以，对于写书的人，我是充满了敬仰，感谢他们在现实世界之外，又给我们创造了一个书籍的世界，比现实更美丽，或者更丑陋……我想编写一本书，这是埋藏心里多年的愿望。今年的工作里既然有编发琦君文化书刊的计划，何不自己来试试。但内心又惶恐不安，我的能力水平能胜任吗？好在领导和一些好朋友给了我鼓励和支持。

我编书的想法第一个跟温州大学人文学院的孙良好院长作了沟通，跟他讲了内容编排的初步想法，得到了他的支持，并且欣然答应做本书的学术顾问。第二个与文联主席彭福云协商，把文联在主抓的第三届“琦君散文奖”颁奖的相关内容也一并收录在本书，他也表示了支持！

12 月初，正式动笔开写《路过——“琦君文化品牌提升工程”实施周年散记》，在忙碌的年终岁尾，写得断断续续，中间身体还出现了一点小状况，休息了几天，但终于赶在 2018 年的最后一个工作日前完成了这篇文章。万事开头难，接下来就是资料的收集、整理、校核等烦琐的工作。但有了这么多人的支持，想必得道多助，终会顺利完成书稿，如期完成“琦君文化品牌提升工程”里的最后一件事情——“编发琦君文化书刊”，给 2018 年的工作画上一个圆满的句号。

窗外，华灯初上，瓯海大道的车流川流不息，绚丽夜景下，这是一条流动的彩河。这片充满生机的热土即将迎来充满希望的 2019 年，以梦为马再出发。

2018 年琦君文化纪事

1.“琦君文化品牌提升工程”正式启动实施。新年伊始，瓯海区社科联就研究制定了“实施琦君文化品牌提升工程，打造地域文化新高地”的工作方案。1月19日，瓯海区区长王振勇在工作方案上，作了批示：“很好！请徐延鸿部长研究。”区委常委、宣传部长徐延鸿多次牵头，专题研究保障措施，推进“提升工程”各项工作的实施。

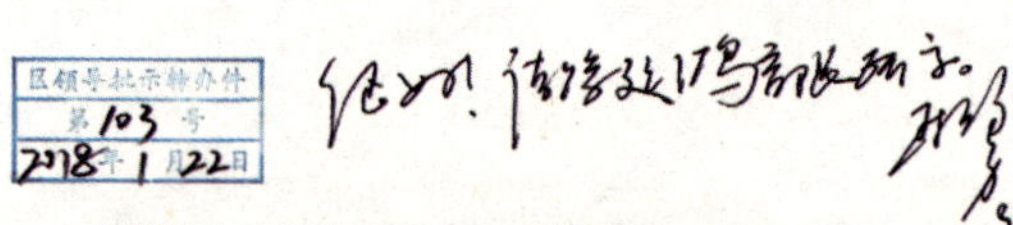

瓯海区“实施琦君文化品牌提升工程，打造地域文化新高地”工作方案

近年来，区委、区政府非常重视我区的宣传文化工作，特别是在挖掘具有瓯海标识的地域文化工作方面，可谓不遗余力。比如，在琦君文化建设上，先后建设了琦君文学馆、琦君纪念馆，连续举办了七届琦君文化节，去年区委、区政府与国内重要期刊《十月》杂志社，联合创办了“琦君散文奖”，致使这一全国性的文学大奖落户瓯海，至今已举办两届，有6位海内外著名的作家、学者获得了“琦君散文奖”。区委、区政府一步一个脚印，为打造琦君文化品牌奠定了坚实的基础，扩大了琦君文化品牌的影响力，提升了瓯海的知名度和美誉度，引领瓯海走出温州，走向全国。

当前，中国特色社会主义进入了新时代。党的十九大擘画了决胜全面建成小康社会、开启全面建设社会主义现代化国家新征程的宏伟蓝图。新方位、新形势对瓯海宣传地域文化工作提出了更高要求，在坚定文化自信、增强文化自觉、强化文化担当上，在全面提升我区文化软实力上，需要拿出新的具体举措。为了进一步打造琦君文化品牌，我区在继续办好“琦君文化节”、“琦君散文奖”两个平台外，还要实施“琦君文化品牌提升工程”。让琦君文化品牌，不但在促进两岸互动、推进统战工作上，在扩大瓯海影响力、宣传瓯海

2. 琦君文学馆提升工程完工，正式对外开放。由区台办、瞿溪街道筹资 100 多万元，实施琦君文学馆提升工程，2017 年 9 月 18 日竣工，并于 2018 年 1 月正式对外开放。

3. 《一生爱好是天然——琦君百年纪念集》上了绿茶书情新书榜。1 月 8 日，著名书评人绿茶在新年第一波新书好书榜上推荐了即将面市的 18 本好书，其中就有瓯海区社科联策划推出的社科书籍《一生爱好是天然——琦君百年纪念集》（周吉敏主编，中国文联出版社出版），是大陆首次对琦君的资料做了比较完善的收集整理，为研究和了解琦君提供了丰富的资料。

4. 琦君文化研究会一届二次理事会召开。3 月 13 日下午，成立于 2017 年 7 月 9 日的瓯海区琦君文化研究会召开了一届二次理事会，会议总结了研究会成立半年多来的工作得失，探讨并初步确定了 2018 年工作计划。会议由会长周吉敏主持，瓯海区社科联主席王玮康参会指导。

5. 温州市委常委、市委宣传部部长胡剑谨来到琦君纪念馆调研。3 月 15 日，根据省委、市委“大学习大调研大抓落实”活动的部署，胡剑谨带着对“乡村振兴战略中的文化引领”的思考，来到了琦君故里——泽雅镇庙益村开展调研。其间参观了琦君纪念馆，并在这里召开了党员干部座谈会。

6. 瓯海区委书记娄绍光走访琦君纪念馆。4 月 6 日，区委书记娄绍光率队赴泽雅镇蹲点调研乡村振兴示范带建设，其间，走访了琦君故里庙益村及琦君纪念馆。

7. 琦君纪念馆“同馨书屋”揭牌仪式暨琦君文化发展座谈会举行。6 月 8 日上午，在琦君故里泽雅镇庙益村，瓯海区委常委、统战部部长潘晓勇，副区长王晓康，区政协副主席沈岩明、徐海曼共同为琦君纪念馆“同馨书屋”揭牌，区委宣传部、区委统战部、区台办、区社科联等相关单位负责人，区各民主党派、统战团体负责人，区新生代企业家代表人士，相关协会团体等 50 余人参加活动。区各民主党派、统战团体共同出资 2 万元用于“同馨书屋”建设，区社科联、区新生代企业家联谊会、区知联会、区图书馆为书屋捐赠了琦君相关书籍约 500 册。之后，在琦君纪念馆，召开了琦君文化发展座谈会，与会人员分别就当前参与琦君文化建设情况展开深入交流，并围绕琦君文化未来发展规划进行研讨，为打造琦君文化品牌建言献策。

8. 开展“庙益‘妙忆’、‘粽’在参与——琦君故里端午民俗体验活动”。6月18日是端午节，琦君故里泽雅镇庙益、庙后村开展传统节日民俗活动，上百温州市民参加了该活动，感受琦君笔下《粽子里的乡愁》的节日氛围，充分展示泽雅乡村休闲旅游文化的魅力。

9. 瓯海区委常委、区委宣传部部长徐延鸿调研琦君纪念馆。6月21日，徐延鸿率区委宣传部、区文联、区社科联等部门负责人到泽雅镇庙益村察看琦君纪念馆文化提升项目建设工作。他强调，纪念馆要完善布局、注重细节，以良好的环境布置，体现琦君文化的历史内涵；要加强宣传，结合琦君文化开展系列活动，做大琦君文化品牌，让更多的人了解琦君、了解泽雅。

10. 首期桂花雨读书会暨“琦君文化进校园”活动走进瓯海中学。7 月 13 日上午，由区社科联主办，琦君文化研究会、瓯海中学承办的首期桂花雨读书会暨“琦君文化进校园”活动启幕。活动邀请了首届琦君散文奖获得者、著名散文家鲍尔吉·原野作为演讲嘉宾。区社科联主席王玮康、区委宣传部副部长林海军出席活动。琦君文化研究会会长周吉敏主持。同时，进行了“琦君文化进校园”基地授牌以及赠书仪式。

11. 首期瓯海“琦君文化讲堂”开讲，央视“名嘴”白岩松担任主讲嘉宾，人民日报社高级编辑、著名作家李辉受聘为讲堂首席顾问。8 月 25 日下午，由中共瓯海区委宣传部主办、瓯海区社科联承办的“琦君文化讲堂”正式在琦君的故乡瓯海开启。近 700 座的瓯海大会堂，座无虚席，一票难求。白岩松以“我的故乡记忆”为题做了长达两个小时的演讲，并与观众互动交流。现场笑声掌声不断，温州日报评价此次讲堂开讲为“温州文化盛事”。

12. 召开发展琦君文化助推乡村振兴工作座谈会。9 月 6 日下午，由瓯海区委宣传部林海军副部长牵头，召集区委统战部、区委农办、区台办、区发改局、区经信局、区教育局、区文广新局、区旅游局、区招商局、区文联、区社科联、泽雅镇等单位负责人，专题研究发展琦君文化，助推乡村振兴工作。

13. 第二期“桂花雨读书会”暨“琦君文化进校园”活动走进三溪中学。9 月 7 日上午，由区社科联主办、琦君文化研究会承办、三溪中学协办的该活动在三溪中学举行。本期活动邀请浙江散文学会会长、鲁迅文学奖获得者陆春祥为主讲嘉宾，他以“建立适合自己的阅读目标”为主题，与大家分享了他的读书心得、写作经验，以及新作《而已》。区社科联主席王玮康、副主席段雪蕾出席活动。琦君文化研究会会长周吉敏主持。同时，进行了“琦君文化进校园”基地授牌以及赠书仪式。

14. 琦君文学馆附属用房修缮工程完工。由瞿溪街道、区文广新局筹资 20 余万元，对琦君文学馆附属用房进行了修缮，于 2018 年 9 月 26 日完成竣工验收。

15. 第三期桂花雨读书会暨琦君文化进校园活动走进温州大学。9 月 27 日晚上，区琦君文化研究会联合温州大学罗山人文沙龙，以“漫步在诗意的大地”为主题在温州大学育英图书馆举行。这次活动邀请当代著名作家、学者赵柏田，《十月》编辑、诗人谷禾，本土作家周吉敏参加，孙良好教授主持。

16. 王振勇区长督查“诗画泽雅 · 琦君故里”乡村振兴示范带建设情况。10 月 14 日上午，瓯海区区长王振勇、区政协主席林宝新、副区长陈朝明等一行，先后督查了泽雅环湖绿道、一级旅游驿站、崎云度假酒店、北林垟田园综合体和马

鞍岩森林康养中心等项目建设情况，并察看了琦君故里庙益、庙后村的美丽乡村建设，参观了琦君纪念馆。

17. 第四期桂花雨读书会暨琦君文化进校园活动走进瓯海区啸秋中学。10 月 15 日，由区社科联主办，区作协、啸秋中学承办的该活动，邀请了《海外文摘》文学版和《散文选刊》原创版执行主编、著名作家蒋建伟为主讲嘉宾，他以《散文的阅读与写作》为题，以想象力、观察和情感这三方面为切入点，用生动的案例与大家分享如何进行散文创作。

18. 第五期桂花雨读书会暨琦君文化进校园活动走进瓯海区外国语学校。11 月 13 日下午，该活动邀请鲁迅文学奖获得者、文学博士、著名作家潘向黎担任主讲嘉宾，她以“考试总是迫在眉睫，而古诗却是远方”为主题，向全校 300 多师生作了精彩讲演。著名海外华文作家张翎、温州大学人文学院院长孙良好作为特邀嘉宾也参与了活动。区社科联主席王玮康致辞，副主席段雪蕾出席活动，琦君文化研究会会长周吉敏主持。同时，举行了“琦君文化进校园”基地授牌以及赠书仪式。

19. 首届琦君研究高峰论坛在瓯海成功举办。11 月 24 日上午，由瓯海区委宣传部主办，瓯海区社会科学界联合会和温州大学人文学院承办的首届琦君研究高峰论坛在瓯海区行政中心隆重启幕。15 位来自海峡两岸及韩国、日本的琦君研究专家学者和来自本土的琦君文化研究者、爱好者共 100 余人参加了活动。开幕式之后，朱嘉雯、沈庆利、周吉敏等学者分别发表主题演讲。当天下午，“琦君研究高峰论坛”圆桌会议学术研讨暨闭幕式在温州大学人文学院举行。专家学者们，从不同角度对琦君展开全方位的学术阐述，交流展示琦君研究的最新成果。温州市社科联副主席张京、瓯海区委常委宣传部部长徐延鸿、瓯海区政协副主席李芍、温州大学人文学院院长孙良好、瓯海区社科联主席王玮康等出席了此次活动。11 月 25 日，与会的专家学者们，还到琦君文学馆、琦君纪念馆、泽雅生态造纸博物馆开展了采风活动。

20. 第三届“琦君散文奖”暨首届“瓯海杯”中国当代楹联文化奖颁奖典礼在瓯海举行。12 月 22 日下午，由十月杂志社和瓯海区人民政府主办，中共瓯海区委宣传部、瓯海区文联、区台办等单位承办的第三届“琦君散文奖”暨首届“瓯海杯”中国当代楹联文化奖颁奖典礼在区行政中心举行。中国作协副主席李敬泽、中国楹联学会副会长刘太品等来自全国各地的四十余位文学大咖来到现场，瓯海区区长王振勇、温州市文联主席邹跃飞、温州市社科联主席潘忠强等相关领导出席活动。邱志杰的《邱注〈上元灯彩图〉：关于一种历史剧的编撰》、汗漫的《海上手绘集》、苏沧桑的《跟着戏班去流浪》获得“琦君散文奖”作品奖，董华的《草木知己》获得“琦君散文奖”特别奖。吕可夫获“瓯海杯”中国当代对联创作金奖，温本理、贾雪梅、王翼奇获当代对联创作奖，余德泉、常江获得当代对联理论奖，史从忠获得当代对联特殊贡献奖。

21. “文学中的故乡”——第三届琦君散文奖散文论坛成功举办。12 月 22 日晚上，在温州大学人文学院，由十月杂志社、瓯海区文联、温州大学人文学院主办，瓯海区琦君文化研究会协办的散文论坛成功举办。汗漫、苏沧桑、董华等 11 位嘉宾围绕“文学中的故乡”主题，谈琦君、谈文学、谈故乡，展开了深入讨论。论坛由温州大学人文学院院长孙良好主持。

22. 参加第三届“琦君散文奖”暨首届“瓯海杯”中国当代楹联文化奖颁奖仪式的嘉宾，开展“琦君故里”采风活动。2018 年 12 月 23 日上午，40 余位嘉宾先后到瞿溪琦君文学馆、泽雅纸山等地进行采风。

23. 瓯海区“琦君文化品牌提升工程”荣获 2018 年度“浙江省社科普及创新项目”。瓯海区社科联负责实施的“琦君文化品牌提升工程”项目，被省社科联评为 2018 年度“浙江省社科普及创新项目”，并通报表彰。全省获此殊荣的共有 30 个项目，其中温州有 3 个。2018 年，区社科联重点做了创设琦君文化讲堂、举办琦君研究高峰论坛、开展“桂花雨读书会”暨琦君文化进校园活动、建设琦君文化研究团队、办好琦君文化公众号、编发琦君文化书刊等 6 件事，有效实施“琦君文化品牌提升工程”，打造瓯海地域文化新高地。

浙江省社会科学界联合会文件

浙社科联发（2019）1号

关于2018年度"浙江省社科普及创新项目"的通报

各有关单位：

2018年，全省社科普及战线深入学习贯彻习近平新时代中国特色社会主义思想和全国、全省宣传思想工作会议精神，紧紧围绕"文化浙江"和社科强省建设大局，积极探索新时代社科普及工作的新方法、新载体，不断推动社科普及工作

—1—

品牌化、社会化、常态化，涌现了一批项目新颖、具有示范意义和一定社会影响力、美誉度的社科普及项目。为激励先进、树立典型，深入推进我省社科普及事业的发展，在各市社科联推荐的基础上，经专家评审，省社科联研究决定对"唐诗里的大运河"作品征集等30个"浙江省社科普及创新项目"（见附件）给予通报表扬。

希望受到表扬的单位珍惜荣誉、再接再厉，不断扩大创新项目的影响力，继续推动工作创新，切实发挥示范引领作用，为进一步宣传普及社会主义核心价值观，提升全省公众的人文社科素养作出新的贡献！

附件：2018年度"浙江省社科普及创新项目"名单

浙江省社会科学界联合会

2019年1月2日

附件

2018年度"浙江省社科普及创新项目"名单

1. "唐诗里的大运河"作品征集

实施单位：杭州京杭大运河博物馆社科普及基地

2. "诗词寻踪，漫步南宋"文化之旅

实施单位：杭州市上城区社科联、杭州西湖国学馆社科普及基地

3. 良渚文化的数字化解读与传播

实施单位：良渚博物院社科普及基地

4. 社科讲座进基层

实施单位：杭州市临安区社科联

5. "万人读书季"全民阅读书香文创系列

实施单位：宁波东外滩社科普及基地

6. "指南针"——青少年探索体验

实施单位：宁波帮博物馆社科普及基地

7. 项目化推进社科普及

实施单位：宁波市鄞州区社科联

8. 一封家书传孝心，知行合一尽孝道

实施单位：余姚市王阳明故居纪念馆社科普及基地

9. 庆祝改革开放40周年"温州故事"演讲大赛

实施单位：温州市社科联

10. 琦君文化品牌提升工程

实施单位：温州市瓯海区社科联

11. 遇见读书会

实施单位：平阳县社科联

12. 翔宇瓯江书院学习共同体

实施单位：温州翔宇中学社科普及基地

13. "红色文化"研学体验

实施单位：长兴县社科联

14. 打好生态建设普及组合拳

实施单位：安吉县社科联

15. 阅读星挑战

实施单位：海宁市图书馆社科普及基地

16. 涵芬阅读空间

实施单位：海盐张元济图书馆社科普及基地

17. "多彩非遗，美好生活"非遗集市

实施单位：绍兴市柯桥区社科联

18. 浣江雅集

实施单位：诸暨市社科联

19. "传播中华文化，讲好金华故事"系列

实施单位：金华市社科联

20. 义乌名人堂

实施单位：义乌市社科联

（王玮康收集编写）

第三届琦君散文奖

第三届琦君散文奖评奖、颁奖情况介绍

由十月杂志社与温州市瓯海区人民政府创立于2016年的“琦君散文奖”，至今已经步入第三个年头。“琦君散文奖”每年举办1次，每次设“作品奖”和“特别奖”2个奖项，分别评出“作品奖”3篇，“特别奖”1部。在成功举办的前两届“琦君散文奖”上，已经有8位作家获此殊荣。其中，第一届的优秀作品奖获得者是鲍尔吉·原野的《没有人在春雨里哭泣》、黄灯的《回馈乡村，何以可能?》、梁鸿鹰的《安放自我》，特别奖获得者是周吉敏的散文集《斜阳外》；第二届的优秀作品奖获得者是张炜的《松浦居随笔》、周晓枫的《离歌》、李修文的《三过榆林》，台湾作家廖玉蕙的散文集《像蝴蝶一样款款飞走以后》获特别奖。

今年第三届“琦君散文奖”的评选活动，始于2018年7月，由十月杂志社和瓯海区人民政府邀请海内外有影响的作家、诗人、学者共同组成权威的评委会。评委会主任由中国作协副主席李敬泽担任，评委成员有何向阳、王十月、徐迅、宁小龄。在社会上征集到有效作品文稿（每篇5000字以上，在省级以上刊物发表）1276篇，《花城》《钟山》《人民文学》《山花》《作家》《散文选刊》《作品》《青年作家》等杂志推荐的优秀散文作品30篇，以及以反映和呈现乡土、乡情、乡愁为主题和书写地方文化为主题的散文集150余种。评委会在充分讨论的基础上，通过投票方式评出3篇“作品奖”和1部“特别奖”作品。

第三届“琦君散文奖”颁奖典礼，于2018年12月22日在瓯海区行政中心举行，与首届“瓯海杯”中国当代楹联文化奖颁奖典礼合并举办。中国作协副主席李敬泽、中国楹联学会副会长刘太品等来自全国各地四十余位文学大咖来到现场，瓯

海区区长王振勇、市文联主席邹跃飞、市社科联主席潘忠强等相关领导出席活动。

汗漫的《海上手绘集》、邱志杰的《邱注〈上元灯彩图〉：关于一种历史剧的编撰》、苏沧桑的《跟着戏班去流浪》获得“琦君散文奖”作品奖，董华的《草木知己》获得“琦君散文奖”特别奖。吕可夫获“瓯海杯”中国当代对联创作金奖，温本理、贾雪梅、王翼奇获当代对联创作奖，余德泉、常江获得当代对联理论奖，史从忠获得当代对联特殊贡献奖。

当天，现场还进行了“十月作家创作基地”授牌仪式，并展示了“瓯海杯”中国当代楹联文化奖获奖者赠予瓯海的贺联。颁奖典礼结束后，中国作协副主席、评论家、散文家李敬泽在现场作《地方性与现代文章》主题讲座。（王玮康）

参加颁奖典礼的部分嘉宾

十月杂志社主编陈东捷给瓯海区委常委、宣传部部长徐延鸿授“十月作家创作基地”牌匾

颁奖典礼节目表演

来自温州电视台的朱小杰主持颁奖典礼

“瓯海杯”中国当代楹联文化奖获奖者赠予瓯海的贺联

参会嘉宾赴琦君故居（琦君文学馆）采风

在第三届“琦君散文奖”暨首届“瓯海杯”中国当代楹联文化奖颁奖典礼上的致辞

中共温州市瓯海区委副书记、瓯海区人民政府区长　王振勇

尊敬的李敬泽主席、刘太品会长，各位领导、各位来宾：

大家下午好！

今天是中国二十四节气的冬至日，我们以“乡愁”为媒，在文学的名义下齐聚温州瓯海，共同见证第三届“琦君散文奖”暨首届“瓯海杯”中国当代楹联文化奖颁奖盛典。在此，我谨代表瓯海区四套班子和100万瓯海人民，对出席活动的各位领导、各位嘉宾表示热烈的欢迎！向长期以来关心、支持瓯海发展的社会各界人士表示最衷心的感谢！

乡愁是中华儿女共同的情感寄托，也是弘扬中国文化、助推民族伟大复兴的重要力量源泉。作为闻名海内外的散文大家，琦君先生是乡愁文学的巅峰代表，特别在温州这样一个“天下温州人”的特殊地域里，乡愁文学具有极大的文化基础和情感需求，对此，从20世纪90年代开始，瓯海就开始注重挖掘琦君文化，通过建设琦君文学馆、举办琦君文化节、成立琦君文化研究会、开设琦君文化讲堂等一系列举措，目的就是要打响琦君文化品牌，让瓯海成为海内外游子“乡愁”的栖息地，寻根的心灵家园。特别是我们联合《十月》杂志，设立全国性文学大奖——“琦君散文奖”，并连续三年举办，先后有12位作家获奖，这不仅扩大了琦君的影响力，为瓯海积淀了深厚的文化底蕴，更加为中华文化复兴注入“乡愁力量”。

如果说乡愁文化是瓯海文化之“魂”，那么楹联文化则是瓯海之“形”。作为浙江省第一个“中国楹联文化区”，瓯海楹联文化盛行，拥有一大批诗词楹联爱好者，特别是今年在继“琦君散文奖”后，在中国楹联学会大力支持下，专门设立“瓯海杯”中国当代楹联文化奖，这又为瓯海文化繁荣发展增添了强劲动力。下步，瓯海区委、区政府将以“琦君文化”为引领，持续打响楹联文化、绿文化等一系列文化品牌，着力打造温州区域文化中心，为“科教新区、山水瓯海”建

设持续注入精神动力。在此，希望各位专家学者、文坛“大咖”，能够一如既往地关心瓯海，宣传瓯海，并以此次两大奖项为引领，共同引导优秀文学创作、助力文化强国建设。

最后，预祝第三届“琦君散文奖”暨首届“瓯海杯”中国当代楹联文化奖颁奖典礼取得圆满成功。祝各位领导、各位来宾冬至吉祥、身体健康、工作顺利！谢谢大家！

王振勇区长在致辞

第三届琦君散文奖获奖作品名单、授奖词和获奖作家感言

一、优秀作品奖

1.《海上手绘集》（原载于《人民文学》2018 年第 2 期）

作者：汗漫

授奖词：

汗漫是新世纪以来涌现出的散文文体变革者之一。诗人身份的保持，使他在散文写作中继续反对平庸和遮蔽、追求卓越和独到，视野宏阔，行文简劲，语言呈现出异常的密度、速度和力度。其新作《海上手绘集》，是汗漫为上海这座混血之城勾勒出的肖像，更是传达个人经验的自画像，叙事与思辨圆融，使文本充满了阅读美感和精神启迪。

汗漫的获奖感言：

非常高兴在冬至日，在美丽的瓯海，获得以琦君先生名字作为前缀的散文奖。讲三句感谢的话：

第一，感谢《人民文学》对我这篇散文的推荐，这是意料之外的一份奖项。《海上手绘集》是我正在写的一本书，目前写了 18 万字，写得比较慢，我想随着年龄的增长和时间的推移，对上海这座城市的认识也会越来越深刻、准确，所以不着急，慢慢写。一个伟大的诗人叫沃尔科特，他有一句话我非常喜欢，他说："要么我谁也不是，要么我就是一个民族。"就我而言，我想写出属于我的上海，但同时我必须写出属于我们这个民族的上海。

第二，感谢评委会对我的激励。我是一个业余的写作者，对于业余的写作者而言，一个专业的、权威的奖项可以鼓励我继续热爱世俗生活中种种的喧嚣以及

书房里面的无穷寂寞。这种喧嚣和寂寞，恰恰可以帮助一个写作者使自己的文字不断获得开阔的力量。

第三，感谢十月文学杂志社和瓯海区对于散文这一文体的尊重。这次获奖的作家据我了解，有职员、有农夫、有诗人等等，这恰恰说明了散文这一文体的魅力，它具有巨大的包容性和无限的可能性。一代人写一代人的散文，就像琦君先生一样，她写出了她那个时代的乡愁与爱。特别是她写母亲的那些散文，我读了非常感动，让我想起了朱自清先生的《背影》。但是我们这一代人应该写出我们这一代人的乡愁与爱，而不能简单地重复前人的世界观和方法论，因为我们所处的时代和世界已经发生了剧烈的变化，我们要求变、求新，不断地为散文这一文体赢得解放和自由，我想这才是我们对前辈最深的敬意和最高的礼赞。

谢谢大家！

汗漫在发表获奖感言

中国作协副主席李敬泽给汗漫颁奖

2.《邱注〈上元灯彩图〉：关于一种历史剧的编撰》（原载于《十月》2018年第3期）

作者：邱志杰

授奖词：

当代和古代的同时代性，艺术形式与社会批判的同构性，新的文学建构方式和写作伦理，在这一组极富活力的文字中呈现。邱志杰《邱注〈上元灯彩图〉：关于一种历史剧的编撰》，将古代戏曲的书写元素，舞台折子戏的调度元素，福柯式的批判视角，与现代杂文的笔法，极富创意地综合在一起。当代艺术家特有的多层叠视觉思维方式，给文学写作带来新的方法示范。在金陵这个象征性时空情境里，艺术家点亮情感与人性的发光体，各种阶层、各种身份、各种面目的角色，提线木偶般切入又淡出设定的轨迹，琐碎但又高度浓缩，历史以一种曲径通幽的方式抵达当下现实的总体隐喻，而每个片段又可自由拆解成独立的部分。

邱志杰的获奖感言：（没有亲临颁奖现场）

王振勇区长给邱志杰颁奖（由十月杂志社编辑部主任季亚娅代领）

3.《跟着戏班去流浪》（原载于《十月》2018 年第 1 期）

作者：苏沧桑

授奖词：

苏沧桑的散文《跟着戏班去流浪》记录了作家和“吉祥”越剧草根戏班同吃同住同演戏的一段生活的点点滴滴，呈现了民间戏班不为人知的生存状态和思想情感，百年越剧的辛酸苦乐浓缩成此刻的种种瞬间，平常的日夜交织着“家”与“流浪”、“梦”与“生活”的难以言尽的人生况味。其真切、细微，非在书斋中所能完成。《跟着戏班去流浪》文字温暖、淡泊、真挚，那些我们身边被忽略的现实人生，在挣脱了概念化的存在后，变得如此鲜活且意味深长。

苏沧桑的获奖感言：

大家好！此时此刻我的内心充满感恩，也充满敬畏。多年以前，我刚出生不久就被父母带到平阳（编者注：温州市下辖县），度过我大半个童年。读初一的时候，我在小舅舅的床头第一次发现了一本《十月》杂志，又在母亲的床头发现了一本《红楼梦》，于是就渐渐迷上了文学。在我 20 多岁的时候就经常收到读者来信称呼我为苏老先生，沧桑老先生。

去年的元旦，我在“千年纸山”泽雅采访，得知我最喜爱的散文大家琦君的故里就在泽雅，于是便到琦君纪念馆去拜谒。时隔一年，今年元旦，《十月》杂志刊出我的长篇散文《跟着戏班去流浪》。于是很奇妙，我和我的第二故乡温州、和琦君、和《十月》杂志、和文学就有了此时此刻美妙的重逢。

我敬畏时间，也敬畏文学，我特别感恩，感恩天地间一切真善美的力量成就的每一个生命中美好的缘分，让我觉得城市喧嚣千帆过尽，一切好像都在变，其实一切都没有变。在这里，我要特别感谢《十月》杂志，感谢陈东捷主编和编辑老师们对我的知遇之恩，感谢敬泽（副）主席和评委会对我的厚爱，也感谢瓯海区人民政府对文学给予的大力支持和崇高礼遇，同时也感谢在座各位给予的鼓励目光。当然了，我还要特别感谢这篇散文的主人公们，她们就是我台州老家“临海吉祥越剧团”带着我流浪的姐妹们，我觉得这份荣誉也属于她们。

最后，我想借前几天王安忆老师说过的一句话来勉励自己。她说：“我能做的只有继续写下去，如果不能写得更好，至少也不能写得更坏。”

谢谢大家！

十月杂志社主编陈东捷给苏沧桑颁奖

苏沧桑在发表获奖感言

二、特别奖

《草木知己》（北京十月文艺出版社出版）

作者：董华

授奖词：

他是一位真正的农耕者。“一花一世界，一草一天地”，他既是每一棵植物的观察者，也是每一株草木的记录者。长期以来，他仿佛手持一枚放大镜，用真诚、质朴与明亮的文字，执着地书写草木、农事与土地的细微与广阔、情感与伦理、历史与现实。他就是来自北京房山的农民作家董华。

董华的获奖感言：

各位领导、各位老师，我来自北京郊区。我们那个地方有山丘，也有大块的农田，那是一个有着几千人口，历史悠久的古镇。从小到大我没脱离老家，生在20世纪50年代，久历乡间打磨，曾是种田汉、现是卖文者的我，虽然命运早有所改变，但不认可在完全意义上的脱胎换骨，故灵魂深处还是一个农民。农民情愫由胎里带来，所以所思所感依照农民本性，全然站在民间立场上说话。热衷于农田伦理和草木的写作是有渊源的，大的气候且不说，宅院里的小环境也长期使我受教育。我们家有一个土质好的祖宅，大院子种了果木和花草，一年四季风景不错，有些野菜、杂草不是我种，也在我们院安家落户。我十分钦佩野菜和杂草的生殖力，有的只沾一点土，那生命力就让你感动，还特别耐寒冷。入冬，大树掉光了叶子，它们还保持着生命的本色。我还钦佩老一辈农民的叫法，管野生草类永远不叫野菜、杂草，而是叫青草，显得特别亲切，有人情味。

我爱原生态草木，将它联系到个人身世，它们善良而又卑微，卑微着又昂扬向上的力，活像身边底层人的面孔。我的老伴忒爱洁净，她不允许不按秩序的绿色草木进院，有时候趁我不在家就拔了一些，我就和她闹气，以不吃晚饭、穿着衣服睡觉表示抗议。

了解草木，我甚于了解人际关系，现今一些人性远不及草木品质的高洁。由草木而有文学，我的行文追求真诚和平易，写农田、写草木，它既是我这一代人的宿命，也是我这一代人的使命。写我爱写的，写我能写的，把自己从土地上得来的交还给土地，我享受到往小里活的快意，心正则笔正，认人又认心，我觉得这个论断正确。

练习散文写作几十年，我是从《北京文学》上起步的，那个时代奉行工农兵占领上层建筑，我去那儿当了一名小伙计，编辑部的人水平高，个个为顶级的编辑家，统领人物又非大诗人、大作家莫属。经师易得，人师难求，他们都曾手把手教我手艺。琦君先生是海内外驰名的乡愁文学作家，今天有幸投奔于她的门下是我的造化，无比荣耀。

温州此行，我很兴奋。在此，我谨向琦君先生的在天之灵，向评委老师，向本次活动的主办方十月杂志社、瓯海区人民政府，向热忱接待的瓯海区台湾事务办公室、瓯海区文联的领导和师友们表示由衷的谢意！我要把各方的友谊和我看到的瓯海区美好的发展变化情况传递给我在北京的朋友。

谢谢大家！

（王玮康根据现场速记校核整理）

温州市文联主席邹跃飞给董华颁奖

董华在发表获奖感言

地方性与现代文章

——李敬泽主题讲座实录

温州确实很温暖，但我穿的还是北京的衣服，所以一上台感觉汗就下来了。特别高兴今天来参加“琦君散文奖”的颁奖典礼。我这次作为琦君散文奖评委会的主任，这样的主任我也当过很多次，各种各样的评奖。每次到了这样颁奖的场合，就会有朋友问，或者有记者问：你们评这样一个奖，你们的标准是什么？说老实话，我是特别怕人家问我这个问题。因为标准这件事真的很难说，差不多是一个人已经爱上了另外一个人，一个男人爱上另外一个女人，然后你问他标准是什么，这时候你就发现，关于这个标准不管说多少话总是不太贴切。

后来这个问题被问得多了，我就有一个比较讨巧的也比较直接简单的回答。比如我评散文，我的标准其实很简单，就是一句话，而且这句话来头很大，谁说的呢？孔子说的。孔子关于什么是好文章，他有一句话，一共五个字，叫“辞达而已矣”，这五个字里面还有三个是虚字，实际上就是“辞达”二字。在《论语·卫灵公》一章，子曰：“辞达而已矣。”讲的就是好文章、好的散文就这一个标准，就是辞达。说起来是很简单，但是我们不要忘了，孔子是圣人，什么叫圣人？圣人就是说最简单的话，表达最复杂的意思。

“辞”我们都知道，就是文辞，这个“达”又是什么？这个达既可以当动词讲，也可以当形容词讲。这个词首先当动词叫抵达、表达，也就是在孔子看来，好的文章就是我们能够表达、能够抵达我们心中所想的意思，所以这叫作“辞达”。但是这个“达”在我看来还有另外一个词性，作为形容词又有着畅达、顺畅的意思，也就是我们心里有意思，我们要用文章把它表达出来，我们要用文辞抵达我们心里的意思。但是这个抵达还不能是跌跌撞撞、磕磕碰碰的抵达，我们还应该很顺畅地抵达，所以这个达就包含这样两层意思。那么顺畅地抵达我们自己心中的这个意思，这就是好文章。

照这么说，听上去好像也没那么难。在座的应该都写文章，我也写文章，我感觉孔子说的这么简单的一句话，要做到其实就很难很难很难！很难在哪？很难在首先我们就搞不清自己到底是什么意思。就是说辞达而已，我们把自己意思表达清楚，这就很好，但问题是我们真的明白我们到底是什么意思吗？我们今天中午吃了一顿好菜，然后你吃了一条鱼，觉得这个鱼真的好吃，这条鱼我从来没有吃过，或者我从来没有吃过这种做法的鱼，它的味道太特殊了。那么好吧，你给我把这个意思说清楚，这个鱼到底是什么味道？我觉得我们的舌头知道，但是我们的笔不知道，我估计你要用你的文字把你的这种感觉准确地、有力地、明白地表达出来，这个鱼的味道到底是什么味道，你心里到底是怎么想的，我觉得恐怕是很难。我们只能赞而叹之曰这个鱼太好吃了，怎么好吃我们还是说不清楚，这还仅仅说的是吃鱼。这个世界有比吃鱼更复杂的事，对于世界上那么多的事，对于我们心里翻腾着的那么多的想法，其实我们的困难就在于我们有时候搞不清自己到底是怎么想的。

所以，当孔夫子用“达”这个字的时候，他实际上也是在提醒我们，做到“达”是有难度的、是不容易的。做到“达”几乎就是一段征程，是从你的心到那个纸面的征程，是你心里想什么，或者这个世界上发生了什么，你看见了什么，然后你要开始艰难的跋涉，把它落到这个纸面上。所以我想，写文章我们都有体会，所谓辞达并不一定是我们心里已经放着一个杯子，说已经有一个杯子很清楚，不一定。这个杯子常常是在我们很艰苦写的过程中才渐渐地有了，才渐渐清晰起来，也就是说，我们要用我们的语言，把我们的心，把我们的世界渐渐照亮。这叫“辞达”。

在这个过程中，还存在另外一种风险、另外一种不容易。就是我们很容易就被语言给带着走了，我们心中有意思，我们眼中有所见，但是我们心中的意思和眼中的所见要靠什么来表达？只能靠语言和文字，而这个语言和文字它就如同一匹马，这个马我们是骑手，好骑手是你驾着这个马走到一个地方去，不好的骑手是这个马带着你不知道走到哪去。语言有的时候会坑害我们，所以我觉得我们有时候写文章常常是如同盲人骑瞎马，夜半临深池。我不知道你们怎么样，对我来说语言这匹马经常是不听我的使唤，经常它有自己的路要走。

我们看到今天晚上的月亮这么美，我想把这个月亮，此时此刻我所见到的这轮月亮写出来，不是李白见过的，不是杜甫见过的，也不是琦君先生见过的，我要把我眼里独特的今天晚上的月亮写出来。这容易吗？这不容易。因为当你一提起笔来，你就发现你的语言都是李白创造过的、琦君创造过的，你的马都是别人的马，这个马自然就会把你拉到别人的地方去。所以，这个孔子的标准、“辞达而已矣”的标准其实是极高、极难的标准。我们很难像孔子所要求的那样准确地抵达我们自己，我们也很难像孔子所要求的那样抵达自己之后再顺畅地表达出来，这是一件很难的事，这也是一个至高的标准。

所以我在这要谈的是孔子第一句话，叫作“辞达而已矣”。但是“辞达而已”还有另外一个意思，就是我们写文章不仅仅是为了表达自己在想什么，或者我看到了什么，文章要给别人看，恐怕我们每一个人写文章都在内心期待着别人读我们这个文章。所以就有了另外一个意思，“辞达”，它不仅抵达我们自己，这个达还要抵达别人，让别人看。这就产生了问题，别人喜欢还是不喜欢？琦君先生的文章我们大家都喜欢，她写于几十年前的文章，穿越了岁月我们现在还喜欢；她写在台湾的文章跃过了海峡我们还喜欢，所以琦君先生的文章就等于完成了另外一个达，穿越了时间和空间抵达了别人，这是“辞达而已”的又一重意思。

那么，怎么才能够抵达别人呢？孔子还有一句话，这句话是在《左传·襄公二十五年》里面讲的，孔子在这里讲，“言以足志，文以足言。不言，谁知其志。言之无文，行而不远”。这就是孔子的第二句话，叫“言之无文，行而不远”。就是说我们也想明白我们到底是什么意思了，我们也准确地表达我们到底是什么意思了，但是还不够。孔子说还要言而有文。这个“文”是什么？是修辞。就是说你还要讲得好，你还要讲得有吸引力，你还要讲得别人爱听、爱看。所以，就有一个言而有文的问题。否则的话，就像孔子说的“行之不远”，走不远。孔子在这里强调了说，文章是什么？文章很重要的一个功能它是用于公共交际，是用于人和人之间的交际和交流。

我们大家注意到孔子讲“行之不远”，这个“行”是什么意思？不仅仅是指流传的意思，在春秋《左传·襄公二十五年》的时代，“行”还有另外一个有意思的意思。春秋时代那些负责搞外交的人叫作“行人”，我们现在外交部的官员都是行人。为什么说外交官叫行人？就是他们是走比较远的路和远方的人打交道的人。这个文章很重要的功能是什么？也是要行而远，也是要走很远的路和远方的人打交道。什么交道？通过文章表达意思、传达情感。所以，孔子说，一个外交官要会说话，一个文章要讲修辞、要讲文采。所以修辞对于中国的文章来说至关重要，对于我们现在的散文来说也至关重要。

东西方的古人也都非常重视修辞之学。不管春秋时代的孔子也好，还是希腊人也好，都意识到了，这个修辞如何使我们的言辞变得更有吸引力，如何使我们的言辞能够和别人非常有效地发生关系、发生沟通，这是一门极其复杂的技巧。古希腊的时候，研究修辞学的人都是大学问家。所以，文章如果要谈标准的话，先是“辞达而已”，然后就叫作“言之无文，行而不远”，言要有文，要有修辞之美。

但是在这里又有了一个问题。就是说，文章是很容易修辞过度的，是很容易修辞泛滥的，有的时候文章太漂亮了也有问题，文章太美了也有问题。问题在哪？问题也是孔子说的一句话，《论语》里面有一篇叫“学而”篇，孔子在说别人的时候讲，“巧言令色鲜矣仁”，他这说的倒不是文章，他说的是人。说一个人“巧言”，话说得那么巧，“令色”，看上去很聪明、很可爱、很令人亲近的样子，“鲜矣仁”，其实心里是没有多少仁义的人。他的意思是说这样花言巧语的人是不可信任的。孔子在这里说的是人的问题，实际上要我看也是文章的问题。

我们刚才说文章要写得美，文章要写得好，话要说得漂亮，如此你这个文章才有说服力，才可以走得远，你的文章才能长上腿，而且是飞毛腿。但是圣人有的时候，话都是两面说，他又反过来说，说这个人文章太漂亮了，话说得太美了，修辞太华丽了，形容词堆得太多了，那就是如同一个人一样，叫作“鲜矣仁”，不可信任。我觉得孔子的这个说法，其实对于我们所有的作家来说，都是一个重大的根本的提醒。也就是说，我们很容易说文章我要写漂亮，话我要说漂亮，辞藻要用得多、用得好，但是我们在这个过程中是不是反而变得不可信任了，反而与我们的那个初心和本心离得远了。

什么叫初心和本心？就是孔子一开始讲的“辞达而已矣”，就是你到底心里是什么意思，你到底看见了什么。然后孔子还有一句话叫作“过犹不及”，就是说我心里有，我看见了，然后我准确表达出来，这很好。但是我有时候说不行，我要写得漂亮，我要使劲，其结果是什么？用孔子的话这叫“过犹不及”。你做过头了、说过头了、表达过头了，这就如同说你没说到、你没说清楚，如同白说了。所以，我年轻的时候写作文也是特别喜欢写得漂亮，现在我也写文章，经常有人夸我，说：“你的文章真是不错，好。”“为什么？”“写得真漂亮。”每当人家夸我写得真漂亮的时候，我心里都很打鼓，因为我担心自己是不是巧言令色了，我是不是让大家的目光仅仅停留在华丽的文辞上了，我是不是过犹不及了。有时候我们的文辞、修辞太华丽、太漂亮了，以至于掩盖和模糊了我们真正要表达的那个东西。

所以，孔子给我们的一个重要教导就是离了修辞不行，但是修辞中包含着危险。修辞中包含着的这个危险就叫作巧言令色的危险。关于这个问题，孔子在另外一个地方又做了一个非常有力的概括和回答。这个概括和回答是什么？在《易传》里面《乾卦·文言》，子曰：“君子进德修业。忠信所以进德也；修辞立其诚，所以居业也。”一方面，我们要忠信，这是修德之道；另一方面，孔子告诉我们不可以不修辞，因为不修辞则行之不远。但是修辞有一个根本，什么根本？

叫作修辞立其诚，这个“诚”是诚挚的这个“诚”，诚实的这个“诚”。我觉得这个“诚”字同样值得我们所有写文章的人深刻地领会。

散文家特别爱谈的一个词叫作“真诚”。什么叫“真诚”？我觉得“真诚”这件事也需要我们好好斟酌。“真诚”这个词并不像我们表面上看上去那么的无可置疑。你经常会发现，比如我们现在是网络时代、自媒体时代，大家都可以在网上发言，大家也都可以通过自媒体发表种种的言论，你的观点也好，你对事物的看法也好，我们在发表的时候可能都是真诚的。我们今天忽然看到一个新闻，说是哪哪哪又有假货了，食品安全又出问题了，对这些造假的，我很生气，然后我就写一个帖子非常真诚地表达了我的愤怒。我觉得这肯定是真诚的。但是与此同时，这个真诚地表达愤怒的人，很可能自己在生活中、工作中，也是一个干事不靠谱的人，他也可能是一个不靠谱的老师，或者一个不靠谱的工人，一个不靠谱的医生或者一个不靠谱的普通人。也就是说我们所表达的意见、我们所表达的感受和我们真实的经验和我们自己真实的状态常常是不一致的，或者我们自己其实没有意识到这种不一致。他买了一个奶粉，一听说这个奶粉有毒，他很生气，但实际上，他自己开的小卖店也在卖假货。这样的愤怒有他的真诚，但是同时并没有对自己真实的生存状态、自己作为一个人的真实状态有一个深入的和全面的认识。所以我常想“真诚”这个词非常好，但是“真诚”这个词也特别容易被滥用，在散文中“真诚”这个词同样也很容易被滥用。在这个意义上，孔夫子所说的这个“诚”到底指的是什么？我觉得是值得我们深刻领会的。

孔夫子指的这个“诚”，我觉得他是把这个诚当作一个君子非常重要的一门修行，他叫作“君子所以居业也”。什么叫作居业？是我们安身立命的一件事。这个诚是安身立命的一件事，它绝不是我今天疼了，我喊出来就叫诚，而是说一个人如何做到对自己的生命、对自己的全部经验、对这个世界都抱着一个负责任的、诚恳的态度来表达。忠实于自己，也忠实于自己在这个世界上所经验的一切。所以正是在这个意义上，孔子把修辞立其诚作为了我们修辞问题的一个根本原则。

我刚才一共讲了孔子的这么几句话，我觉得讲得都很好，不是我讲得都很好，是孔子讲得都很好。这就说到了我们今天这个论题，叫作“地方性与现代文章”。这个论题不是我自己想出来的，这是《十月》杂志的陈主编给我出的题，特别难讲，所以我也讲不出什么新鲜的，我就讲一讲孔子的这几句话。因为我觉得如果我们讲现代文章，其实不管怎么现代，圣人的话都是管用的，孔子这几句话其实说的也都是我们现代文章的问题，孔子这几句话也都说出了我们现代文章的困难。怎么认识自己？怎么能够辞达？文章就是经过艰苦的搏斗和跋涉来认识自己，知道我在想什么，搞清楚我在看什么，同时文章有巨大的社会交往功能。为此我们必须要讲究修辞，我们必须要讲究怎么写和怎么说的问题，必须要说服和征服尽可能多的人。但是在这个过程中我们又会受到诱惑。什么诱惑？就是巧言令色的诱惑。我开一个公号，本来我是要讲道理的，但是后来我一想点击率是最重要的，必须要10万+，为了10万+必须要巧言令色，但是我这么巧言令色了之后，可能我拿到了10万+，但是我又变成一个“鲜矣仁”的人、一个不真诚的人、一个虚假的人，一个为了争取多一点的粉丝、多一点的回应，而去说了很多其实我们自己也不信的话的人。

然后怎么办呢？孔子教导我们说“修辞立其诚”。立其诚那就意味着我们要把文章不仅当作一种认识的途径、表达的途径，我们还要意识到文章有着一个巨大的伦理责任。文章既是对世界的一份伦理责任，同时也是我们自己的一份修行。所以在孔子这里，写文章“修辞立其诚”这是一个君子敬德修业的基本功夫，这是一门修行。我觉得对于现代人来说，这同样是一门修行，同样是很难的一件事。为什么叫修行？就是因为它很难。

弘一法师出家后，在我们温州修行过一段时间。为什么要修行？就是因为修行难，就是因为它是常人所难为之事。所以在这个意义上讲，孔子所说的这个“诚”其实也是一件很难的事。现代文章我觉得和古代文章也没有太大的分别，我们面对的困难是一样的，我们面对的考验是一样的，我们要做出的修行也是一样的，这在孔老夫子的这几句话中都说得清清楚楚。我作为一个也写文章的人，我是愿意把这几句话反反复复地放在心里、反反复复地念叨的。

在这，我也特别高兴在“琦君散文奖”的颁奖礼上能够和大家一起重温一下孔夫子的这几句话。现代文章说完了，但是题目里还有一个“地方性”。你看这个题目出的，现在“地方性”好像找不回来了。不要紧，“地方性”同样有一个“达”的问题，每一个地方的人其实都是生活在一种地图的这样一个概念里，就是我们都是在一个世界的、空间的相对位置里来认识自己。

在座的大都是温州人。温州人意味着什么？意味着我们在山海之间，意味着温州这样独特的地理文化、饮食、生活种种条件。但是我觉得不仅仅如此，还有一个东西很重要，就是温州和北京的距离，也就是说我们是在北京和温州距离的意义上来确认我何以是温州人的。我和北京是什么关系？北京在这里不是地理名词，北京在这里代表的是普遍性的文化和普遍性的标准，那是首都，那是文化的中心。那我们在这个地方、在温州这个地方、在“地方性”这个地方它之所以成为问题，我会经常思考，我作为温州人是什么意思，我作为一个温州的写作者是什么意思，那全是因为我们要和北京发生关系，我们是在一个所谓的普遍性标准下来思考我们自己的特殊性。

这种思考固然是极其有意义的。实际上每一个人生活在这个世界上都是在这样一种思考中确立自己的。北京的人很可能也在思考，一个北京画画的人也在思考我和巴黎关系是什么、我和纽约关系是什么，我们都是在这样一个相对性图景里确立自己的位置。但是，我个人又觉得，正如孔子所说的那样，孔子是有一个巨大的化繁为简的本事，这个“简”就是什么？其实就是一开始所说的那句话，叫作“辞达而已矣”。就是说不管我们是具有多么强烈的地方性意识和地方性立场，但是只要我们使用这样的语言，准确地、畅达地能够抵达我们的经验，那我觉得在这个过程中，当我们真正让语言、让文章抵达我们自己经验的时候、抵达我们自己内心的时候，我觉得可能我们所焦虑的那个问题，也已经在这个过程中自然地解决了。也就是说，“辞达”让我们达到了我们所在的这个温州，那么“而已矣”是什么？我们可能也就抵达了北京、巴黎或者伦敦，我们也就抵达了那个所谓的普遍性。

所以在这个意义上说地方性的问题，我觉得基本上是个理论家的问题，对于一个写作者来说，它同样仅仅是个辞达而已矣的问题。

谢谢大家！

（王玮康根据现场速记校核整理）

李敬泽在作主题讲座

散文论坛全记录

主题：文学中的故乡

时间：2018 年 12 月 22 日　19：00—21：00

地点：温州大学人文楼 213 会议室

孙良好（主持人，温州大学人文学院院长）：各位嘉宾、各位同学，这是一个非常特殊的晚上，今天是冬至夜。在这个沙龙开始之前，首先表达一下我的感谢。感谢十月杂志社、瓯海区政府，特别要感谢今天到场的 11 位嘉宾，你们把这样一个很好的活动，在这样一个特殊的夜晚带到我们这个温馨的空间来。

“琦君散文奖”已经办了三届，三届都跟我们有一些互动。我们首先介绍一下今天晚上到场的嘉宾。

我先介绍今天下午刚刚揭晓的“琦君散文奖”到场的三位获奖者。汗漫，著名作家，诗人；苏沧桑，著名作家、浙江省作协创研部主任，她从小就跟温州是有缘分的；董华，富有传奇色彩的著名作家。

今天到会的嘉宾还有：贵州省作协副主席、《山花》杂志社的主编李寂荡老师；“鲁迅文学奖”的获得者、广东《作品》杂志社副总编辑王十月老师；青年批评家、《十月》杂志编辑部主任季亚娅；我们的老朋友，诗人、《十月》杂志事业部主任谷禾；温州本土的著名作家马叙；这次东道主之一的瓯海区社科联主席王玮康；瓯海区文广新局副局长王培秋；还有我们的老朋友，“琦君散文奖”的发起者、本土作家周吉敏。

今天这个论坛我想把氛围搞得轻松自在一点。看我们这个题目，我们其实就是谈三个话题：谈琦君、谈文学、谈故乡。这三个话题其实就是围绕“文学中的故乡”这个主题。下午在很认真地听李敬泽老师讲。虽然他讲的是听起来大家非常熟悉的语句，但是我觉得他把它解释得很到位、很有意思。

他说好文章怎么写？叫“辞达而已矣”。“辞达而已矣”我把它理解为今晚我们这个沙龙的一个主题，转化成这么一句话：我们怎么样把心中的故乡化成纸上的文章。假如你能把心中的故乡很好地化成纸上的文章，这就做到了辞达。假如你这个文章写得很好，也就达到了敬泽老师所说的“修辞立其诚”，它是从“辞达而已矣”开始到“修辞立其诚”来结束。中间谈到“言而无文，行之不远”，谈到过犹不及，还有谈到巧言令色。巧言令色这个东西肯定过度了，过度肯定不好。这方面我们在座的老师们都非常有经验。在座的同学们晚上主要是两个群体，一个是我所带的中国现当代文学专业的研究生，还有就是我们的“文字作坊”文学社成员。虽然人不多，但是这个群体都是文学的热爱者，他们是特别想听听各位有经验的老师怎么做到“修辞立其诚”，怎么样把心中的故乡化成纸上的文章。

而且，我一直在想家乡是怎么变成故乡的。在每一个人成长历程当中，小时候你面对的可能就是家乡，慢慢的这个家乡就会变成故乡，变成故乡之后这个故乡又慢慢会转化成文章。

下面我们就请苏沧桑老师先讲，发言按照这个顺序转过去，最后由季亚娅老师来总结。

苏沧桑：那我就抛砖引玉，第一个发言。下午颁奖的时候，董华老师从台上下来跟我说：“这种场合让我上去发言比我上刑场还紧张。”我跟董华老师说：“其实我也很紧张，我已经准备了稿子，念稿子就不紧张了。”其实大家都差不多。

但是我今天到这里，我还真的觉得心情挺放松的。为什么？因为这里是我父亲的母校，从他就读和任教几个阶段合并，差不多有六十年，他现在80岁了。我是台州玉环人，离这里也不远。我出生后不久，一岁都不到就到这里来。今天是个好日子，我来到了我父亲的母校，今天又是冬至。刚才大家一下车就看到十六的月亮那么圆，真的觉得特别美好。看到这么多同学，也觉得特别亲切，因为我自己也是这样过来，我也曾是文学社的一员。我是杭州大学毕业的，我担任过大学文学社的副社长，所以一直也都很喜欢文学。从初中开始发表作品，到现在写了也有三十多年，很长时间了。

刚才孙老师给我们出了个题目，乡愁、故乡。从我们读经典到读很多文学作品，大家都会感觉到故乡对作家的影响是最大的。作家的地理版图，故乡在他写作中其实是一个不竭的源泉，就像《百年孤独》等都是这样。在写作的人，他的主题肯定离不开故乡。

我就说说我自己创作的一点点体会。我是读大学的时候离开家乡到杭州，在杭州待了三十多年，一直到现在。我觉得我最深厚的情感、对我写作的那种心里面最深的影响，都是来自我的故土。我的家乡在海边，有大海之大，又有江南之美，所以我觉得它对我散文的风格应该会有很多影响。大家都说我的散文很柔美，但是又很锋利。有一个朋友形容我的散文，他说是丝绸包裹着滴血的心，像丝绸一样柔软，但是又像剑一样有锋芒。我觉得这个可能就是故乡带给我的东西，包括我的第二故乡——温州，还包括杭州，待了很多年，我觉得都是我的故乡，走到哪里永远是我的故土。包括今天获奖的那篇散文《跟着戏班去流浪》，其中有一句话经常被读者引用，“乡愁是生命中最深重的忧愁，乡戏是乡愁中最凄美的一笔”。

乡戏，鲁迅先生在《社戏》写过。我就是因为对家乡的乡戏——越剧，就台州那一带，念念不忘。每次我想回家的时候，我脑海里总是萦绕着那种旋律。我从小就是看着乡戏长大，我对所有的越剧经典唱段几乎都会，所以这个一直是我一个情结，我就想要去表达、想要倾诉，但找不到合适的出口。但到了去年的时候，刚好有一阵子我生病了，然后就回到家里休养，后来就萌生了这个念头。我的一个梦想是什么？就是跟着戏班去流浪。我跟了我们老家的一个戏班子，其实就是民间的草根班子，不是正规的越剧团。跟着他们一个月时间，和他们一起生活，中间有时候我也回杭州。那个戏班子里的人大多数都是我们家乡的玉环人。在那一个月时间就写了三万字的散文《跟着戏班去流浪》。这个大时代，他们这些小人物带给我的感动。我在文章里写了戏班子他们的生活，包括自己跟着戏班流浪，我跟他们一起吃饭、一起烧饭，我甚至还上台，他们给我扮成祝英台、林黛玉的样子，到台上去演，真的很有意思，我感受特别深切。真正跟着他们流浪的是两个70多岁的老人，帮他们烧饭，还有就是5个月大的孩子，就一直跟着这个戏班住在庙里。我从来没写过这么长的文章，但确确实实是从我心底里面流出来的，所以就特别真切。

我觉得在我写作的生涯里面，或者说文学生命之中，我觉得故乡是我创作最大的、永远不会枯竭的源泉。这就是我自己一点个人的小感受，不好意思，抛砖引玉，谢谢大家！

孙良好：刚才沧桑老师讲的那些东西我是特别熟悉、亲切，因为我也是杭州大学毕业的，我也读文学这个专业。最初你谈《跟着戏班去流浪》，我刚听的时候以为你是在平阳那一带，因为平阳那地方也有很多戏班。温州有句话是“瑞安出才子，平阳出戏子”。我是苍南人，但苍南是从平阳分出来的，属于老平阳人。那一带戏班到今天都还是非常多，后来你说是玉环，在那边原来也有戏班。你讲的这个经历，我就想起以前唐湜先生跟我讲，就是九叶诗人唐湜，他下放温州的时候，也有好几年跟着戏班去流浪，他也写过他这个经历，用诗歌的方式来描述这种生活。这样的经历在浙南这一带还是蛮多的。

苏沧桑：会引起一些共鸣。

孙良好：故乡其实不是很抽象的，是非常具体的，有具体的事或者人，这个具体的事和人化成文字再落到纸上，然后就影响很多人。下面请寂荡老师讲。

李寂荡：这个题目比较好，我也思考过，而且也践行过这样的主题。

我当编辑很多年了，今天在座的有不少同学开始学习写作。我看到的稿件当中写得最多的往往是母亲、故乡，这是有道理的，因为我们长大成人，感情最深的估计就这两个方面：一个就是母亲，一个就是故乡，都是哺育你长大的人和地方。但是，在我们的写作中就容易出现一种同质化的问题。写到母亲都会写到母亲的勤劳和善良。你想谁的母亲不慈祥、不善良？当然也有极个别例外。如果你写到故乡就会写小桥流水、炊烟袅袅，包括你倾诉的情感、对故乡的那种怀念，这些都是类似的。你也可以往这个方面去写，但是你一定要有新的角度，否则你写出来的母亲和别人的母亲，你的故乡与别的故乡都是类似的。所以，我们的文学从古到今，它无非是对共性的差异性的表达。

当代也会出现新的一些表达主题，比如说我们说到的生态文学。古代的生态跟现代不一样，在古代森林太茂密，动物凶猛，那种原生态的状态对人类构成威胁，现在刚好相反，是这些森林和动物逐步在消失，生态是另外一种失衡。所以，现代的生态文学，包括表达的方式都会有新的变化。但是绝大部分的主题从古到今仍然在继续，过去的人在写，现在的人在写，将来还会写。比如说时间的主题、爱情的主题都还在写，所以说这是对共性的差异性表达。

我们再看《诗经》的爱情诗，到唐诗、到宋词、到后面的文学，它就没有像《诗经》那么强烈的表达，那么的哭天抢地、那么的不顾一切，你可以看到人的情感的变化和表达方式巨大的变化。我们的文学，往往还有最重大的主题，就是时间，人生苦短、时间如流水这样的表达，我们一直还在继续，但是一定要有新的发现和表达方式。

因为时间主题在我自己的诗歌写作中是个很重要的点。前段时间给谷禾兄发了一篇小诗歌。年轻的时候估计都不会觉得时间对人的压迫，人到中年以后，你就觉得时间像追兵一样。我就写到时间对人追逼的那种感觉，我一定要写出新意。我用了“三国”中的一个故事，就是曹操被马超追杀，说穿红袍的是曹操，然后他把红袍脱掉了，但还在追他，说有长须的是曹操。我就用了这个典故，把时间比喻为追兵，我自己就像曹操一样逃跑。我扔掉我的红袍、又割掉我的长须，但是时间仍然没有对我放弃，当我蓦然回首，它又横刀立马站在我面前。就是这样一种体会。到中年以后感觉人的衰老的到来会越来越明显，估计到了晚年的时候，人更多的是要面对大限之期到来的问题。

包括故乡，今天讲到的故乡就是这样，它是我们很多写作的一个根据地。它可能是你物理意义上或者地理意义上的故乡，我想它不是单纯的物理意义上的，它也是你精神上的故乡。因为我们成长于那个地方，你对故乡肯定有深厚的感情，它形成了你对世界最早的看法，形成了你的世界观和人生观。所以，有什么样的故乡我想就可能形成你什么样的人格。我有个观点，这种地域性，时间久了，就会内化成一个人内在的气质，不同地域的人，他的气质是不一样的。一个在草原上或者在大海边成长起来的人和一个在“地无三尺平、天无三日晴”的那种环境中成长的人，他会有些差异，有可能后者更会抑郁一些。世界上没有两片相同的树叶，更何况像人的差异。哪怕是孪生姐妹和兄弟，经历了同样的故乡，也要写你们之间的差别，每个人的感受肯定不一样，你要写出不一样。

我举个例子。我的老家有一个地方叫水洞，它以前叫匪洞。贵州是喀斯特地貌，有很多溶洞，过去匪患严重，解放军剿匪的时候还死了一些战士。那时候叫匪洞，解放以后，叫匪洞不好听了，就叫水洞，因为水比较多。我的老家是一个村寨，一半是汉族，一半是苗族。我在一首诗歌里面就写过水洞，发表在诗刊上。但往往我们一写到故乡，就写到对故乡的怀念，我觉得我肯定要打破这个指向，当然你可以写怀念，但是我想写怀念肯定没有多少创新，我还是想到了一种时间的感受，就是物是人非的那种感受。可能故乡还是那个故乡，但是它有可能就是一段时光，我会有种切身的体验，那种生命体验，你要用很清晰的语言去描述它是很难的，特别是在诗歌。

你回到乡村你会觉得乡村特别安静，所以我有两句话：我感到了从未有过的安静，我感到了对安静从未有过的恐慌。你也可以阐释人在那种时空当中那种存在的虚无感的一种表达。虽然写的是故乡，但是我的主题已经不是传统意义上的那种主题了。

在诗歌当中，我们仍然会写到风花雪月，因为风花雪月这些景物仍然是诗歌表达重要的媒介，它能够形成一种具体的情景，而自然景物它具有高度的审美性。如果你用工业的东西，这些也可以，你表现现代的生活、当代的生活，你不可能不涉及都市、工业信息化的东西，但最具有美感的往往还是自然景物。所以我们诗歌还会写到风花雪月，但是李白的风花雪月和杜甫的风花雪月有很大的差别。你读李白的风花雪月，他是飘逸的，甚至是快乐的，他写道："两人对酌山花开，一杯一杯复一杯。我醉欲眠卿且去，明朝有意抱琴来。"两个人在喝酒，在喝的过程中花在盛开，那种情节、那种花开就是很快乐的，他很早就提到了我们杂志《山花》了。"感时花溅泪，恨别鸟惊心"，杜甫写到花朵他可能就是悲伤的。

所以说，我们仍然会写到很多共同的东西，但是一定要有独特的角度、独特的发现、独特的表达，这样你的作品才会有特点。另外，因为我们的故乡，特别在中国，它的地域差异是很大的，还有地域性差异。我觉得地域性差异它是使得你的写作能获得个性的一种重要手段，对文学评价最终的指标还是文学性，但是在实现文学性的过程中，我觉得这个地域性是能使你的写作获得个性的一个重要方面。

就这些简单的想法，谢谢！

孙良好：大家应该听到李老师在讲一个很重要的话题，即怎么样把共性做一个差异化的表达，这个差异化的表达当中，具有地域性的故乡会起着非常重要的作用。下面我们听汗漫老师来讲。

汗　漫：同学们好。今天来到温州大学非常高兴，因为看到年轻的一代，也想起我们当年也曾经年轻过。我上大学的时候是 20 世纪 80 年代，80 年代也是个文学的年代，大学里面也有文学社。我当时参加了一个刊授培训。刊授培训当时很盛行，各个杂志都在搞文学创作培训。我参加哪的刊授培训呢？是《文学青年》，是温州的《文学青年》杂志。《文学青年》的前身是《春草》，出自谢灵运的诗。当时文学杂志有“四小名旦”之说，就有《文学青年》。《文学青年》在当时大学中非常有影响力，能够在《文学青年》上发诗那就是我当时的梦想。经过两年的培训，我终于在《文学青年》上发表了第一首诗，发表了之后就被当时的内蒙古出版社的《诗选刊》创刊号转载了，使我受到了很大的激励，觉得我还是能写的。看到年轻朋友们，也想起自己也曾经年轻过，自己也有那样一个有梦想的年代。

就我们今天的主题而言“文学中的故乡”，我感到可能这个故乡不仅仅是地理意义上的故乡。我家是哪？我是中原人、我是温州人、我是山东人，不仅仅是地理意义上面的故乡，还有一种是时间意义上的故乡，空间意义上的故乡还紧紧地联系着时间意义上的故乡。也就是说，我们回不去的青春时代对于我们而言也是我们的故乡，这样一个故乡并不完全美好，会伴随着很多痛苦，但是很多年之后你会感到已是非常珍贵的一笔财富。所以说，我们讲文学中的故乡，实际上我感到文学就是我们的故乡。你通过读书、通过写作，在读书和写作中来安放自己的记忆、沉淀自己的记忆，就是在字里行间你去保存一个属于自己的故乡。因为我们知道这个时代变化太大了，包括琦君先生如果能够活过来，看看今天这个年代、这个时代，她恐怕都很难理解。刚才寂荡老师也谈到，我们为什么会出现文学上的同构化，我们还重复几十年前那种文学观念、几十年前那种价值观、世界观，那都不行了，时代变化太大了。你看基因编辑的孩子，可能就出现了。机器人开始写情诗，而且将来有可能一个美丽的机器人会介入我们的情感生活，这都是我们老祖先难以想象的。

晚清的时候，我们的国人发出了一个惊呼，就是李鸿章说“三千年未有之大变局”！他觉得这三千年中国基本上没有变化，但是到清末，这个时代要发生变化了。这一百多年过去了，我们中国这个变化，特别是这四十年，随着科技的进步给我们带来了种种的困惑、种种的烦恼，都考验着我们的伦理观、价值观。我们的伦理观可能要重建、可能要修改，这跟我们老祖先所面临的世界都不一样了。

所以说，就我们这一代人，我们在座的年轻朋友们，将来未必都能成为作家，但是我想怀着一颗文学的心，读书、写作，即便你就是一个普通的公务员、一个普通的工人，如果你字里行间能安放自己内心的话，我觉得也是挺幸福的一件事情。当然，读书、写作有可能因为敏感会使我们受到伤害。但是反过来，读书和写作又是你整理内心，增强自我治愈的能力、自我疗伤的能力。人就是这样，不断地受伤，不断地自我疗伤、治愈，你的一生就丰富多彩了，人一辈子要活得丰富一点，不要单调。

我想我今天就是跟年轻朋友说这些，保持一颗诗心。未必希望你们成为一个作家，但是读书、写作这样一个习惯在今天建立起来，你们将终身受益。因为什么？语言就是我们的故乡。你只要会读书，这一辈子你就不会孤独。谁都可以背叛你，但是书不会背叛你。

我就说这么多，谢谢！

马　叙：我觉得今天这个话题是很好的一个话题。文学的故乡，特别对我们温州的作家而言，我印象最深刻的就是两位温州的大作家，一位是琦君，一位是林斤澜，他们的写作跟我们温州这块土地密切相连。

琦君先生的故乡在她的文字里面表述得淋漓尽致，质朴的、真诚的、带有强烈怀乡情结的那种文字，很感人。我对林斤澜先生的小说印象很深刻，也非常喜欢。他的故乡就是表达在语言当中。我觉得文学中的故乡，一个是语言，一个是地理，有的时候语言比地理更重要，语言更接近内心，更接近精神层面。因为语言贯穿你的整个成长过程，亲人、乡亲以及伙伴都是用语言来进行沟通。林斤澜的语言特别有特色，用文学来表述故乡的时候，他是非常生动的，他也很节约。他的小说里面有温州方言，但是他的温州方言外地人也能够读懂，也不是那么疙里疙瘩，倒是林斤澜整个小说的形式可能比他的语言更难懂一些。林斤澜小说形式有一种迷雾状态的这种品质，但是你读进去以后很有味道。

我记得最初读林斤澜小说的时候，我就是被他小说里面那几句温州方言打动，他这几句温州方言用得非常到位、非常生动，让温州读者来读的时候味道就更加准。我觉得林斤澜之后，一批新的作者出来，有几个人都在学林斤澜这种写作，因为他这种写作对温州本土的影响特别大。但是林斤澜这种写作方式真是很难学，当时学林斤澜这种文体的，包括学林斤澜语言方式的，后来都改变这种路子，另开炉灶，因为林斤澜这种东西很难写。但是他描写的那个温州、他小说中呈现的温州，那些市民生活、那些小镇，就那么寥寥几句温州话表述得非常到位，语言非常节约。

我也谈谈自己的一些体会。我从小在两个地方成长，我的童年被两个地方所分割。一个是乐清雁荡山，雁荡山后的一个小村庄，我小学一年级到三年级在那里读。另外一个地方是泰顺，就是靠近福建，浙闽交界的泰顺。我的童年、少年时代基本都在泰顺，一直到青年时代。我的故乡这两个地方我都认同。因为我现在住在乐清县城，乐清市区这个地方可能生活时间更长，几十年了，靠近温州方言的这种方言我说得很流畅，混在乐清人当中人家分不出来你是雁荡人或者是泰顺人。但是我对乐清城区这个地方没有认同感，我觉得我的故乡不在这里，虽然我的乐清话讲得很流利。因为这个乐清话是我成年之后介入我的生活当中，它跟我的成长，跟我的童年、少年时代没关系。语言跟你成长当中的语境是息息相关的、跟这个故乡是息息相关的，但是你离开成长过程的这种特定语境之后，后来介入的这种语言，尽管你说得非常流畅，但是你的认同感可能没有在你成长过程中对你产生深刻影响的那种母语影响巨大。我觉得故乡有的时候可能语言层面比地理层面会更接近你一些，更接近我们的内心层面，可能我们对语言的认同感，比对地理的认同感更强一点。

我就简单讲这么多。

周吉敏：谢谢大家！今天的夜晚是非常有意思的夜晚，是冬至节，祝各位老师、同学们冬至节快乐！都吃汤圆了吗？

下午李敬泽老师的讲座，有两个字我印象特别深刻——“抵达”。他说文字首先是抵达自己，再抵达别人，然后发挥巨大的社会功能。我觉得这句话完全符合了我们这几年做琦君文化的一个心灵轨迹的呈现。像琦君先生 1949 年去了台湾，初到台湾的那种心态像无根的浮萍一样，一个人失去了故乡、亲人，完全到了一个非常陌生的环境，那种彷徨，她是用什么找到故乡的呢？就是用自己的笔写自己故乡的亲人、师友等等，把自己藏在这些记忆里面。从此，在这些里面获得了独立，跨越了时间和空间。所以，她于自己是一种抵达，同时也抵达了别人。这个别人是谁？很多的读者，海内外的读者，其中就有我。我就继承了她这种怀乡的情怀，去做琦君的文化。就像李敬泽老师下午说的一样，何尝不是一种修行呢？我觉得完全是这样，一心一意地做这个事情，就抵达了自己。于我来讲，抵达了自己，发挥了自己的价值，也抵达了别人，让那么多的朋友们来到瓯海，为瓯海增加如此厚重的浓墨重彩的一笔，一年一年地积累起来。所以说，文学中的故乡这么一个主题，其实很普通、很朴实，但于我们一生来讲，我觉得是一个非常厚重的话题。因为每个人都有自己的故乡，你如何把自己的家乡变成故乡，并不是说要离开故乡，而是说这故乡是安放自己心灵的一个家园，内心的那一泓清泉完全是属于故乡的。那你如何去做？并不一定要远离了家乡去做。所以，故乡其实是安放自己心灵的一个故乡。

这几年我做琦君文化也好，写地域文化的东西也好，也是治愈型的，在这么一个丛杂的环境里面如何让自己找到位置，让自己的心灵能够安放，所以我就一年一年地做下去。前不久我写的那个《瓯窑的风度》，瓯窑的那些制作者对我说：“你把瓯窑走向全国迈出了重要一步。只有你一个人在写瓯窑，把它写出去了。”他们这么一些反馈过来，让我也得到了安慰。所以，这个故乡其实是小到自己心里的那一点点东西，让自己非常安稳的一个东西，大到很大很大，世界那么大，同学们可以去体会，在慢慢的积累中自然能感觉到故乡丰厚的含义。

谢谢同学们，谢谢大家！

王培秋：我是临时来参加这个论坛，被王主席拉过来的。其实我觉得自己骨子里也是个文学青年，十几年前也有在温州日报副刊上发表文章。我们文化部门现在也正在谋划以琦君故里——泽雅纸山或山水瓯海为主题的大型舞蹈诗这样一个文艺精品创作。现在瓯海区委、区政府正在大力推广琦君文化，我们在文艺精品创作方面，也都在考虑把这种以琦君文化为代表的乡愁文化怎么样用舞台文化艺术的形式把它更好地传播开来。所以说，我今天到这里，大家应该会给我很多的启发，在明年的文艺精品创作等方面，希望给我们有更好的思路火花，谢谢！

王玮康：首先，欢迎各位嘉宾老师远道而来，给我们传经送宝，你们辛苦了！作为一个文学爱好者，今天各位嘉宾老师给我的感觉，就是有一个共同的标签，那就是都特别有名，一个个都是在文坛上赫赫有名的大家，所以今天能够听到老师们这么多精彩的发言，深受启发。

今天的话题是文学中的故乡，于我来说，在我30岁以前是没有故乡的概念。我记得15岁那年考上中专，那种心情对我来说就是一种逃离、一种放飞、一种自由，一种对外面世界的向往。因为我的父母是乡村老师，对我的管教非常严格，所以考上中专，能够离开家乡，我的心情是非常雀跃欢喜的，终于可以离开父母的管束和压制了。但在异乡漂流久了，故乡才会逐渐浮出水面。原来，当初那个并不留恋的故乡，经常出现在你的梦境里了；原来对于并不可亲的父母，也更能理解他们当年的苦心了。我今年49岁了，年纪越大对故乡这种思乡的情感也就越来越深。想起在外的这么几十年，其实源源不断地给我动力和支持的还是故乡。所以，我想我们的嘉宾老师们，你们的故乡会以你们为荣，反过来，你们的创作也会得到故乡的助力，故乡带给你们源源不断的灵感和素材。婴儿在母体是通过胎盘供给营养的，但婴儿出生后，就和胎盘剥离了。但人离开故乡以后，故乡却是永不剥离的胎盘，不管走得多远，漂得多久，你和故乡之间永远有无形的系带牵拉着，故乡永不停歇地给你输送着营养和精神动力。

谢谢！我就讲这么多。

谷　禾：我接着说两点：

第一，“琦君散文奖”，十月杂志社跟瓯海区的合作已经持续三年。通过这三届的评奖，国内的文学界、文化界和媒体界渐渐地知道了这个奖，知道琦君是瓯海这边的，进一步了解了琦君文化。先后来到瓯海参加颁奖活动的有国内非常有影响的很多作家，像张炜，像鲍尔吉·原野。第一届获奖的鲍尔吉·原野是得了我们的奖之后得了“鲁迅文学奖”。我们的评奖还是很骄傲的。我们去年在慈溪搞了“十月散文奖”，得奖的是李娟，结果李娟回去也拿了“鲁迅文学奖”。上一届是李修文、周晓枫，李修文也拿了今年的“鲁迅文学奖”。几乎我们每一届“琦君散文奖”的获奖作者里，都有人获得了“鲁迅文学奖”。

王十月：你们可以推出一个概念，“琦君散文奖”是“鲁迅文学奖”的引子奖。

谷　禾：今年，董华他得奖的是《草木知己》。《草木知己》这本书是写乡村的，他是一个地地道道的农民，他到现在用手机只会打电话，还不会存号码，发短信，上微信更不行。所以他一路上都跟着我，怕自己跑丢了，是一个特别地道的农民。但因为他长期生活在农村，所以写的文章那个乡土味特别地道、特别正，所以我们今年就把这么重要的一个奖给了一个农民，而不是一个专业的作家。我还想说的是，董老师今年的“鲁奖”是进了前二十，所以说也是一个好作家，好作家是不讲身份的，农民也可以是好作家。

今年得奖的还有邱志杰和苏沧桑，说不定下一届苏沧桑就能得“鲁奖”，完全有可能，所以你要努力，你要去做，万一得奖了呢？我们这个奖已经成了“鲁奖”的引子奖。关键你自己要有这种意识去努力，把那万一就变成十一、五一、一一了。我们做这个奖的时候，还是很关注国内最新的这种对故土、对乡村的书写。还有我们第一届得奖的黄灯，黄灯得奖的时候还不是特别有名，现在也成了国内非常有名的书写乡土的非虚构作家。评奖之后，她出来一本书叫《大地上的亲人》，很好的一本书，也是很畅销的一本书。这是从大的方面讲。

我今天来的时候跟瓯海区文联的彭主席讲，我们希望以后的奖能够做得更大，包括从评奖的方式、从奖金、从各个方面，我们可以进行一些新的尝试。这个奖一是要坚持做，二是不断地做出新意，做得更踏实、更具有知名度、更具有影响力，更能够吸引我们的作家参加，更能够吸引我们媒体的关注。我们要用乡土、乡音、乡情，就是故乡这么一个概念来做出大的文章来，来做出真正对我们这个时代、对我们这个国家能够有所影响的文章来。这点我们一直在努力，我们也希望能够和瓯海合作，长期地进行下去。

第二，关于故乡。我老家是河南，我于1999年去北京，正好今年20年了，我去北京之前在河南生活了34年，一转眼，我生命的三分之一还多就是在北京度过。但是我有时候想，为什么琦君写乡土、乡音、乡情的文章那么动人？就是因为她身在异乡。和故乡对等的另一个词叫异乡。一个人你只有到了异乡，有这种对比，你才有这种思念、才有对故乡的这种更刻骨铭心的感受和表达。今天参加这个活动的都是温州本地的学生吗？如果将来有机会，你还是要尽可能地走远一点，更远一点看你的故乡，你能够找到故乡在你生命中的位置、在这个世界上的位置，我觉得这个很重要。

意大利有个电影叫《天堂电影院》，又译为《星光伴我心》，我认为那是世界上最好的电影。它就写了一个放电影的放映员和跟着看电影的一个小孩，叫多多，实际上就是那个导演托纳多雷。他长大之后，这个老放映员就鼓励他，要离开故乡，要走远一点，离越远越好。后来这个小孩就理解了老放映员的心情，他成了世界上最著名的意大利导演，又回来看这个老放映员，看他当年的那个影院。因为我是很笨的，不太会表达，但是我每一次看那个电影，就像我这种年过半百的人都看得热泪盈眶。我从三十岁看到现在都不知道看了多少遍，我觉得那是世界上最好的电影。如果大家有机会，我也希望大家去看一看这个电影，我觉得可能你对故乡有更深刻的理解。

我觉得故乡有时候它就是生你那一片土地，就是父母在故乡在。有他们守着的一片故土，那就是你的故乡，那就是你心情的牵挂，那就是你灵魂的居所。如果他们不在了，可能你回到那一片故土也少了。所以说我觉得亲人是自己的故乡。但是从另一个方面来讲，童年也是自己的故乡。我们每一个人来到这个世界上，对这个世界第一眼看到的、第一声听到的、第一口吸到的那种感受就是你最原初的感受，那个感受就是你童年的感受，它会铭刻在你的记忆里，留在你的生命里，一直到最后。你所有的思念实际上都是对你童年的思念，所以说我觉得童年也是我们的故乡。

我这个人从小身体不好，我是十几岁就有风湿性关节炎，一直到前几年检查又发展到强直性脊柱炎。我自己的另一个体会就是疾病也是故乡，说白了身体就是你的故乡。为什么这么说？因为你那个地方有病的时候，你那个地方疼的时候你就会关注它，你就会不停地去想它，你就摆脱不掉它。觉得故乡对于我们个人来说也是一种疾病，这种疾病是一种剪不断理还乱的乡愁，你只要活在这个世界上一天，这个乡愁就会伴随你一生。不是说你写不写故乡的问题，不是说故乡过时不过时的问题，我觉得故乡一直都伴随你的生命存在。所以我们每一个人所谓的不能忘记自己的故乡，不忘初心、不忘出发的地方，我个人的理解就是不忘你生命中最珍贵、最宝贵、最原初的那一份牵挂。

从这个意义上讲，每一个人的故乡都是美好的，可能都被自己的内心经过了某种美化。但是写作不是，写作需要你对故乡的书写、对你个人生命的书写更客观、更理智。所以，一个作家要在这种理想和现实之间，找到那么一种微妙的平衡。谁能找到这种平衡，谁能更接近这种平衡，谁的文章就能够打动人，也更能够接近这种生命的真实。所以我说，文学中的故乡它是需要我们每一个人用心才能去抵达，才能够留住，才能够回去。

谢谢大家！

王十月：本来听前面各位朋友在讲故乡的时候，我就在想，我有没有故乡这个概念，我甚至都不承认有这样的概念。苏东坡在岭南生活了很久，岭南生活是非常的不好，后来他在词里面写，“试问岭南应不好？却道，此心安处是吾乡”。你们在讲的时候我就在想，这个世界有能让我的心安放下来的地方吗？当我的心开始能够思考这个世界的时候，就没有那样的一块地方。两三岁啥都不懂，可能我有一个那样的地方，当我开始稍稍大一点点，有一点懂事的时候，我就不觉得生养我的那一块地方是一个给人安全感的地方。我跟季亚娅的老家很近，我们那个地方是湖北荆州，是楚文化的一个核心地带。楚文化一个核心的东西就是巫鬼文化，我们那里像我房子的周边全部是坟墓。晚上你出去上个厕所可能就是在人家的坟堆边上。然后从小就是听各种各样鬼的故事、各种各样的鬼伴随你长大，就是有一种很压抑的感觉。

昨天他们都在谈论猫，我从小就对猫没有感觉，在我的记忆里猫是一个很怪异的东西，在我小说里的猫都是代表一种邪恶的力量，我的小说中写到奇怪氛围的时候一定会有猫。我曾经在我一本长篇小说里写成千上万的猫，在夜晚疯狂地跳舞，然后集体地自杀，这是我的故乡给我的记忆，我的心就没有“安”过。按照苏东坡的说法，没办法让我心安，处在那样一个所谓的故乡，我必须要出来。刚刚王主席说“逃离”故乡的时候，我深有感触。我是觉得这个地方再待下去一天我就要疯掉，我待不下去了，我才要跑，要不然故乡那么好，我们那么思念它，你在城里待着干吗？你为什么不回去？我是待不下去，我就觉得那个地方不好，那个地方不适合。但是出来了好吗？出来了我觉得各种折腾，我也没觉得外面的世界能够安妥我的心。

我们说写作，写作能安妥我的心吗？写的那一瞬间你可能心里忘记了，你心在你这个肉身，你安妥了这么一瞬间，把笔一放下，电脑一关，还不是这个杂乱的世界，你能安妥吗？我从来不觉得写作能够安妥我，安妥不了，只是一个逃避的手段，能够证实我还能够在这个世界上待着的一个手段。唯一让我觉得我还是有故乡的，是因为谷禾兄说你的病痛也是你的故乡，那我就没办法反驳了，因为我也一身的毛病，并且这两个月各种各样的病，一直在跑医院。这个疾病可能真的是故乡，因为你牵挂它，这个病是故乡，你后来说故乡是一种乡愁，其实在我的概念里没有乡愁。前几年去台湾交流，它也是讲回望故乡之类，我当时就说，我可能没有乡愁，一定要说，那也可能只有一个乡忧，心里忧虑它，感到担心。我的家乡现在是被化工厂毁掉了。前年还是去年，出了一个全国一百多个癌症村的排行榜，我的家乡就有几个上榜。曾经可能是很美的，长江边上，高山流水，范蠡最后隐居的地方，他的墓在我们那个地方，是被荒草埋没了。但是我现在只能说是忧心它。所以在我的小说中要写到故乡，从来没有说故乡多么的美，一定是我在操心它。

所以我就是没办法建立故乡，所以在我的写作中间可能一直是有这样一种强烈的“对立”意识，跟这个世界的一种对抗。一定要说有，我只能说我的老家、农村，我从来不用“故乡”这么优雅的词来称呼生我的那个地方。

我就说这么多。谢谢！

董　华：我跟各位汇报一下。通过下午几分钟的那个答谢致辞，大伙也对我验明正身了，我是真正不会讲话的人，特别不爱讲话。不爱讲话有两个原因：

第一，自小就特别腼腆，北京话叫扎窝子，就不爱讲。

第二，肚子没东西，也讲不出来。今天我跟着这几位先生来，实际上我也是一听课的。在座的青年学生都是大学生，学历比我高，不管是学生也好，还是老师也好，我知道的你们都知道，我不知道的你们还知道，你们还让我说什么？

今天放了琦君先生那个专题片，还有学生跳舞、朗诵，看着看着我就想流泪，但是我怕寒碜，又不敢流泪，自个儿强控制住，不敢流。看孩子们那种天真、那种朗诵，不管是语气也好，表达这种感情也好，太动人了。

以前读琦君先生的书很少。大伙也知道，我没有微信、又不发短信，这种现代操作方式我一点都不懂。前两天，我说这琦君先生到底怎么回事，得知道一点，我就让我朋友打开电脑让我看了一眼。正好周吉敏老师给我发去一本书，我从头看了一遍，让我非常惊恐，琦君老师的语言是真好。周吉敏女士那个序言，那么简短，又表现得非常聪明，她没有写很长，但就这几句，一下子就让我对周吉敏非常敬重了。

我是一个农民出身，说句不好听的话，从小有点苦大仇深的感觉了，真是这样。看见花花草草我都想流泪，甚至就流下了泪。小时候去打草，到哪儿去打草？连草根都让人砍走了，真是不好打草。现在遍地是草，但是自个儿弯不下腰了。多好的草，喂牲口或者卖给生产队。现在谁还要？哪儿去卖草？如果说我现在有点出息的话，这不是我自己的功劳，一是家长教育得好，我们有很好的家风。我们村是一个大村子，几千人口，各种人都有，从我记事以来，说我爷爷奶奶、父亲母亲的人品好，我们村是不会有非议的。再有，从我学艺以来，他们教我技能，也教我做人，所以我就不敢辱没老师的名声，也不敢辱没家长的名声。这是一个原则。

我想说写作也好，读书也好，中文系毕业不一定要去当作家，当作家不是一个很好的活。文学好像就是一个怪物一样，你一旦被它迷住了，弄不好就会后悔。它需要灵性、需要悟性，不是说“只要功夫深，铁杵磨成针”，它不是这样子。光有勤奋，也还是不行的。所以说，可以去搞研究，可以搞其他的，再有时间我就自己写点东西。说话不行，自己对自己说可以，到现在也不用电脑，就拿笔写，觉得很快乐，其他操作方式也不会，所以自己跟自己交流可以，但是跟别人交流，脑袋容易断片，丢三落四。实在对不起大家，真是不会讲。

我给大家鞠个躬吧。

季亚娅：故乡这个话题其实谁都可以说几句。刚才十月兄说他没有故乡，说他此心安处是吾乡，我给大家透露一下，他早年的小说有好几个系列，有一个叫“烟村系列”。其实我是湖南人，他湖北人，但我俩之间就隔一座山，我在山的东边，他在山的西边，直线距离应该不超过 5 公里。我的老家是湖南岳阳，他是湖北荆州，两个本来是湘北和鄂南交界的地方。他还有一个长篇小说叫《无碑》，其实他都为故乡立过碑了，你们不要信他说的那一套。他写的应该是乡土怎么被现代工业改变了的，那个癌症村、那个打工回来的那些人的故事，大家可以找来看一看，那个长篇小说还挺有意思。

“文学中的故乡”这个题目是我们杂志社想的，其实想这个题目是为了让大家有话可说，我在想每个人都有故乡，但是你不一定知道你的故乡是什么样子的。

我老家那边有一个写作者叫毛晨雨，这个人是《花城》杂志今年推出来的，一个特别有意思的类似于田野调查这样的一个写作者。他写的《地志三篇》给我印象特别深刻。其实我在那片土地已经生活很久了。比如说我们那个地方有蛇，你知道南方有很多蛇，我估计温州也是，洞庭湖地区又是一个水蛟出没的地方。他写的是蛇的矢志。这一个屋台上面总有一条大蛇，这个蛇要立志修成龙，在修成龙的过程中它要人来“比志”，如果人的力量是征服过它的，那它就会撤出这片屋台和这个村庄。他从这个地方发现了什么？这个屋台其实是一个乡村社会都会有的，关于乡村地权的意识。但是我看了以后特别诧异的是，这个故乡蛇的故事，我是一直都知道的，但是我从来没有这样去想象和看待我的家乡。我想说的是什么呢？其实我们每一个人，尤其在座中文系的同学们，刚才李寂荡老师讲的特别对，你们不要一写到故乡都是同质化的，你的故乡很有可能要经由他人的眼睛再次被打开、被发现。

这个题目叫“文学中的故乡”，这个关于故乡的叙事就是故乡中的文学。你理解的故乡中是有文学的，那你理解这个故乡中的文学有很多人来告诉你，比如说有一种是琦君式的。当你今天在学习琦君的时候，你一定要想她为什么要这么写，你的处境跟她的处境是一样的吗？她去家离乡到了台湾，然后在想念温州的乡土，和你今天从农村里面出来进入都市，你回望故乡的感受能一样吗？如果不一样就请别像她那样写。你要理解的故乡你一定要明白，你的故乡是你自己的故乡，而不是别人想要你看见、讲述的故乡。所有关于故乡的叙事都是有文学的。

我跟大家分享一下我的那个感受。比如毛晨雨带给我的这个故乡叙事，如果我一直都在乡土文学这个叙事中间，其实是看不到王十月讲的巫鬼遍生的这个乡土的故乡。你会经由很多人类学的视野帮你打开这双眼睛，看到原来我生活中跟我一直存在的这些蛇、这些猫是一个这样的故事。你理解的这个洞庭湖的水蛟故事是怎么再成长进你的生命里，是由这些知识打开的。这是我讲的第一个。

其实说老实话，我也是编杂志的，我特别害怕作家来写一个关于故乡和乡愁这样的作品。因为这个在散文写作中可能是一个被污染得特别严重的领域。有时候有一种故乡和乡愁的腔调，本身这么多人来写，它有一种集体的暗示，有的是做作的表演，有的悲从中来，他是故意的。去年有一个网文特别有意思，叫《霾是故乡浓》，他就讲他家乡的雾霾，雾霾是故乡好，那样一个文章我觉得特别有意思。在这种反讽式的叙事里面，他可以让你看到文学写作中这种腔调的存在，你同时要对这种腔调有一种反省。这还是接着开始讲的，你的故乡中其实是有文学的，那个文学是个叙事。

比如说前两年很流行一个“返乡书写”，包括黄灯，得过我们奖的，对故乡的书写是一个博士还乡这样一个书写。但我想说，其实每个人看到这个故乡的方式跟你所处的阶层和地位是有很大的关系。请问一个博士回去看到故乡的视野和一个农民工回到故乡能是一样的吗？比如说，一讲到故乡书写，就能讲到现代文学上非常有名的一个人，叫沈从文，他写了湘西。他会那么温情脉脉地写了他跟苗家阿妈怎样相处的故事，他会把他的家乡讲成一个爱与人性的小庙。但是诸位，那个湘西是一个军政割据的地方，沈从文是出生于湘西的军伍世家。湘西的凤凰古镇不远就是苗长城，有一个地方叫紫鹊界，是一个旅游景区，一个特别祥和的地方。紫就是紫微宫的紫，鹊就是喜鹊的鹊，你觉得非常吉祥。沈从文笔下那个地方以前叫纸鹊界。纸是什么纸？就是清明节烧纸钱的纸，鹊就是紫鹊的鹊。那个地方曾经就是镇压苗民起义的地方，把十万苗民都杀光了，那个江陵上一到清明节的时候漫山遍野都是纸，所以叫这个纸鹊界。在今天的书写里面，在被旅游文化所改写的这个书写里面的故乡，它完全变成一个特别祥和的象征，特别安宁。所以，我想提醒大家，如果我们是一个学文学的人，你一定要明白你自己的眼睛，你敏锐的眼睛，你跟别人看的那个地方不一样在哪个地方。你要领悟到这个所有关于故乡的书写，你的感受是什么？

我还特别认同马叙老师刚才讲的，他说："就在你的文学中、你的血液中流的故乡，一个是在语言，一个是在地理。"他举林斤澜的那个例子我觉得也特别和这个题目切题。我想说那个地理中的故乡，其实寂荡也讲到了，他讲到了地域的精神气质。我也是经常有一个感受，因为我当文学编辑以后，走遍了中国的大江南北，因为到处都有文学笔会。我们那里是洞庭湖平原，我们从农村出来，一直觉得我们的家乡是多么的苦，农民是多么不容易，但是我到大西北，我真的惊呆了。这个苦难已经超出了你的经验想象范围，那个戈壁滩、那个黄土，在我看来，再回望洞庭湖平原那是膏腴之地，可是从小你会被那个关于乡村的苦难构造所影响。当你走出去看的时候，你经常会想，我们中国如此地大物博，那个故乡是哪个地方？比如说北方，那个儒家文化长在哪个地方？长在枯燥乏味的华北大平原，你必须要跟许多人住在一起，你那个村寨都是平的，你一个村的人全部挤在一起，你是没有隐私的。一亩地上有多少个人，那种集体文化、那种认同、那种等级制它只有在这个平原上才会生长起来。然后你回到我们从小生活的山清水秀的小乡村，那我回到洞庭湖，洞庭湖有很多渔民，因为你要面对风浪，你要一个人去捕鱼，你个人的意志和这种在大平原上长大的那个人的精神气质肯定是非常不一样的。这些差异性如何落实到你的写作中，同时反映到你的文学中去？我一再讲差异，一再讲叙事中的文学，我觉得这些应该是要被我们记住的地方。

刚才十月兄讲故乡是他起步的地方，也是他抛弃的地方。当我们离开生长你的乡土，你来到一个城市、来到异乡，再回望的时候，带着你的差异、带着你不同的眼光再来回望，再发现问题，不要把故乡讲成一个特别甜的、特别美的、特别安静的，那样我们就太偷懒了。

大致就说这些。谢谢！

孙良好： 大家听了 11 位嘉宾的发言，我想大家会更加清楚地了解到李寂荡老师开始说的，就是说共性如何做差异性的表达。11 位老师讲下来，大家也可以看到，故乡有各种各样的表达，它可以是印象特别深刻的人和事，它也可以是一种痛苦的记忆，它也可以是独特的语言，它也可以像周吉敏笔下一个非物质遗产，如瓯窑，它也可以是一个异乡的回望，它可以是童年，它可以是疾病，它可以是王十月所说的不断逃离的那个农村，它也可以是董华老师所说的一个好的家风，它也可以是亚娅说的故乡是要走过万里路之后重新回望的那一个跟别人很不一样的地方，故乡也可以是那个让人很讨厌的猫，也可以是那一个让人很害怕的事，所以，故乡的表达是多种多样的。故乡也好，童年也好，包括母亲也好，它永远都是文学的一个母题，只要你有不一样的眼光，我想你都可以有不一样的一个表达。

下面我不知道同学们要不要跟这些老师稍微做一下简单的交流。我先说一下，其实我们在座的这些同学基本上都不是温州人，都是外地人居多，温州人很少。

提问同学：好诗的标准是什么？

孙良好：你希望哪个老师来回答？

提问同学：我很喜欢王十月老师和李寂荡老师。

李寂荡：有句话叫"文无第一，武无第二"。文学不像科学，比如那个汽车它的速度、质量第一就是第一。文学会有争议，确实它没有绝对的标准，但是它肯定有标准，这个标准是相对的标准。在我们看到的几种文体当中，估计多年来争议最大的文体是诗歌，可能小说、散文的争议是比较小，而且最混乱的一种写作就是诗歌写作。诗歌写作，以前所谓的神性写作或者反神性写作、下半身写作之类的话，它有一定的道理，还有一些所谓的口语诗之类的，就非常的混乱。我作为一个编辑也是这样，感觉当下中国诗歌写作是非常混乱的，而且有些诗歌我觉得就不是诗歌。什么是诗歌？它一定是有诗性的东西，诗性我觉得是文学性里最高的东西。如果你阅读诗歌或者你的写作中有诗性的话，那你的文学性会很强。

我不是特别反对什么口语诗，因为口语和书面语它不是泾渭分明，最早的时候我们的语言就是口语，包括《诗经》的很多诗歌它都是口语，但是后面慢慢转化，有些词语成为书面语。当然，口语它有现场感或者是生动性，和当下生活的那种关系的紧密，但是我们很多的诗歌，它和现实的关系是同构化，就是你读他的诗歌和现实生活没有拉开距离，那我为什么要读你这样的诗歌？是不需要阅读的。因为我看的时候并没有比现场看到的更特别。

所以很多所谓的诗歌更滞留于一种生活表象的记录。我想文学有一个特点，就像我们人为什么需要文学？在日常生活中我们都是戴着很多面具在生活，而我们的生活几乎都是千篇一律的，我们内心的恐慌、我们的希望、我们的痛苦、我们的欢乐，都是在这种波澜不惊的面具下，所以文学可能要表达的就是面具下这种惊心动魄的东西，所以它更不像白天的生活，更像夜晚的那种梦境，它可能是你的美梦，也可能是你的噩梦。有时候，梦境我觉得更接近诗歌或者说文学的表达。对于当下的很多诗歌，我觉得我还是非常反感。

然后说到余秀华的诗歌，我这里举一个例子。有段时间大家都说她很火，因为《穿过大半个中国去睡你》。大家都去热谈的人我一般不去关心，但是有一天问我的人太多了，因为我毕竟是个编辑，也写了诗歌，就忍不住在网上关注了一下。下午刚好贵州都市报来采访，我就谈了对她诗歌的印象，后来读了她的诗歌，而且还向她约稿，约稿《山花》还发了。她想写小说，后来写了一个叫什么非虚构《且在人间》，获得了今年《收获》的排行榜，有 9 万字。但是，我觉得余秀华诗歌的好处是什么？我为什么发？就是因为我觉得她的诗歌回到一种最常规的，就是以前的一些判断标准，到当下还有效，我觉得言之有物、真情实感，这是个前提。但是言之有物、真情实感，比如说祥林嫂她不停地倾诉失去儿子的悲伤，她是真情实感，但是真情实感就像下午李敬泽老师说的，你光有真情实感还不够，它还是个艺术，它还需要表达的一种艺术，只要你有这种艺术，它才具有审美性，然后你的表达才会有吸引力、感染力。所以它就两个指向，一个是真诚的东西，另外一个是表达的高度艺术性。

所以有时候我们可能会看到一些诗歌是很真实，但是艺术性很弱，更多的诗歌可能在真实性和艺术性两方面都是缺失的，都很做作。因为我们的生活已经充满了矫揉和做作，那我为什么在诗歌中还去读那么多矫揉造作的东西呢？肯定是很反感。

就是这样一个意见。

孙良好：再听十月讲讲。

王十月：我没有诗歌。如果你写小说的话，找我们《作品》杂志就对了，我们《作品》杂志这几年是“90 后”的大本营，“00 后”的都发过，发过差不多 300 多个“90 后”。“90 后”的诗歌我们也做过专辑。但是我为什么不对当代的诗歌发表看法？因为我确实是个门外汉。我们杂志社有两个诗人，一个是我们社长杨克，诗歌肯定有一半是他约来的。还有一个是副社长郑小琼，她具体编诗歌。虽然是我这里最后审稿子，但是我相信郑小琼的判断，好的，我觉得郑小琼选得对，我觉得不好的，我想可能是我的审美不行。因为确实对当代诗歌我自己不懂这个，但是我的心中，我可能因为读唐诗、宋词，从《诗经》《古诗十九首》这样下来的一个脉络，我可能会觉得有些诗人天生是伟大的诗人，有些诗人他就是一个大诗人。大诗人和伟大的诗人、大作家和伟大的作家那是两个物种。大作家再努力也成不了伟大的作家，大诗人再努力也成不了伟大的诗人。为什么？因为他们关注的东西不一样。

就像我们说的杜甫，为什么他的地位那么高？但是在当时他的文学地位也是不高的，并没有那么高的地位，他是死了好多年，安史之乱都已经过了，差不多100年，后来在给他写墓志铭编书的时候，回头去看，觉得那个时代那么多诗人，为什么只有杜甫用他的诗歌去记录了他自己的离乱和那样的一个时代。到今天我们去读诗，当我读到“鸟宿池边树，僧敲月下门，还是僧推月下门”的时候，我觉得这个是不错的诗人。但是当我读到“夜雨剪春韭，新炊间黄粱”“访旧半为鬼，惊呼热中肠”的时候，就像董华先生看到花花草草要流眼泪一样，我读杜甫的诗还能把我读得热泪盈眶，特别是到了40岁以后。这个就是伟大的诗人跟大诗人之间的区别。

甚至我们说鲁迅，鲁迅一辈子在反对这种古典的古体诗，说这是糟粕，但是鲁迅的古体诗写得多好。今天当我们社会上出现一些事件的时候，你总会想到读两句鲁迅的诗，你觉得他的诗歌放在今天、放在当下依然是那么有力量。杜甫这种诗人可能是要后世来认可，我们今天这种当红的诗人一百年以后到底是谁会被记下来，那谁都不知道。

我就说这些，写小说可以问我。

孙良好：时间差不多了，我帮我的学生问一个问题。他们都有一个考虑，他们喜欢文学的人在写出作品之后，怎么才能够引起你们这些编辑的关注？你们在看稿的时候，会关注这些自由投稿的稿子吗？这些学生他们写好的稿子给你们，你们会看吗？会有时间看吗？

王十月：我的邮箱来稿是每稿必读、每稿必复，只要是给我的邮箱。

孙良好：那已经非常好了。他们其实都有一个担心，现在的稿子给到编辑，编辑可能根本就不会看，根本就没时间去看。

王十月：大家应该对编辑有一些这样那样的误解。今天搞一个活动，你现场拿一个文章，我一看觉得很好，那是一种机缘，对你的文章有更直观的感受。但是很多，像《十月》这种刊物可能更多的是名家的稿子，像我们这种省里面的刊物的话，我其实要面对大量的自由来稿，我大量的作者是从自由来稿里扒出来的，扒出来的那种成就感会远远大于我去约一个名家的稿子。在我的手上作者改稿改七八遍的都有，反复地跟他交流改稿，感觉他慢慢地从这里走出去成长起来。

季亚娅：我们有大量的自由来稿，有很多自由来稿的作者会要求到编辑部给我们。我接他们电话讨论稿子的时候会说一句，“写作的时候是作品自己说话，而不是你对我说话”。刚才十月讲的，他们推了很多“90后”的写作和“00后”的写作，我们可能采用率没有那么高，但是我们有很多很好的作品都是从自由来稿里面挖出来的。比如说我们今年“小说新干线”上海那个叫国生的作者，我不认识他，是自由来稿里面我把他挖出来的。今年我们的那个“思想者说”有一个写女性生育的题材，是叶浅韵的《生生之门》。这个也是从大量的投稿里面来的。有的人会说，为什么我们没有一一回复。确实你们可能不太了解编辑的工作量，如果邮箱里的每一个稿子都给你回复，然后告诉你应该怎么改稿或者怎么写稿，那基本上我们就没有精力去做别的事了，因为那个实在是太多了。要相信编辑的判断力，好作品自己是会说话的，它会自己介绍自己。我们确实也从自由来稿里面挖出优秀的作品。

我想对一个写作的新人来说，可能你对自己的要求要比那些名家的要求还要高，因为你是一个新人，你可以凭借的不是你写作已经构成的品牌让编辑们来信赖你，你唯一可以依靠的就是你的作品本身。你一定要对自己的那个标准更高一些，那个稿件在这里就不会被埋没，作品自己是会说话的。其实有时候那些所谓的你想象中的人的关系，在编辑这里大部分也没有这么大的效果，主要还是作品本身。

王十月：我补充几句，因为我自己也投稿，可能对你们有点帮助。

第一，经常会有作者寄点茶叶什么，我是茶叶笑纳，稿子该不发照不发，也不是说因为一包茶叶我就发你的稿子，那岂不是我这个稿子发得太容易了。

第二，我自己那时候写作，我跟谁都不认识，就是自己写，并且那个时候不像现在都是电子邮箱，我那个时候写出一个小说来，我就先从我心中最牛的中国刊物开始投起，比方我投给《十月》，我写个日期登记一下，三个月以后没有回复，我就把它投给《人民文学》，《人民文学》三个月以后再没有回复，我可能投《当代》，《当代》再没回复，那我投别的，总之，把它投到发出来为止。这个过程中间你继续去写你的下一部作品。慢慢地你作品多了以后，你大量的稿件在各个编辑部流转，总会有那么一个编辑发现你的稿子，只要你的稿子写得够好，总会有一个稿子让大家眼睛一亮，当你这个稿子让大家眼睛一亮以后，你以后所有的稿子都红了。都知道这个人冒出来了，这个稿子到了别的编辑手上，别的编辑就会多看一眼。你总是会有这个运气，只要你写得够好。

孙良好：九点了，最后一句话总结一下。故乡，今天晚上这么多人讲了，讲不完也写不完，还可以继续写下去。第二句话，记住几个编辑的话，作品自己会说话，不要老是想着作品之外太多的事情，更重要的是作品自身。我知道像十月老师他们也都是一路写出来，一直写到今天这种状态。大家不要老是把很多东西都推给外在的元素，要从自己开始好好做起。

再一次感谢 11 位老师，也谢谢同学们的到来！

（王玮康根据速记稿校核整理）

琦君文化讲堂

我的故乡记忆——首期嘉宾白岩松演讲实录

李　辉（人民日报高级编辑、著名作家，琦君文化讲堂首席顾问）：非常高兴，二十年来这是第三次又来到温州，1997年来过，去年来过，今年又来了，也非常高兴能够邀请到岩松来这跟大家做琦君讲堂的第一讲《我的故乡记忆》。

去年在温州我们“六根行”非常开心，当时我们参观了琦君的故居。后来就跟周吉敏说：“你们有这么好的名片，为什么不做得更好一些？”我就建议，你们能不能建立琦君讲堂？今年终于落实了，我也感到非常高兴。

因为琦君是写乡愁写得最好的散文家之一，而且我想这个讲堂以后的重点也是讲乡愁，所以我想以后我们会带一些更有乡愁感的作家、学者到这里来。

以后陈晓卿、冯骥才等朋友都会到这来，这些对于瓯海的琦君文化讲堂来说都是好的消息。这次演讲是岩松的主讲，我们都是属猴的，他讲就一定讲得特别好，所以你们就好好地听，最后好好地提问，他会回答得非常精彩。我们谢谢岩松！

白岩松：在这个迟到成为一种常态的情况下，今天这个讲堂居然提前了将近半个小时。我手里拿的是琦君讲堂的方案，原定的时间是4点20分的时候我开始跟大家聊天，现在是3点45分，所以这是不是温州速度？

我觉得今天是“四个一”工程，因为国家的文化工程是“五个一”工程，作为温州咱也不好意思再提“五个一”工程，我觉得是“四个一”工程。

第一个“一”，琦君先生1917年出生，去年是100岁，今年又重新成为“1岁”，对吗？这是一个全新的开始。《道德经》里说：“死而不亡者寿。”对于琦君先生来说，离开这个世界十二年了，但是却依然活在读者的心中、在故乡人的心中、在很多华人的心中。所以，我们就来看看又重新成为一岁的琦君，慢慢在新的空间里长成怎样的新的一棵树。

第二个“一”蛮有趣，不到一周之前我刚过完50岁的生日，这也是我进入50之后开启51生涯的第一次面对这么多人的聊天，我觉得这是一个半百对整百的致敬，这是两个再次出发的感觉的相逢，对于我来说也有一种再次出发的感受。

第三个“一”，毫无疑问，我虽然没有上微信的朋友圈，但是有现实的朋友圈，在现实中，一个非常重要的朋友圈当中，李辉老师是我们的大哥，绝对的排第一，所以很高兴看到李辉加琦君，“1+1”，会得出什么的一个数来？都不要说大于2，因为刚才只是在他简单地介绍未来，包括冯骥才，其他等等很多人的时候，我就替未来的琦君讲堂的听众们和瓯海区、温州感到非常兴奋，所以这个“一”是我们的一哥，给大家做了“1+1”之后产生的这种效果。

第四个“一”，这是琦君文化讲堂的第一讲，一切都是最好的安排。我虽然没有资格来做这个第一讲，但是还好，在做节目的时候我经常要做第一期节目，因为水平不高，胆大，所以辉哥给了我一个练胆的机会，那就来做这个第一讲。怎么说？抛砖引玉，就来当这样的一块板砖，我觉得也蛮好。为什么说一切是最好的安排？开始说，来，做一个讲座吧！

今年是改革四十年，我的年龄注定跟改革紧密连接，因为我1968年出生，1978年改革的时候10岁，每一个十年都是我的整数年。今年恰恰在五十岁的时候见证改革开放四十周年。原本想讲改革四十年的记忆，但是后来说，看了你的《朗读者》，讲故乡吧？于是懵懵懂懂觉得一半讲故乡、一半讲改革的记忆，但是更深的想到是琦君讲堂的时候，觉得还是讲故乡吧。

甚至刚才从飞机上落地之后，我也在跟主办者说，或者未来琦君讲堂还可以有一个副标题，这个副标题可能成为一个主标题，就像辉哥刚才说的，未来琦君讲堂是不是就定位为讲乡愁或者讲故乡？我觉得是不是距离、故乡……可能围绕这些词慢慢需要去细化。我觉得这可能是最好的安排，那就讲故乡吧。

这算作是一个漫长的开场白。

为什么要讲故乡？今天中午又在想这个问题，最后回到了人类哲学最终极的提问当中：不管你讲什么语言，不管你生活在这个地球的哪一个角落，不管你是上下几千年当中处在哪一个阶段，人类哲学的终极问题就是面对三个问题，我是谁？我从哪来？我要去哪？故乡与两个半问题有关。

我是谁？任何一个人回答我是谁下意识的首先就与故乡有关，我姓什么？我是哪里人？我是温州人。接下来自然要面对第二个问题，你从哪儿来？我从哪儿来，那就回答我从温州来，等等。故乡直接面对了人类终极问题的两个。同时又涉及半个第三个问题——我要去哪里？在我心中一直有一句话，回头越清晰，向前走得就越坚定。

你看中国人其实对于没有故乡的人或者动物都寄予了极大的同情，丧家之犬——说一只狗可怜至极的时候会用丧家之犬来形容，只要没有家了它就惨了。有些词可能在年轻的时候你会蛮喜欢，因为中文赋予了它一定的怜悯，像游子、浪子，都是暂时不在家里的人。

因此，你要去哪？自然当你没有根的时候，你就像是一根浮萍，这是一个非常有趣的事实。所以根扎实了，向前走可能也就坚定了。因此想想看，故乡看似是我们每天要面对的东西，却与人类的终极命题至少相逢两个半，这很不容易。

接下来说故乡是什么？我觉得首先故乡是一个地理空间的概念，我甚至定义成由地理空间决定的可不全然是故乡，加上距离才是故乡，因此我觉得第一个感受就是故乡是距离。

琦君于 1949 年 5 月份到达台湾，6 月份就写了她赴台后第一篇发表的散文《金盒子》，这一个月发生了什么？这一个月她在想什么？是什么让她开始动笔？我觉得是距离，是家乡变成了故乡，中间横亘了一个海峡。

地理的空间距离使故乡开始清晰。她出生在这块土地，12 岁的时候到杭州，一直到 32 岁。在 1949 年的时候，她在杭州不会有那么强的家乡与故乡的概念。但当 1949 年 5 月突然到了台湾的时候，虽然只是面对一个海峡，故乡出现了，这是地理空间的距离造成的。

我们有时候身在故乡这种感受不深。我觉得既然谈到琦君，我们有没有多去想一想 1949 年前后几百万从大陆到台湾的人，一瞬间，某种原因就使得这种空间的距离成为一个永远无法跨越的距离。1987 年台湾解禁之后，很快，大家熟悉的香港 Beyond 乐队就创作出一首歌叫《大地》。1989 年、1990 年到大陆演唱的时候，他把粤语歌词赶紧谱写成了普通话的歌词，我更喜欢他普通话的歌词。当初这首歌是写给老兵的，写给解禁之后老兵回乡的。“当初一群朴素的少年轻轻松松地走远，可是没有想到再也很难相见。”你想想看，当初离开这块土地的人，绝大多数不就是十七八岁、十八九岁的一帮少年吗？他哪知道从此就再也不能跟父母相见、不能跟兄弟姐妹相见，甚至一下子就从 1949 年一直到 1987 年这样的一个漫长的三十八年的距离。人们离开的时候往往不自觉，但是很久之后才会意识到这种空间的距离太难以跨越。

很多年前，记不清了，1994 年年底还是 1995 年年初，季羡林老先生跟我聊天的时候说了这样一句话，我到现在都时常想起，当时非常困惑，惊讶于他是不是仅仅是一个表达。他说："如果我要知道当初离开家，离开我的妈妈，就再也见不到她的话，我绝不会离开。"可是我当时想，你不正是因为离开才成为现在举世瞩目的季羡林吗？你真的就会说，你离开妈妈就再也见不到她了，你就毅然抉择不离开她？但是季老说得非常坚定。随着我自己年岁的慢慢增长，我越发认同了他的看法。

虽然空间距离开始制造故乡，没有空间的离开，我生于斯，长于斯，甚至老于斯，其实何尝不是一种幸运啊！我们很多人说："我没有离开故乡，没有产生距离，因此它便不叫故乡，只能叫家乡。"这是一种巨大的幸运。

回望过去一百年当中，多少人被迫无奈被地理打开了一个距离，不得不拥有了乡愁。于是，写乡愁的东西就开始增长。

你回想一下，可以回到 1949 年 5 月一直到 1949 年的 6 月琦君在想什么。我觉得就是这样的一个空间距离让故乡开始出现，让故乡开始清晰，让故乡开始变得格外的引人思念，于是就开始写文章，慢慢在她的文章里头写故乡的越来越多。据温州研究琦君的专家周女士统计，说琦君写温州的文章就有 43 篇，在这里头她用文字把家乡复原了，我觉得其实何尝不是一种自我的拯救。因此，空间距离非常重要。对于我来说也同样如此。

我记得我经常说的一句话就是，什么叫故乡？故乡是小的时候天天想离开，长大了之后却天天想回去的地方，这中间隔着的就是一个地理距离。我从小出生在内蒙古的呼伦贝尔草原，17 岁的时候要离开家乡，离开家乡的时候很多人会觉得这还不一步三回头，恋恋不舍。不！那是满心欢喜去扑向新的世界，要去北京上学了。所有母亲、家人、周围人的这种眼泪或者说伤感，我居然在记忆中完全没有。只是一个 17 岁欢蹦乱跳的孩子要去北京上学了，那时候故乡没有出现。但是什么时候故乡才开始出现？那已经是八年后，也就是说到了 1993 年，结婚的时候。其实我 1989 年大学毕业，回家，再回北京也没有离开家乡的感受，虽然在北京工作了。

后来你发现，你没有成立自己的一个小家，你觉得那块风筝线板还是牢牢地掌握在母亲的手里头，所以你没有离家的感觉，只不过风筝飞得近一点或者远一点，但是家里一收线，一到暑假、休假或者一到寒假、过年你很快就回家了。但是 1993 年那一次，第一次知道风筝要脱线了。因为我们两口子都是外地人，在北京结婚，结婚结得很草率。约到一个街角，我们各自从单位出来，跑到月坛这个机构把结婚证一领，然后拜拜，她走她的，我走我的，一顿饭都没吃。这就是外地人在北京结婚的现状。后来回她家去补一个婚宴，也就几桌，请亲戚，然后回我家补一个婚宴，也是几桌，没有仪式，不存在婚礼。到娘家还有点小仪式，到我们家好像根本没有，就吃了顿饭。但是走的那一天开始不一样了，这个我在节目里头也叙述了，我不一样，感觉我妈也不一样了，原因就在于这一次标志着你在家乡之外有了自己新的家，好像风筝线要断了。

我记得那天要走的下午，中午我妈在那做饭的时候，我偶然路过，我妈平常都很镇定，但是却让我发现老太太一边在那剁菜，一边“吧嗒吧嗒”掉眼泪，然后她一见我，就扭头掩饰，我也假装没看见。但是等到火车快开动的时候，那天恰巧是我妈来晚了，被堵车了，也不是被堵车，可能是前面拦了一个什么，那个时候不存在堵车，应该是被什么拦住了。因此，火车快开了的时候我妈才赶到，这个时候已经格外不一样了。招完手，火车开了，我居然开始号啕痛哭，大约哭了有二十多分钟，我估计我媳妇当时蒙了，什么情况？那是我真正地开始意识到我要离开家乡了，那一年我 25 岁整。

对于故乡的情感并没有从那一瞬间完全建立起来，我觉得故乡还要有一次再次确认的过程。人可能在 20 多岁的时候很难对故乡像今天在谈论的时候有如此深切的感情，因为你要忙的东西太多了，自己小家要建设，你有很多事业要忙碌，就像一个无头苍蝇在这个社会的角落里四处乱转。大约到了 1997 年、1998 年左右，快三十岁了，当时要采访老乡斯琴高娃，著名演员。内蒙人有个特点，只要有个什么事就愿意聚会。那天明明只是采访斯琴高娃，却来了一群内蒙人，包括大家熟悉的歌手腾格尔，还有大家可能不太熟悉的，但是在中国舞蹈界赫赫有名的舞蹈艺术家敖登格日勒，还有电视台的同行格勒等。那天很巧，我们就在那聊天，一口酒还没喝，突然腾格尔就跑去钢琴那里。人说中国 56 个民族，有 55 个民族都能歌善舞，汉族除外。蒙古族自然在那 55 个里头。腾格尔就过去开始弹钢琴，弹《蒙古人》这个旋律，敖登格日勒很自然就开始跳舞，旁边就开始哼唱。我不知道哪根神经突然被打开了，再次号啕痛哭，在清醒的情况下。旁边的人没有任何惊讶，过来拍拍我，一会儿有的人陪我哭会儿，然后大家一起去唱。我觉得那一瞬间，也就是在快 30 岁时候，在那个太阳快要落下去的傍晚，我再次确认了故乡。

这是由于两个距离共同构成的，一个是地理距离。另一个非常重要，是时间距离，自己离开家乡已经很久了。故乡，第一个需要确认的是通过地理距离确认，第二个需要时间距离确认。

这个在中国的文学当中早有表达。你看“少年不识愁滋味”，少年怎么谈得上乡愁或者各种各样的愁呢？“少年不识愁滋味，爱上层楼。爱上层楼。为赋新词强说愁。”没有这个时间距离，生命没有拉出一定的长度来，因此就不存在回望感，恐怕只是想天天逃离这个家乡吧。但是“而今识尽愁滋味，欲说还休。欲说还休。却道天凉好个秋”。在我年少的时候，中文里头我最搞不懂的几句话当中有一句话就是“天凉好个秋”，什么意思？什么情况？挺好的一个词，前面我都懂，怎么最后这句我就不懂了，为什么要“却道天凉好个秋”？到了一定的岁数终于明白了，那就是某种掩饰近乡情怯，或者说知道太多了也就不说了。一肚子的话，但是见面的时候就是，吃了吗？吃了。天不错？天不错。其他所有的东西其实尽在不言中，才有“却道天凉好个秋”这样的表达。

因此，我觉得时间是故乡的第二个促成的因素。当你的年岁越发增长，故乡开始变得越来越清晰，这一点非常重要。

总结一下：

第一，故乡是距离。但是这个距离是由于时间距离和空间距离共同构成的一个概念，不用离开故乡的人是幸福的、幸运的。我总觉得中国改革开放以来我们天天在经历变化。变化的目标是什么？是为了不变。我希望有越来越多的日子、生活、人生不再有过去这么多年里这么巨大的变化。我觉得我们这几代人是故乡在远去、故居在消失的几代人。去年突然回老家的时候，从楼上往下一看，不远处，我虽然没有故居，但是我打小出生的那个地方拆了，正拆到一半，我就拉着我夫人过去，我说：“给我照几张相。”照了几张相，也成了今年《朗读者》开篇的那张照片。幸亏照了。为什么？因为那个已经拆了的房子里头，我父亲在那个房子里去世，我爷爷在那个房子里去世，我姥姥在那个房子里去世，我姑姑在那出嫁，我和我哥哥在那考上大学。

我永远忘不了的是考上大学的那一天，1985 年，去学校看分，看完分之后知道自己是一个高分，没问题了，肯定能考上第一志愿。骑着自行车往家狂奔，结果到了家门口的时候，因为是平房，隔老远就看到了我妈妈、我姥姥她们好几个人在门口等着呢，我就急奔着过去，假装镇定地说，考上了，广播学院，没问题，多少多少分，他们高兴坏了。接着我第二句话就是，“给我 20 块钱呗”。因为那个时候只有取得了重大的功绩才能要点钱，因为要出去玩，要钱的目的是我要离开家乡去远点的地方旅游一次。

所以，谈论故乡，我觉得第一个概念是距离。为什么要谈论故乡？故乡为什么在我们所有人的心目当中如此重要？一句话，因为故乡是每个人世界最初的样子。这就是当我住的那个房子拆掉了一半之后我要去照一张照片，我会一直留着它的一个原因。

整个世界在我的生命历程当中，如果像一张画幅慢慢一点一点去打开的时候，最初的这个样子是我在这一间房子里知道的。我是从这间房子里头懵懵懂懂直至清晰地感受到了世界是个什么样子。所以，故乡怎么可能轻易地就会抹去，就不重现，那不可能。故乡是每一个人生命历程当中世界最初的样子，所以这就是故乡。

第二，故乡是声音、是味道，是一种综合的记忆。你看，前几天，就上个礼拜，我们去上海，一如既往，我到了上海一定会去一家点心店去吃一个早午餐。其实这个点心店不卖别的，秋冬天、春天卖鲜肉汤团、荠菜馄饨，还有面，夏天的时候就是凉馄饨和凉面。去的时候多了，它居然成了我对上海的某种思念所在，但是对于上海人来说意味着什么？我们在吃饭的过程中不止一次地看到，60多岁的女儿推着坐在轮椅上的估计已经90岁左右的母亲到那点两碗馄饨，娘俩吃完走了。我就觉得，这家店应该一直开下去。对于这些普通上海人，这一对60多岁的女儿和90岁左右的母亲，它可能是她们小时候的记忆。

为什么要一直在？以前我自己也不是太懂。直到北京前门有一家卤煮的小店要拆了，因为要整治，城市要现代化。然后，食客们提前一个礼拜就开始排队去跟它告别。北京台也在拍新闻，媒体报纸也都在登，但是最准确的表达，来自于北京新闻当中一个北京老大爷的定义。当时他正在排队，镜头朝向他，采访他，问老大爷为什么要排队？老大爷说："这是我打小就吃的味道，我吃，再吃一碗，留着它。"但是接着老爷子开始发感慨，"现在孩子越走越多，越走越远，将来回家的时候这些店都找不着了，他拿什么找到家？"当时我看到老爷子这一段同期声的时候眼泪差点下来，接下来马上就明白了，中国的英文名字叫China，这就很正常，接下来不断地在拆，但是拆来拆去究竟拆走了什么？拆走了孩子们长大后回家的那条路。还有你中断了他的记忆，让所有人的家没有负载了，地图消失了。故乡不就是由于味道、声音等很多复杂的生活习惯、方式共同构成的一种记忆吗？它在，你回望就是完整，它不在了，我们一瞬间不也就成了丧家之犬吗？

很多年前，我采访香港的特首曾荫权。当时他刚当选不久，跟我讲起了香港的事情，他没有用很多大词，没有说什么我爱香港怎么怎么地。他就讲："香港，当时在香港的时候不觉得怎么样，后来我跟我夫人在美国留学，有一天半夜我突然把我夫人摇醒，说我愿意出100美元去买一碗香港的云吞面。"说完了，他沉静了半天，我也沉静了半天。据说节目播出的时候，当这一段话刚一说完，时任国家副主席的曾庆红电话打给了曾荫权，感动得不得了，说这就是爱国，这就是爱香港，这是一个最深的情怀。这是大人物的故事，其实真正明白这个道理的不是这个故事，比这个故事更早的是我同事的一个故事，写在我们内部的刊物里。出国拍摄二十来天，好不容易回国了，结果这个哥们下了飞机，打上车，拉上行李，没有直接回家，而是直接到他最认的牛肉面的面馆。他是西北人，这些年一直生活在北京。到了面馆，点了两碗，疯狂吃完一碗，接下来慢条斯理地吃了半碗，然后抹抹嘴，再打车真正回家。他那篇文章最后有一句话，"原来爱国首先就是爱你家门口的那碗牛肉面"。

味道是不是故乡？很多人会说，现在没有过去的好吃了等等，NO，我一直否认这一点。我觉得局部有一定的变化是对的，食材发生了变化，但是我们多少有些夸张了。我们现在做的好多东西可能不亚于你妈做的东西，但是没办法，就像我刚才说的那句话，你妈妈、姥姥、奶奶做的那些饭是你对这个世界最初味道的记忆，怎么可能不刻骨铭心？另外对于我们这一两代人来说还有一个东西，什么东西最好吃？饿的时候吃的东西最好吃，没有饿过，你不可能体验到真正的美味。

前些天，敬一丹给我讲了一件事，我印象极深。有的时候，美味和奢侈品是需要某种稀缺才能够制造出来，就像故乡需要距离一样。她问水均益的姑娘，叫水亦诗，"水亦诗见过布票吗？"没想到水亦诗小姑娘给她的回答是这样，"阿姨，我没见过布票，我连布都没见过，我只见过衣服。"我觉得改革开放四十年，我听到的最棒的一句表达或者几句表达之一，这是其中的一句。"阿姨，我没见过布票，我连布都没见过，我只见过衣服。"

您想想，现在"90后"、"00后"的孩子哪见过布？哪见过裁布、做衣服的流程，他上来见到的就是衣服。那吃的东西同样是这个道理，味道里头有最深的乡愁，那也是因为来自那是你世界最初的味道。

我经常反问一句话，我说："不管是台湾的谁在弄'一边一国'，在弄'两国论'，在弄'台独'，您让他天天吃牛排试试，您让他彻底把这个胃变成不是中国胃，他可以搞很多很多的'去中国化'，但是味道是最根深蒂固的。"所以，有的时候我们说，世界各国经济发展水平各有各的不同，痛快也有不同的地方。比如说美国人痛快着嘴，因为人家强调自由，什么都可以说。中国人痛快的是胃，在味道里头有中国人最深的对故乡的记忆，而且陪伴你到很多的地方。

坦白地说，温州人这一点恐怕感受特别深，谁没有几个海外的亲戚。温州人到哪，餐饮也跟着到哪，那个味道也跟着到哪，所以味道是非常重要的故乡。我一直相信，不管互联网如何发展，中国文化里最与时俱进、不断更新、永远保有生命力的载体是饮食，不可能再有一个文化的载体超过饮食。对于中国文化来说常吃常新，永远更新，而且永远传承，你不用担心，那是因为我们好这一口。

接下来是声音，声音也非常重要。我们过去古诗里头打小就开始学"少小离家老大回，乡音无改鬓毛衰"。shuāi 或者 cuī，这两个音都有，据说在课本不同年级里头还标了不同的音，我觉得这点不好，赶紧把它俩统一，到底是念 shuāi 还是 cuī。但是这些不重要，重要的是乡音。所以我为什么在写歌词的时候第一句话就是，"长大回家，又有几天可以不用说普通话"。自动切换，一旦回到家里头，很快大家就切换成家乡的声音，你就觉得到家了。声音是一张地图、是一个地标、是一种符号。

其实更不要说简单的乡音，我们今年在《新闻周刊》里头采访了一个老外，这个老外为北京建了一个声音博物馆。声音也是故乡的一部分。他把老北京的鸽哨、叫卖的声音等等，都收集起来做成了一个声音博物馆。我想知道温州的声音博物馆应该由哪些东西构成？当然有一个著名的段子就与温州的乡音有关。说对越自卫反击战的时候，大家很清楚，乐了，说我们的条件不具备，发密码电报的时候容易被对方破译，直接找俩温州人在一头一尾用温州话说。越南人破译不了，咱们都听不懂，所以基本上就是密码。你看，这不就是温州乡音所具有的独特的地标标识作用吗？其实不仅如此，声音的因素包含很多。

2005 年我去台湾，当时邓丽君还从来没有在中央电视台上出现过，我们那次去了之后，第一次去邓丽君的墓地拍摄，结果发现，我们向她的墓地走的时候没感觉，但是走到墓地一回头，不一样了，她的塑像正好望着海峡和大陆。她是河北人，当然不能直接看到河北，但是可以看到温州、福建这一带。在她的墓地上不断循环地放着几首歌，都是她唱的歌。有全世界各地的华人到她的墓地上给她留言，用千纸鹤等，挂在两边的树上。我当时的第一感受就是，邓丽君的歌已经成了所有华人的乡愁。当初只是流行歌，现在你在世界的任何一个地方只要听到邓丽君的歌，马上你的华人意识、你的乡愁感应歌而生。

这就是声音的一种力量，而且声音具有非常强的故乡性，那就是你记忆的故乡。比如说您今年 60 岁或者 70 岁或者 80 岁，不同的旋律响起，迅速地让你回想到你不同的年龄与这个音乐捆绑在一起的人生记忆。我受过刺激。2012 年的时候在伦敦，伦敦奥运会的开幕式里有很大的一部分是音乐表演，因为英国人认为，当日不落帝国成为历史，英国用流行音乐和摇滚乐重新变成另一个日不落帝国，披头士征服美国，英国的流行音乐传遍全世界。虽然香港等陆续都回归了，它越来越多的殖民地都独立了，但是英国的流行音乐重新又到达了很多地方。所以，2012 年伦敦奥运会的开幕式是特别强调它的流行音乐性。

因此我们在做开幕式解说之前，请到了它的音乐顾问，聊天的时候聊熟了，他没想到我对流行音乐、对英国的摇滚乐这么熟，因此聊着聊着后来就很开心了。很开心之后就狠狠地挤兑了我一句，他说："你有没有觉得，我们音乐其实比你们新闻更真实地记录历史？"我非常认同他的看法。新闻虽然说好了，有的时候叫历史的草稿，或者今天的新闻就是明天的历史，但是世界各国新闻却时常在某些时段里头并不真实地记录历史。

有一次跟莫言聊天，我问："你这魔幻现实主义是哪里来的？是马尔克斯、卡夫卡还是这个、那个？"莫言说有一次发烧，在高密农村家里头，农村那个时候的装修没有什么刷漆，立邦、多乐士都没有，咱们可能岁数大一点的人都知道，以前都是用旧报纸把墙糊满了，天棚上也糊满了，他说："我烧得迷迷糊糊的，看那个报纸上都是亩产几万斤，魔幻现实主义啊！"你说这新闻是一直真实的记录历史吗？但是音乐却真实地记录记忆。只要你不同年龄听过的音乐隔多少年再放起来，你迅速地就回到那段时光，它从来不装假。因此，故乡是由声音、味道、你的性格、生活方式等等共同构成，一个地方一种性格。

这一点可以坦白一下，关于温州我还真请教过人。好多年前在《浙江日报》社，已经忘了是谁，和他们老总在吃饭的时候，我们有一个公认的问题，为什么是温州人？是哪些性格决定了温州人异军突起？勤奋？很多地方都勤奋，湖南人不勤奋？其实东北人也勤奋。结果那个老总有一句话说得好，他说："我们也在研究这个问题。我的一个感受就是，温州一带的人是少有的富裕起来之后依然勤奋的人。"区别拉开了。富裕之后还能勤奋就不多了，勤奋很多，富裕之后依然勤奋不多。我们有多少温州的千万富翁和亿万富翁照样吃盒饭、吃方便面，帮着员工搬东西，还在外头打拼，这是一个土地给人们的某种性格，这不一样。比如说，我认识三个非常著名的温州人，一个是出版我书的出版社老总，叫金丽红，今年快70岁了，毫无退休的迹象。还有一个是希望工程的创办人徐永光，见到他永远跟打了鸡血一样，依然在为中国的慈善事业奔波。还有一个是我们的老台长陈汉元，拍了《话说长江》。

我所认识的温州人都有一个特点，创新，永远激情澎湃，而且取得成就之后依然跟以前一模一样，继续不断向前跑，跑，不是走。

你会觉得故乡还是不同的，会给你这块土地走出去的人某种味道的记忆、声音的记忆、性格的记忆、生活方式的记忆和习惯的记忆等等，都不太一样。如果接下来要再说一个层次的话，再往深层次去走的话，故乡是人，这个时候就变得更加复杂了。比如说发小，比如说长辈，比如说同学，等等。

再过几天就是9月1日，我们有一个叫“开学了”的聚会，都是我在北京的中学同学，我们每年9月1日左右都要聚会，已经有将近十年的时间。现在我们就在紧锣密鼓地张罗，起码在那一两天的时间里头，我们这二十几个人就是草原，就是呼伦贝尔。这是一起长大的、一起上中学的，最后你发现年岁越大，同学所负载的故乡记忆就越深，有些事不用你记了，同学替你记着。为什么现在同学聚会如此之热？对于我的中学同学和大学同学来说，现在聚会已经成为一种信仰。

您可能不知道我们大学聚会现在发展到什么阶段，发展到了每年轮流申办的阶段。我们在青岛聚会、在大理聚会，去年是在浙江的舟山，因为我们其中一个同学申办成功，他在舟山。今年在湖南，明年是毕业三十周年，回北京，2020年很可能到我们老家，很可能去呼伦贝尔。为什么轮流申办？我们班七十来人，我们得出一个结论，即便每个人都申办成功的话，这辈子也有一半的人排不上了，所以你需要抓点紧。

人生中很多事情可以选择，有些事情不能。像你跟谁结婚可以选择，你跟谁同事甚至也可以选择，请问，你故乡能选择吗？你同学能选择吗？我觉得对于不能选择的，就应该抱着一种这是最好的安排的心态。李辉大哥从湖北考上复旦大学，孤身前往，他哪知道他们班同学四面八方来的都是谁，不由他决定，是由招生办决定。但是回望过去，你只能说：“这是最好的安排。”他们班有那么多特棒的人，我看他的书里头写到的那么多特棒的人。持相反的看法就会变成我不喜欢这个人、我不喜欢那个人。我觉得到了一定的年岁就学会了对喜欢的人真喜欢，对不喜欢的人没必要不喜欢。要学会跟不能成为朋友的人很好地相处，因为那是最好的安排，那是你故乡的一部分。你的小学同学、中学同学、大学同学，当你到达一定的年岁，你就会明白那是你故乡的一部分，你相当大比例的记忆都在这些同学当中，他们陪伴你一路走来，所以我觉得珍惜就够了。

这里我想格外说说老人。有几个人都有发过这样的感慨，而且都是老人，一个是黄永玉老先生说过，年轻人总是错过老人。还有木心先生说过，一个年轻人想要拥有突飞猛进的某种成长，要么谈一次或成功或失败的恋爱，要么就是跟一个智慧的老人谈过天。

我们现在有多少人有这样的机会？在老人的身上其实拥有我们生命的某种故乡，它是流动的故乡。我随着自己年岁的增长，看过去的东西越来越多，包括来的路上看的也都是与以前的人有关的东西。在他们言谈举止、生活方式里有过去那个时代、过去那群人，哪怕你没有经历过，很多的记录都在那里。琦君的文章里头有43篇写到当初的温州，写到当初的瓯海，很多生活习俗可能现在没了，但在她的文字里还有。

我们有一次去日本办论坛，开完会之后去旁边的一个上海菜馆吃饭。结果我们同行里有一个上海人，那家老板一出来说话，我们这个同行蒙了，现在是东方网还是什么网的老总，说："我好久没有听到这么地道的上海话了。"原来这对夫妇二十多年前就离开上海到了东京开这个馆子，回上海的时候不多，因此在这两口子的身上保留了二十年前老上海的那些语言，而这二十年来上海不断地被各种外来语言去改变，此时此刻的上海话跟二十多年前的上海话已经不一样了。这一点我不知道温州话跟三十年前的温州话是不是还完全一样，还是被这三十年整个改革开放里里外外走过来的东西改造了很多。结果，我们意识不到，但是对于这个上海人来说一耳朵就听出来，这么标准、地道的上海话好久没听到了。而那两口子之所以还保留着，是因为距离，没有被这个时代不断地洗牌而改变。所以，你在很多老人的身上，有我们很多生命的原乡和故乡。另外，在他们的叙述、在他们的写作、在他们的回忆当中会替我们保留下原来的很多东西。

在党的十九大的报告里头有12个字我非常喜欢，好多人可能不会太在意，这12个字是谈到文化的时候说到，叫"不忘本来，吸收外来，面向未来"，非常简练和准确。

我觉得今天我们在谈论故乡的时候，也可以把这12个字存档，"不忘本来，吸收外来，面向未来"。对于我们很多人来说，别忘了，谈到故乡的时候不仅仅是吃什么、听到了什么，还有地理的距离、我的故居还在不在，等等，去听听老人在说什么，去把很多有价值的老人的声音留下来。就像今天中午在跟他们吃饭，我虽然没插话，但听他们说琦君先生2001年回到瓯海，也是1949年走了之后唯一的一次回到家乡。“影像是不是都记录下来了?”说记录下来，现在在哪等等。其实我们现在身边还会有很多有价值的老人，如何把他们的声音、把他们的东西记录下来，是一件很紧急的事。

今天上飞机的时候还跟辉哥说，我说，我这几年经常看辉哥的书，看你写各种老人的书。辉哥在过去几十年的时间里头服务于中国的文化老人，而且留存中国文化老人的各种印记、组稿，去帮助他们生活中的细节等等。因此，我觉得李辉大哥所做的这件事不仅仅是他的一个事业所在和爱好所在、工作所在，更重要的是替我们在文字当中留下了某种故乡，这一点非常重要，所以有机会的时候不要错过老人。

我在做东西联大研究生课程的时候，其中都会布置一次作业，就是要求学生们回去把他们家到爷爷奶奶的上一辈，姥姥姥爷的上一辈一直到你爸妈、到你，这个小家谱给我画出来，给我画一个家族地理。结果我发现，能够写清楚爸爸妈妈名字的毫无疑问，都能，写清楚爷爷奶奶、姥姥姥爷四个人名字的就开始变得很难了，等到再往上写几乎不可能了。你要去问他，爷爷是从哪条路走过来走到这的？爷爷的上一辈他们在哪？奶奶的上一辈在哪？他们怎么相遇的？大部分都不知道。所以布置这个作业的时候，他们都懵里懵懂的，写这个玩意儿有什么意思？但是回来的时候，在讲这堂作业和汇报这堂作业的时候，有小一半的人会热泪盈眶，根本不知道自己看似简单的一个家族，走过了这么遥远和艰辛的道路，可他才仅仅三代。

所以我们这个号称悠久历史的民族，每一个小家族连自己不长的一段路程都无法复原，我们怎么可能复原那么长的历史呢？所以这些年来慢慢正在发生改变。比如说温州，也在思考，我的经济打出了温州的牌子，现在觉得我缺一条腿，这条腿就是文化。如何在文化上去建立，这就是我今天要讲的最后一点，文化才是真正的故乡。浅层次的故乡是地理的；再深一点的故乡是记忆的、是味道的、是综合的；再深一点，故乡是人；而最本质的，故乡是文化。

我去德国莱比锡，这是一个德国东部的城市，这里的人很自豪。我们一提到德国的时候，就会想到柏林、慕尼黑，但是莱比锡的人非常骄傲。它的街道上经常能看到很多金属的标识指引你走向巴赫、走向门德尔松、走向瓦格纳。瓦格纳是在这出生的，巴赫大部分伟大的作品都是在莱比锡的时候创作的。所以那个市长跟我们见面的时候，我们问：“你们这城市怎么定位?”他说：“有巴赫的城市还需要定位吗？”这一句霸气的回答我永远忘不了。我们当然是一个中心，可是我们的这种自信够吗？有用和无用又该是一种什么样的关系？

比如说同样在浙江，就是诞生了《富春山居图》的富阳。黄公望的《富春山居图》这幅画很有意思，名字叫无用卷，因为画完了之后是送给了一个无用的法师，名字叫无用师。城中心依然是达官贵人活跃的地方，黄公望作为一个画家很寂寞地在山居，六七十岁开始画这幅画，用了六七年画好，画完了也觉得无用，送给了无用的法师。奇妙的是，近七百年过去了，当初的达官贵人、显赫财富等等的一些东西全部烟消云散，富阳这个城市最主打的东西是无用的文人送给无用师的以为无用的一幅画卷，成为这个城市最亮丽的一张名片。

我们今天的温州送给未来的八九百年后的名片是什么？是皮革、服装吗？是什么？是世界各地被温州人占领的温州城吗？我曾经讲过一个故事，带点编的色彩，但是它又是真实的。20世纪80年代，那个时候电视机紧俏、录像机紧俏，冯骥才先生收藏了很多文人字画等等。结果有一天，同事突然告诉他，“坏了，大冯，你们家被偷了”！脑袋“嗡”一下快炸了，这可惨了。结果回家一看，小偷只把他家的电视机和录像机抱走了，旁边很多好的字画等等一动没动。大冯一屁股坐在沙发上感慨，“贼没文化，损失巨大”。后来我跟大冯聊天，“真的吗？”大冯非常感慨，说：“真该谢谢那小偷。”拿走了他以为最有用的东西，留下了大冯最担心和害怕丢失的东西。

我们未来真正的故乡是什么？这个是摆在此时所有中国人面前一个最重要的问题，对于未来的中国人来说我们最应该传承下去的故乡，其实是不断根的文化。这个我讲过很多次了。有一个作家小三十年前不得不离开中国，到了国外，岁数很大了，人生地不熟，惶惶不可终日，如丧家之犬，不知道要怎样安顿生命剩下的这段时光，他已经去国无法还乡。几个月的时间一个字写不下去，觉得被故乡抛离了。直到某一天午后，走到附近的大学，国外的这所大学图书馆，沿着图书架走，都是不熟悉的文字，突然，看到了一整架中文书，《红楼梦》《西游记》《资治通鉴》《三国演义》一路排检下来。老先生在这个文章里写到，他就摸，然后一屁股坐在地上，眼泪“哗”就下来了，原来故乡在这。他说从那天下午他又恢复了镇定，故乡从来没有远离，就在这些中文字里。后来诗人北岛用一句话把它概括了，“我唯一的行李是中文”。大家也知道，此时台湾在去中国化，背后也是一种焦虑。不管你想“台独”或者弄其他的什么东西，他知道形式上改这个名字或者那个名字都去不了根，只要还过春节，只要还背唐诗宋词，只要打小还看《红楼梦》《西游记》，是中国人跑不了。我觉得要有这个文化自信，文化不被割裂，故乡就在。

我们未来的故乡在哪里？我觉得未来的故乡就在这些文化的传承里。可是如果目前不重视文化，慢慢文化衰微了，未来我们孩子的故乡的确堪忧，或者说未来的孩子拿哪幅地图能找到回家的路？所以，这也是琦君讲堂开启的最大意义，要为未来所有温州不管走到哪里的孩子们，都能够永远去思考他们拿怎样的地图回家。

（王玮康根据讲演速记稿校核整理）

我的故乡记忆

——首期嘉宾白岩松在互动环节现场问答实录

白岩松：虽然这么多位男士举手了，我还是想女士优先一下。随便问，这会咱们聊天。

提问 1：谢谢白老师。我是从苍南那边特地赶过来的，是您的粉丝。我现在是县级媒体的一名新闻记者，已经从业了大概七年多。白岩松老师是新闻界的老师，想问一下，作为一名新闻记者，你觉得我们应该怎样坚持我们的新闻理想？谢谢！

白岩松：别坚持，一旦坚持就扛不了多久了。你看中国足球，只要到了坚持最后几分钟，一般就是黑色几分钟。我觉得你可能也到了七年之痒的时候吧？婚姻中有七年之痒，一个职业何尝没有。唱衰的声音很多，但是我还是觉得不管你将来做什么职业，这个职业都会给你添加很多有趣的东西。

举一个例子，我可以说一百条做新闻的不好，但是你要让我说两条做新闻的好，我一般都会说的是，它会让你结识很多从来没有想过会结识的人，会到达很多从来没有想过会到达的远方。这是这个职业最有趣的事情。对于你说，作为一个县级的媒体人，结识很多你原本没有想过的各种各样的人可能是非常奇妙的一种感受，它会成为你的财富。

举李辉大哥的例子。比如说李辉大哥从湖北走出来，结果他见证了这一个世纪前后无数卓越的文化老人。这些老人成为李辉大哥的营养，但是李辉却成为我们所有人的营养。我觉得将来他的家乡会以他的这种履历骄傲的，而重要的一个推手就是记者这个行当。李辉是记者、编辑，所以他结识了很多未曾想过结识的人，多有趣，对于我来说也同样如此。所以，我并不认为你将来一定会去干新闻，但是这几年的新闻之路和生涯会给你很多不一样的东西。

这个职业可能现在收入谈不上很高，因为我去研究过，在全世界，新闻这个职业论收入中下，所以你拿什么去做评价？当你只把它当成养家糊口的一个职业的时候，尤其在温州，房价两万五到三万元一平方米，可能它不是最好的养家糊口的职业。我一直认为这个职业只有开三份“工资”的时候才值得干。第一份工资是人民币工资，第二份是情感工资，第三份是精神工资。如果没有志同道合的人一起干，没有情感工资；如果没有干完受了很多的委屈，偶尔有充满成就感的精神收获，这个职业就可以不干了。

我觉得我们这个国家在此时此刻需要重新思考记者这个职业。前几天正好开了宣传工作会议，很重视。但是另一方面我很担心，如果真正的舆论监督和责任感在这个职业中消失的话，这个职业的价值就大打折扣，未来这个国家会尝到失去舆论监督、失去“啄木鸟”的巨大害处。因此，我觉得我们还是要重新去思考对这个职业的重视，它是不一样的。另外讲个开玩笑的话，我不太喜欢总讲新闻理想。我跟我的学生是这么说的，我说：“新闻理想是内衣，穿在里头舒不舒服自己知道，哪有内衣总外穿的？你又不是超人。”我从来不谈新闻理想。

提问 2：白老师，您好！我是温州大学人文学院的一名教师。首先谢谢您精彩的分享。在您的演讲中您提到故乡是时间距离、地理距离，其实我也是一个海归，刚回国不久。当你离开很久的时候，当你再返回故乡再想尝试那种故乡味道的时候，却正是由于这种时间距离、地理距离而形成一种不可触摸的一堵墙。当你真正想从心灵上再次百分之百尝试故乡的味道的时候，却又很难再融入故乡的这种感觉。您通过您的经验，对这个是怎样一个看法？

白岩松：我理解你所说的意思。我每年在带研究生的时候，要看很多书，其中有一本《寻找苏慧廉》。这是一个发生在温州的故事，是温州的一个记者在到了一定岁数之后迁居到了加拿大。到了加拿大之后，突然故乡开始清晰起来，距离，开始重新打量温州这座城市，这时候一点一点细节开始浮现起来。他的姥姥还是奶奶我忘了，小时候领他路过的教堂，听过某个名字，知道有一个苏慧廉作为传教士一两百字的介绍。于是这个离开了温州的温州人，在加拿大开启了对曾经在故乡传教的苏慧廉的寻找。后来变成了一本书《寻找苏慧廉》，再然后又变成了一本书，也与这个苏慧廉有关，再然后又变成了四卷本，苏慧廉女儿的回忆录。那已经不是说他来做的。这个我从来没有谋面的记者叫沈迦，温州人。我夸《寻找苏慧廉》，因为它复原了一百多年前当时温州的很多事情和那时候的状况。其实中国的历史当中最浑浊的，我觉得是1910年之前，这是中国历史当中最浑浊的，你搞得清吗？你只是偶尔记住一些事情，什么义和团、什么甲午海战等等，但是那段历史整个变迁完全是浑浊的，需要一点一点把它弄细致，《寻找苏慧廉》让我透过他的这个窗口看到了那一段时间人们的意识、观念，中国人是什么样的一种状况等等。所以，在看这本书之后，我看到三个人。第一个，看到苏慧廉。透过苏慧廉这个传教士看到一百多年前的温州，后来因为苏慧廉又到了山西去兴学，去看到那段时间的中国。因此，第一个人你要看到苏慧廉。第二个，你要看到沈迦，这个作者，是如何从加拿大出发开始全世界寻找苏慧廉，最后能够详细的变成这样的一本书。第三个，要看到你自己，你的苏慧廉是什么？这个成了我们的一个暗语，每一个我的研究生毕业都面临一个沉甸甸的无形的命题，在你的生命当中你要寻找苏慧廉，但是苏慧廉是什么？比如一位山东淄博的毕业生，当时看完这本书的时候，就突然想起淄博历史当中的一些事情，他就觉得将来他一定要抽时间回去把那段历史打捞出来。如果很多的人开始陆续打捞的话，就像辉哥一样去打捞，这个世界就会留下很多东西。在我们研究生的课程当中，一定要看辉哥写胡风集团的那本书，那也是一次打捞。历史不能只有官方书写，官方书写是很重要，但是它是骨架，往往缺乏血肉，因此民间的书写、民间的回忆、民间的打捞是帮着骨架开始填充很多的血肉。另外，骨架当然也随着时代的发展需要商榷重新调整结构。

你和故乡之间的情感，已经不是简单到距离能够解释得清的。你经历了离乡、海归的过程，离得越远故乡反而越近，而且越清晰，等到有一天回到故乡的时候反而又觉得远了，有很多东西不一样了。比如说跟过去的同学聊起某些话题的时候聊不到一块去了，但是我觉得最重要的是看你接下来的人生选择，它不是故乡选择，是人生选择，它不该干扰你跟故乡之间的情感。

对我来说，我每年要回家，回内蒙古大草原，不是谈论中美贸易战，不是谈论中国、俄罗斯如何相处，不是谈论很多哲学问题，而是谈谈过去，喝几顿大酒，然后拍着你肩膀说没变，故乡一瞬间就回来了。有时候就像顾城的那首诗一样，“你看云的时候，我俩很近，你看我的时候，我觉得很远”。有的时候的确有这种感受，所以我理解你，但是这不重要，最重要的是你生命的事业选择在哪里、机会在哪里？你顺势而为，但是它不影响你跟故乡之间的情感。

提问3： 在今天的讲座过程当中，我觉得印象特别深刻的一点是，您刚刚讲到一个东西，叫作拆迁。这是一个好东西，富了一批人，但是发生在我们个体身上的时候，确实会发现一种故乡缺失的感觉。我一直相信，一个要追寻远方的人，他一定要有故乡，有故乡才有远方。在我去读大学的时候，我每个暑假回来我会走遍我成长的那个小县城，新华书店、图书馆，每条小路我会拍很多的照片存在我的硬盘里，我觉得这些是我硬盘当中最珍贵的，是生命的一部分一样。但是在我大学毕业的时候，很不巧，这些东西被人偷了，什么东西都没了，那一瞬间有一种被掏空的感觉。毕业之后我回到了我的故乡继续工作和生活，在故乡这段时间，我反倒没有去珍惜这个地方，没有珍惜这些我曾经的痕迹。今年，终于那一片都被拆完了。在知道被拆之前我也去晚了，我当时只是去到我们那一座电影院，小县城只有一座电影院，每个孩子在那边都有特别美好的回忆。我当时坐在那个椅子上，一下子没忍住就哭出来了。拆完之后，老人走了之后，我们如何去安放这种我们对故乡的感觉，如何让这份感情能够真的去为我们指引更好的远方？这是第一个问题。

我不知道第二个问题能不能合在一起回答，这个问题是我知道您要来我就提前准备好的。今年是2018年，我们把时间往前拨，可能会提到您特别好的兄弟，叫作陈虻，2008年他去世，那个时候我刚好在准备高考。寒假里面读了一篇三联的文章，关于陈虻老师的一篇组稿，有您很多的观点，非常感动，并且在读大学的时候也选了新闻这个专业。我不敢说新闻理想，因为我背叛了它，我现在没有从事这个行业。但是说到陈虻老师他有一句话，我相信今天您肯定也会有很多的感触，他曾经说过“不要因为走得太远而忘了为什么出发”。您也说过一句，叫作“纪念是为了更好的出发”。我想结合今天的这个主题请教一下，您为了什么而出发？接下来半百之后重新的一个开始您会去向哪里？

白岩松： 因为我经常转引他的这句话，走得太远别忘了当初为什么出发。回到今天的主题上，我在《朗读者》里开过一个玩笑，我说：“走得再远也不该忘了当初在哪出生。”这是基础。现在在温州的土地上都能随处看到“不忘初心”这四个字，我说好吧，也先从不忘出生开始说起。

18岁的样子从某种角度来说是你的故乡。我今年有一次聊天的时候，我拿了一张我18岁的照片，我说你骗得了别人骗不了自己，你是不是你18岁的时候曾经畅想过的那个样子，还是成为它的反面。我们很多人活着活着就活成了自己期待的反面，因此，跟自己的18岁对对话蛮有意思。

我谈不了那么多的大词，什么初心等等，那个时候就是觉得做一个不错的记者、做一个大写的人，我觉得现在依然不会变。这一点不会变，因为18岁的时候一定是带着这样的渴望，在20世纪80年代上大学一定是这样的一种渴望。所以我觉得这个不会变，我觉得我将来不管多大岁数的时候也不会变。

前两天正好跟一个同样是过几天要过生日、跟我同样是50岁的人聊天，我说："让自己开心、让身边的人快乐，更重要的是到80岁还保有一颗孩子一样的心。但是有一定的比例，如果那颗心全部都跟孩子一样恐怕就是老年痴呆了。所以，保有一定的赤子之心恐怕是极其重要的。"以前不太明白，我觉得现在很重要。所以回答你第二个问题，我就说，我会警觉地让自己保有一定比例的童心。有一天它没了，要么老年痴呆，要么拜拜了。

回到第一个问题。改革四十年，咱们的名字就叫China，不断地在拆。问题不在于拆，而在于把很多不该拆的拆了，把很多该拆的留下来了。很多年前我问著名的建筑大师贝聿铭，我很黑地问了他一个问题，二十年前了。我说："您觉得北京现在新的建筑怎么样?"老先生是这么回答的，"北京的规划非常好，将来拆起来会很方便的"。

所以你要知道，这是二十年前的问答。不是所有的东西都不该拆，在我看来，现在我们生活中的好多东西都该拆了。而且我还提醒各位，因为我是做新闻记者的，我做过几期楼房倒塌的节目，结果发现，倒塌的楼房大多不是20世纪50年代、60年代建的，反而是80年代、90年代建的，那个时候盖得太着急了，因此非常危险。我没记错的话有一次楼房倒塌就发生在浙江，我不说哪个城市了。所以拆不是问题，我觉得我们现在保有了某种警觉，开始进入到一个折返点，在党的这种大报告当中开始出现了一些你喜欢的词，比如刚才我说的这12个字，还有乡愁。真没想到，乡愁会写进这个党的报告当中。拿什么去负载人们未来的乡愁，一方面是青山绿水，那就是金山银山，大家熟了。另一个是老祖宗留下的东西。我一直觉得尊老爱幼是什么，尊老爱幼就应该用在文化传承上，尊重老祖宗留给你的东西，由于爱幼传承到他手里。

北京以前做错的事情很多很多，现在慢慢做对了，老胡同的保留，比如说我很喜欢现在的一个动作是，北京正在悄悄地把很多的电线由空中全埋到地底下去。现在我路过了几个样板的胡同，因为我经常跑步，那几条胡同很舒服，因为天际线露出来了，露天际线不能拆人家的很多广告牌，电线等等全部到了地底下，这才是露天际线的很好方法。胡同重新铺路，这里头存在巨大的考量，我还打算有机会的时候多说说。

你知道中国现在走到了这一步，就是要对新一代的各级政府机关的领导的审美有了新考验的时候，因为开始重视文化了，开始重视这种历史遗迹的保留，开始要整旧如旧了。我们此时此刻的各级领导干部的审美和文化功底对得起这个时代的文化要求吗？如果他的审美是落后的、糟糕的，你将来还得拆。如果他是民主的，自己的审美到了很高的水平，同时能够吸取专家、学者各方的意见，那可就真的为未来的孩子留下很多值得留下的东西。

这句话不是讽刺，更可以看成是激励。我觉得中国到了对各级官员有审美要求和文化要求的阶段了。坦白地说，直接回到你的问题，二三十年前，咱们没太吃饱、没太穿暖的时候，还没对领导干部有这么高的要求，所以拆了很多不该拆的，建了很多不该建的，但是今天别再这样，要把过去的很多东西补上。

而且也不能孤立地谈领导，你们何尝不是有成为未来领导的可能？当你们有一天屁股坐到那个位置上的时候，是否可以决定一个更好的脑袋？我觉得希望这个声音能扩散一点，能让很多人都去思考，那就是“对各级政府官员来说，审美和文化是一种新的要求，而且是一种很高的标准”。一时间做不到没关系，博采众长、听取意见、民主协商，没有其他的路。希望未来的温州漂亮。

提问4：岩松老师，您好！岩松老师是渐入佳境，岩松老师的言辞一向是比较犀利，带有幽默。今天来到温州，不知道大家有没有听出来，其实依然是很犀利的。我想问一下，作为一个中央电视台的记者与主持人，作为一个记者，您在这么多年来的事业当中如何能保持这样一种自我的状况与激情？您的动力何在？

白岩松：这是我自己选的专业——新闻，这也是自己曾经期待去的岗位。我依然觉得我适合做这个职业。

前年，我在内部有一次年终的评奖，要录颁奖词。我说的是：当一天和尚撞一天钟。旁边的人说：“太消极。”我说：“你们理解错了。”我最近正在琢磨很多中国的词，理解应该是反向理解。“当一天和尚撞一天钟。”第一，敬业，当一天和尚我就撞一天钟。第二，守时，当和尚撞钟绝对是要守时的，你不能想起来撞一下，不想起来就不撞。第三，当一天和尚撞一天钟，把自己的工作慢慢做成了别人的信仰，多伟大！如果我们生活中的所有人都能坚守住，当一天和尚我就撞一天钟，那工匠精神没问题，而且就是劳模。

所以，同样的一句话看你怎么解读，我的心态就是，积极地当一天和尚撞一天钟。我只要在这个位置上，我就应该去做好。当然，我指的是尽我的最大能力。第一个，由你自己现在的水平决定。第二个，也由于周围的环境所决定，但你要尽最大努力。另外还有一个稍微狂妄一点的想法，你往前多走一点，也能让后面年轻一点的人少走一些弯路，你能把那个边界再多向前推一推。

另外，新闻就该这样，我一直觉得每一个人都是这样，偶尔当一当“喜鹊”没问题，更多的时候要当“啄木鸟”。大家现在越来越清楚了，啄木鸟是益鸟，消灭树林的害虫给自己找着粮食，更重要的是维护整个森林的健康，难道这不是记者这个行当最好的一种比喻吗？我觉得偶尔当“喜鹊”，经常当“啄木鸟”，就是这个职业。

提问5：首先感谢新闻界有岩松老师这样的“和尚”，很庆幸，新闻的森林也有岩松老师这样的“啄木鸟”。我的问题是，其实现在我们真的是有故乡，但是缺记忆，我们有知识，但是不一定有文化。就是说，岩松老师，能不能给温州的听众、读者一些寄语，在这样一个社会环境里面或者在接下去的大势里面，如何成为一个有文化的人、成为一座有文化的城市？我们如何保持底蕴，不要忘记我们自己的根，不要被经济利益不断地侵蚀我们原先最初的故乡、最初的梦想？

白岩松：谢谢你这么主旋律的提问。我有一个温州做企业的朋友，有一句话让我思考了很多，说得真好。他说：“我不做总经理了，我现在做董事长了。”我说：“总经理跟董事长的分工是什么？”他说：“我思考了很久，后来当了董事长之后，我对总经理是这么说的，总经理要负责的是挣钱，董事长要琢磨的是花钱。”这句话给我的启发很大。

我觉得温州这座城市经过了多年的努力证明了自己挣钱的能力，接下来摆在温州人和这座城市相当大的一个挑战是您花钱的水平如何，把钱往哪花。对于一个个体来说，绝大多数的温州人告别了短缺时代，挣了很多的钱了，怎么花？吃、喝正常，住、穿OK，然后呢？这也是此刻摆在中国面前的问题。

我觉得现在中国相当大的挑战不再是挣钱了，而是花钱，花钱就涉及公平，更关注全部人的发展，保障幸福，自然也涉及你说的文化。我们经过多年的努力终于把自己这个民族吃成了全世界第一糖尿病大国、第一高血压大国、第一高血脂大国。再然后呢？你会看到一些积极的东西正在成长，现在到处都能看到跑步的，那就是吃得太多了，他就开始跑步了。玩麻将、游戏，各种娱乐做久了，该琢磨琢磨智慧的事、文化的事，你的这个问题恐怕就与此有关。我觉得对于温州这座城市来说，如何慢慢养成一种阅读的氛围，慢慢养成一种把文化当成家风的时候，这很重要。到现在为止我没有看到第二个比读书更有助于让人变得更优秀的途径，依然是我现在看到的唯一的可能和最公平的一种投资。我说读书是最廉价的对生命的投入，它会使你变得更好；每个人都变得更好了，这个世界就能变得更好一点。

我这个年岁早已告别了来一场革命、来一场运动，一夜之间指望发生多大变化，不可能，一定是从每一个人的慢慢变好开始。所以，你能指望打麻将的父母告诉孩子读书去，不太可能，但是你读书孩子就可能读书。所以，走进阅读，这一点没有其他的路可选。

所以，对于温州这座已经富裕起来的城市来说，花钱的挑战非常巨大，把它往哪花？怎么花得让每一个个体和这个城市都变得更好。我觉得这是一个有趣的话题，慢慢聊吧。

提问6：岩松老师，你好！我到过你的故乡呼伦贝尔、海拉尔，也欢迎你来到我们的故乡温州。我们现在社会有一种现状，就是喜欢从自己眼前的苟且逃离到别人生活的苟且里寻找远方。还有我们现在成长起来的孩子很多都会选择逃离家乡、逃离家乡的文化，甚至逃离中国。据我所知你的孩子白清扬是选择了读历史，而且是蒙古史。那么，你是怎样去引导孩子培养这种对家乡的情感呢？还有一个小小的要求，就是我们都在《朗读者》上听过您朗诵的《长大回家》，能不能现场让我们感受一下朗诵的魅力？

白岩松：我对于重复的事没兴趣，你要想听的话，手机用一下流量就OK了，但是我把后一段歌词给改了，我可以把改了的给你念一遍。改了很少，最后那一段。因为我有几个同事，其中有个浙江人，现在在河北，是我们台驻河北记者站的站长，女孩，快40岁了。结果她那天跟我发短信，她说："白老师，看完《朗读者》我哭得稀里哗啦的，简直就是写我。"你想一个浙江人驻站，一驻河北驻十年。孩子，姥姥有时候在这带，有时候在石家庄带。我说，结尾的歌词改完之后更符合你。我把最后那段歌词改成：

别怕长大
别怕浪迹天涯
哪怕一路上有浪花
和你们拥抱的时候就能找到家
别怕长大
别怕浪迹天涯

相聚时让我们唱往日时光吧

唱往日时光的我们就在最好的年华

这个改完之后比原来那个好，但这都是面对自己，我又不是为了自己将来唱成什么样，不是，而是写着自己好玩。

回到你前面这个问题。孩子，我觉得孩子有自己的路要走。这个问题问得特别像中国式教育，你是怎么影响你的孩子对家乡的情感？我从来没有，我没跟他说过你要读书，我没跟他说过你必须踢球，但是我踢球他就踢球，我读书他就在读书。最初他不吃羊肉，内蒙人、呼伦贝尔人不吃羊肉，不可想象的事，但现在他酷爱吃羊肉。你要给他时间，不要用家长的这种概念，是用教育的方式，我觉得潜移默化，你在做什么慢慢他就会。

家风是什么？我觉得故乡很多东西真的在家风里头慢慢去传承。就像在我们家，有的时候这种故乡就是记忆、就是生活习俗。上车饺子下车面，我妈每次我要出差了，一定给我们做饺子，回家第一顿饭一定吃面。我相信将来到我这一代，再到下一代，也会是出门饺子回家面。到了什么季节该吃什么东西，就会慢慢地传承下去，就像春节是所有中国人共有的传统节日一样。有一天春节如果出现了变异那可真就让人担心。你看我不经意地就听到，在外头留学的孩子说："春节的时候会大白天在家看春晚，而在国内从不看春晚。"在国内从不看春晚，但是出去了的很多同学、小朋友居然拼命通过网络看春晚，而且还觉得挺好看，距离产生美，我们在这还骂呢。所以很多东西是你在做什么，当你要问孩子做什么的时候，常问问自己在做什么，可能答案就清晰了。

提问 7：岩松老师，您好，刚才您把故乡这两个字演绎得非常精致了，我在这上面没什么问题，我想换一个话题。大家知道您有一位好友最近在网络上很出名，也很热。我想问的就是，您跟崔老师最近有联系吗？能不能在这个场合下让我们了解一下崔老师的一点消息呢？

白岩松：谢谢。我还是希望今天的讲堂上文化版，我不太希望它上娱乐版，所以咱们有空单聊。

提问 8：白老师，您好！我现在是瓯海的一名中学语文老师，我和我妈妈都是语文老师，也都是您的超级粉丝，一直都有读您的书。这次刚好也很凑巧，我是今天两点多从外地飞回温州，偶然间听到您有讲座就赶过来了。我这边有一个问题想问一下，今天我们讲座的主题是故乡，跟故乡相对应的一个词就是远方。

我们当下很多人其实非常渴望远方，像您讲过远方有很多新鲜的、很多未知的、有宽广的世界，但是故乡又有亲人、有记忆、有很多温暖的一些回忆。待在远方的年轻人他看似好像很丰富精彩，但其实很多人内心又是焦虑的，或者是迷茫的，而留在故乡的年轻人他看似很平淡、很安逸，过着比较文艺的一种生活，但他又向往远方的很多精彩。在这样的一种选择矛盾中是去远方还是留在故乡，您怎样看待这样的人生选择？或者说给当下有这样迷茫焦虑的年轻人有什么好的建议？

白岩松：人生就是充满矛盾，钱钟书老先生写《围城》，里面的人想出去，出去的人想回来。就像我刚才说的这句话何尝不是人生的一种矛盾，故乡就是年少的时候天天想离开，岁数大了却天天想回去的地方，本身就是矛盾。

回答你这个问题不能用学理去回答，只能用机会有吗？留在这需要机会，走出去也需要机会，你听从内心的召唤就可以了。我历来说大数据从不解决个体问题，给你个答案，面对不同的人有不同的选择。给你的答案是对的，同样的答案给别人就是错的，给你是毒药，给他是蜜糖，怎么去解决？

回答完这个问题回到你的职业说两句。我觉得中学的语文老师是中国构建故乡的重要推手，因为你们让孩子和中文打交道。坦白地说，我相信你不是，我们相当多对中文的理解被走偏了，因为我们的小学和中学的语文教育往往是意义优先，思想提前。你看，我们阅读完一篇文章就让孩子写中心思想、段落大意。孩子们就写：看完这篇文章之后，我的心绪如大海的波涛一样久久不能平静……之所以大家乐了，是每个人都写过。语文教育，首先要教学生去感受文字的美，当我们在拼命地通过我们的教育强调意义、强调思想的时候，趣味全然消失，最后我们不会审美了。意义和思想在细节里，不在嘴上，在文字里。

每当孩子要写一篇文章的中心思想和段落大意的时候就毁了，然后就有与此对应的标准答案，很多优美的文字怎么能有标准答案呢？

我在带研究生的时候经常感慨。第一个感慨是失望，我说，我怎么觉得你们是高中毕业直接上的研究生呢？什么意思？我认为大学该有的阅读他们没有。现在不要说大学生不阅读，大学老师都不太喜欢阅读，怎么能带孩子阅读？这才是一个非常奇葩的、可怕的现象。还有一个就是，所有的孩子都会写议论文，不会写记叙文。因此我要用半年的时间调他们的文字，其中我鼓励他们，我说要有洁癖，要爱中文，每一次写作都要有一种冲动，我在重新发明中文。“白日依山尽，黄河入海流。欲穷千里目，更上一层楼。”20个字没有一个生僻字，但是意境和美、优雅，中文的组合，产生的结果太奇妙了。

我们为什么不爱它？仔细想想我们从小学到初中、到高中所进行的语文教育，是否让绝大多数的中国人爱上了中文？如果不能，我们的语文课发生了什么问题？所以回到趣味、回到美、回到中文是我们故乡的一个层面。

当然，对你说压力太大了，我只是说您偶尔加点。我希望你能跟更多的语文老师说，但是语文老师也肯定一肚子委屈，当初自己学中文或者说学教育何尝不是带着很多的想法，所以我们需要大的改变，我觉得这需要我们教育整体目标的改变。

我曾经跟总理当面说过，我说："中国的教育最大的问题先不在于细节，在于目标。"我们总说培养人才等等，No！我说中国教育应该上来就确立一个目标，是培养未来的中国人。当你明白教育的目标是培养未来的中国人的时候，你就知道教育该怎么改变。您期待未来的中国人什么样？所以回到语文这一点上来说，趣味、美、爱上中文，从此行李箱里永远有中文这个行李，走得多远它都是饱满的。

我年岁越长越觉得中文之美，可惜了，我们很多人是躲避它。现在连把字写清楚，把文章写顺溜了都很少。坦白地告诉各位，"90后"的这批孩子，我们现在带的学生，他们又回到了爷爷奶奶文字叙述的风格当中，简单，套话、空话依然很多，形容词满天飞，不会叙述。我跟李辉大哥偶尔的一个小聊天，说我在《朗读者》中讲的我妈妈剁菜，我在旁边看到的描述，他感同身受的这种，这是叙述，这不是议论。你发现中国的孩子全会议论，上来全是大字报，全是标语、口号，就是不会叙述，你把这个给我描写得栩栩如生，很难，这样中文就死了。我再说一句话，我就不深说了，中文是有无限可能的，不只是中华人民共和国的中文。

提问9：我这个问题和书有关系，很简单，我是带了你著的书，是否能够得到你的签名？

白岩松：开句玩笑说，可能不行，我要是答应一个人，就要答应所有人，但是这不可能。但从另一方面来说，我觉得看到活的，噼里啪啦地讲了两个小时了，这个记忆要比在一本书上签名可能好得多。我在很多场合都说过，我希望中国人的旅游，不是用照片留下了景点，而是用记录和用自己的双眼。我看好多人到了一个旅游景点，照完照片转身就走了，回家再看，哎哟，这个景点原来真挺好看的。那您当时忙什么呢？忙下一处呢？所以你看，活的白岩松在这白说了两小时，算作是咱们共同的纪念吧。

提问10：谢谢，让我有一个收尾的机会。我的好奇就是，当我去台湾的时候，我发现他们文人会有一个团体，会有一批的文人，可是当我们回到大陆的时候，我们会发现很少找到那一批人。为什么琦君先生，她到了台湾，我们换句话说就火了，这是我一个年轻人的思考吧。好像温州的一些作家也好，或者说我们哪一个省份，除了莫言这种大腕能够让我们知道他的故乡，但是我们却没有办法在现有的作家群体里面看到这种乡土味，所以这是我的困惑。也想问一下岩松老师，您从记者的角度来看，我们一个大环境对于作家产生，如果不是以我们这种集合的作协方式，有哪样的方式可以让他们在这样的环境能更加得到滋养？

白岩松：我觉得在过去，抱团就容易变成团伙，比较危险，所以后来他们散落成个体了。在未来，我也不认为作家这个群落需要有意识地抱团。就像我们评论南美的这批作家，他们并不是在日常的抱团，但是却形成了此起彼伏的团伙。

陕西作家在20世纪八九十年代接连出了几部大作品，由80年代路遥的《平凡的世界》开启，到90年代有一个爆发，陈忠实的《白鹿原》，咱们温州好像也有白鹿这个说法，贾平凹的《废都》，高建群的《最后一个匈奴》，出现陕军东征现象，当时非常明确，其实他们并不是团伙，但是却有鲜明的地域风格。台湾的抱团很特别，跟历史有关。你要看到1949年之后，一直到70年代，因为要抱团取暖。另外，的确有一个互相此起彼伏的影响，但是今天台湾的作家群落已经不再用“团伙”这样的概念，他们重新变成个体。

我还是喜欢我们未来的作家是一个又一个精彩的个体。但是当评论去整合的时候，却在群星璀璨的过程中看到了这是北斗七星，其实他们是七颗独立的星星，但是你把他归成了北斗七星，那这是另一个风景。我还是希望一个又一个精彩的个体，是未来中国这块创作土地上我最期待的东西，而不是抱团取暖，当然更不是成为危险团伙。我们在某种时代下是有的，你回头去看，你把他划分成新月派，把他划分成左联，把它划分成那个等等，其实我希望那个时代尽早地过去，而未来是他们有不同的风味。而且你也别担心，一直都有。

我们说汪曾祺，那就是北京的味道非常浓。到了这块的时候就会有这个风格的作家，别担心，会有的，谁也离不开自己的。其实写作者最大的素材来源，离不开童年、离不开成长、离不开故乡，慢慢都会在文字当中显现出来，所以没什么值得担心的。另外，多读书吧，你可能自己就会对这个问题有相反的答案了。

谢谢各位！当然，在谢谢各位的时候也要替各位谢谢李辉大哥。万事开头难，我胆大，开头了，但是开头之后的继续就成为传承。一期琦君讲堂什么都不是，10期开始有点意思，50期就不同寻常了，它就开始成为温州文化的一部分了。后来发现辉哥胆比我大多了，我敢开第一讲，他敢当顾问。以我对辉哥的了解，他当了顾问绝不是不顾不问，他一定会真顾真问，他将成为温州琦君讲堂和由此带来的温州这方面文化建设当中的一个重要推手，所以我觉得，最后各位一起给辉哥壮壮胆吧。

相关图片：

大礼堂座无虚席

琦君文化讲堂首席顾问——人民日报社高级编辑、著名作家李辉

琦君文化讲堂海报

白岩松在讲演中

白岩松在讲演中

琦君文化讲堂举办者与嘉宾合影

赠送给讲演嘉宾的瓯窑纪念品

李辉、白岩松走进琦君故里——泽雅镇

媒体报道

温州“琦君文化讲堂”开讲，央视“名嘴”白岩松做客琦君故里话乡愁——

文化不割裂 故乡就在

温州日报记者　王民悦

隔一条海峡梦回童年旧事，竭毕生心力写尽故园深情，出生于瓯海的当代台湾作家琦君，写了一辈子的乡愁，充满对故乡的眷恋。故乡也以最高的礼仪接应着她的归根。

8 月 25 日下午，瓯海区新电影院，筹备数月的“琦君文化讲堂”迎来第一批听众。

台上，央视著名主持人白岩松以他惯有的审视的目光，娓娓讲述着“我的故乡记忆”；

台下，数百位观众不时点头、鼓掌，沉浸其中。

就在几天前，“琦君文化讲堂”开讲的消息一经传出，入场券便一票难求。不少铁粉从乐清、苍南甚至外地赶来。文化的魅力和感召力可见一斑。

这，是温州文化的一大盛事。

“琦君文化讲堂”的催生者、首席顾问——人民日报高级编辑、著名作家李辉也来到现场，他欣喜万分：“讲堂落成，我非常高兴！去年参观的琦君故居，让我印象深刻。琦君先生是温州文化的精品名片，她是写乡愁写得最好的作家之一，以后我们会邀请一批作家、学者来分享他们的故乡故事。”

为什么谈故乡？故乡到底是什么？这与人类哲学的终极提问息息相关——我是谁？我从哪来？要去哪？“回头的地方越清晰，向前走的路就越坚定。”在白岩松看来，故乡是距离，是声音、味道，记忆和人，而最本身的是文化，“文化不割裂，故乡就在”。

“多听听老人说什么，把有价值的声音、影像留下来，把故乡留下来。”

“琦君先生1949年5月份到了台湾，6月份就写了她赴台后的第一篇散文《金盒子》，是什么让她开始动笔？我觉得是距离，使家乡变成了故乡。”

和许多人一样，白岩松对故乡最直接的感受是地理与空间的距离，是它让故乡开始出现直至清晰。

1993年，25岁的白岩松从北京回老家内蒙古自治区呼伦贝尔市补办婚礼。仪式结束，他坐上火车离开。当火车即将开走时，他的妈妈才匆匆赶到。那一刻，随着火车渐渐走远，母亲的身影逐渐变小、远去，他才突然意识到，原来一直拴在母亲手中的摇把上的风筝线，断了。他要开始用自己的羽翼，承担起另一个家的责任。车轮辘辘向前，他在车厢里号啕大哭。

那一次，白岩松的乡愁其实还没有完全建立起来。直到有一天，他去采访斯琴高娃，一群来自内蒙古的艺术家朋友聚在了一起。腾格尔演奏起《蒙古人》，敖登格日勒跟着翩翩起舞，斯琴高娃哼唱起悠扬的曲调……目睹眼前景象，白岩松的泪水再次落下，“曾经以为遥远了的故乡，在那一瞬间重新被激活，原来风筝线从不曾被剪断，它一直都在”。

对于故乡存在的意义，白岩松不止一次地说，“她是我们认识世界最初的样子，是小时候天天想离开，长大后天天想回去的地方。无论我们走了多远，回头望去，都能看到熟悉的人、记忆和土地，内心也因此踏实而丰盈”。

是啊，回望过去百年，多少人被迫无奈地被打开了一个距离，不得不拥有了乡愁。于是，复写乡愁的东西开始增长。于是，我们看到，琦君在文集里书写的乡愁越来越多。这种“乡愁”不再是抽象渺远的符号，而是混合着往昔的声音、味道、记忆和人扑面而来——

《油鼻子与父亲的旱烟筒》：春风和暖的天气，父亲每爱在夕阳里，带我到亭亭的菜花麦浪中散步，父亲在前面策杖闲吟，我在后面摇头摆尾地跟着背《千家诗》……

《乡思》：故乡是离永嘉县城三十里的小村庄，不是名胜，没有古迹，只有合抱的青山，潺潺的溪水，与那一望无际的绿野平畴。我爱那一份平凡与寂静，更怀念在那儿度过的十四年儿时生活……

“这何尝不是一种对故乡思念的自我救赎？琦君仅仅写温州的就有43篇，是用文字把家乡复原了。这其中，可能很多生活习俗在现在已经没有了，但她的文字里还有。”

让白岩松颇为感触的是，很多老人的身上都有我们生命的原乡、故乡。他们是流动的故乡，在他们的言谈举止里，有那个时代、那群人最鲜活的记忆，哪怕你没有经历过，他们就在那。可是，又有多少人留存了他们的印记？

所以，白岩松会给自己带的每届研究生布置一个作业——画出自己的祖父母、外祖父母和父母走到一起的路线图。做作业前，学生都会觉得太简单了，可每回交作业时，他们都是哭着讲述，因为不知道长辈那么艰难、那么偶然，经历了那么多坎坷，一个小家竟有这般遥远和艰辛的故事。

“曾经做过测试，如今十个年轻人里有九个能写出爸爸妈妈的名字，但却有九个写不全爷爷奶奶和姥姥姥爷的名字。”白岩松感叹，“拥有悠久历史的民族连自己都无法复原，所以，多去听听老人说什么，把有价值的声音、影像留下来，把故乡留下来”。

“去寻找自己的‘苏慧廉’吧。”

当你离开故乡很远、很久的时候，当你再次寻找、品尝故乡记忆与味道的时候，距离会不会反而成为一堵不可触摸的墙？

白岩松笃定地回答：不会。每一年，他都会推荐自己的研究生必看一本书，一本温州人沈迦写的《寻找苏慧廉》。这位白岩松非常尊敬、从未谋面的媒体人、“前同事”，在37岁时迁居到加拿大。地理与空间的阻隔让他的故土突然清晰起来，他凭借温州地方史上对苏慧廉的300字记载，跨海追寻，历时六年，还原了传教士苏慧廉百年前的人生轨迹，让我们看到了那个年代下的国人境遇。

“我一直强调，看这本书要看到三个人，一是苏慧廉，二是沈迦，他是如何从加拿大出发然后满世界寻找，最后翔实变成这样一本书。三是要看到你自己，你的‘苏慧廉’是什么？这本书对我们的教育非常重要，我很感慨她就发生在温州。”

让白岩松感慨的温州人还有很多。他认识三位非常著名的温州人——长江文艺出版社副社长金丽红——“今年快70岁了，毫无任何退休的迹象”；希望工程创始人徐永光——“每次见他，他都像打了鸡血一样，为慈善事业不停奔波”；央视前副台长陈汉元，“拍出了家喻户晓的《话说长江》”……“我所认识的温州人都有一个特点，创新且永远激情澎湃，而且取得成就后依然跟以前一样‘跑’，不是‘走’。”

这段话带出了白岩松多年前的困惑——为什么是温州人异军突起？“温州人是少有富裕起来却依然勤奋的人，他们照样买盒饭，吃方便面，帮员工搬东西，还在外头打拼，这是土地赋予人们的某种性格。因此故乡也是人，而最本身的，是文化。”

白岩松回忆起一个故事。一个作家不得已离开中国，到了国外一个字也写不下去，觉得被故乡抛离了。直到某一天，在一所大学看到了一整架中文书，他便一屁股坐下来，原来故乡从来没有远离，就在这些中文字里。就像诗人北岛的诗句：我唯一的行李是中文。

“真正的故乡是什么？这是摆在所有中国人面前最重要的问题，对于中国人来说最应该传承下去的是不断根的文化。未来的故乡在哪？就在文化传承里。这是琦君文化讲堂最大的意义，希望温州的孩子们无论走到哪里都能思考要拿怎样的地图回家。”

两个小时的讲演中，白岩松以“文化才是真正的故乡”作结，为温州留下一个命题：八九百年后留给后人的是什么？是皮革？是世界各地的温州城？留给后人的应该是温州文化的记忆。他还直言，温州经过多年努力证明了自己挣钱的能力，接下来摆在面前的一个相当大的挑战是——把钱往哪花？“对温州来说，如何养成阅读的氛围，慢慢养成把健康、文化当成家风，很重要。到现在为止我没有看到比读书更有助于让人变得更优秀的途径，读书是最廉价的对生命的投人，她会让你变得更好，每个人都变好一点，这个世界就会变得好一点。”

（本文刊发在 2018 年 8 月 29 日《温州日报》）

温州日报 2018.8.29 星期三

温州“琦君文化讲堂”开讲，央视“名嘴”白岩松做客琦君故里话乡愁——

文化不割裂 故乡就在

本报记者 王民悦

8 月 29 日《温州日报》相关报道

“琦君文化讲堂”开讲，“名嘴”白岩松、作家李辉做客琦君故里话乡愁——

文化才是真正的故乡

本报讯（记者　王民悦　金朝丹　报道组　庄苗苗）昨天下午，央视著名主持人白岩松，人民日报高级编辑、著名作家李辉来到当代作家琦君的故乡——温州瓯海，开启“琦君文化讲堂”。李辉受聘为“琦君文化讲堂”首席顾问，作为“琦君文化讲堂”的催生者，他表示琦君先生是温州文化的精品名片，她是写乡愁写得最好的作家之一，以后会邀请冯骥才等一批有乡愁感的作家、学者来分享他们的故事。

当天，白岩松以“我的故乡记忆”为题做了长达两个小时的演讲，并与观众互动交流。现场座无虚席，笑声掌声不断。

白岩松从历史、大人物、诗歌等方面展开，讲述了“为什么讲故乡”与“故乡是什么”两个问题。他认为文化才是真正的故乡。浅层次的故乡是地理空间的概念，是声音、味道，是一种综合记忆，再深一点的是人，而最本身的是文化。“未来故乡在哪？就在文化传承里。这是‘琦君文化讲堂’开启的最大意义。”他还为温州留下一个命题：八九百年后留给后人的是什么？是皮革？是世界各地的温州城？留给后人的应该是温州文化的记忆。

其间，白岩松还谈起曾经的困惑。为什么是温州人异军突起？他在与温州人的接触中找到了答案——温州人是少有富裕起来却依然勤奋的人，他们有一个特点，就是创新且永远激情澎湃。

现场，有观众提议为温州文化发展建言献策。白岩松直言，温州经过多年努力证明了自己挣钱的能力，接下来摆在面前的一个相当大的挑战是——把钱往哪花？“对温州来说，如何养成阅读的氛围，慢慢养成把健康、文化当成家风，很重要。到现在为止我没有看到比读书更有助于让人变得更优秀的途径，读书是最廉价的对生命的投入，她会让你变得更好，让世界变得更好。”

近年来，温州以琦君文化为地域文化标识，以琦君为文学精神——“乡愁”为旨归，传承地域文化，促进两岸同根同源的情谊，已开展了七届琦君文化节，建设了琦君文学馆、琦君纪念馆，与国内重要期刊十月杂志社联合创办了“琦君散文奖”。在此丰厚的基础上，实施了“琦君文化品牌提升工程”——“琦君文化讲堂”“桂花雨读书会”“琦君文化杂志”“琦君文化公众号”“琦君研究团队”等。作为其中最重要的一项工作，“琦君文化讲堂”的开讲，标志着“琦君文化”品牌向纵深发展。接下来，讲堂将以海纳百川的胸怀，广邀社会各界名人名家走进温州，为温州文化建设发展带来更多福祉。

（本文刊发在2018年8月26日《温州日报》）

“琦君文化讲堂”开讲，“名嘴”白岩松、作家李辉做客琦君故里话乡愁——

文化才是真正的故乡

本报讯（记者 王民悦 金朝丹 报道组 庄苗苗）昨天下午，央视著名主持人白岩松，人民日报高级编辑、著名作家李辉来到当代作家琦君的故乡——温州瓯海，开启“琦君文化讲堂”。李辉受聘为“琦君文化讲堂”首席顾问，作为“琦君文化讲堂”的催生者，他表示琦君先生是温州文化的精名片，她是写乡愁写得最好的作家之一，以后会邀请冯骥才等一批有乡愁感的作家、学者来分享他们的故事。

当天，白岩松以“我的故乡记忆”为题作了长达两个小时的演讲，并与观众互动交流。

白岩松从历史、大人物、诗歌等方面展开，讲述了“为什么讲故乡”与“故乡是什么”两个问题。他认为文化才是真正的故乡。浅层次的故乡是地理空间的概念，是声音、味道，是一种综合记忆，再深一点的是人，而最本身的是文化。“未来故乡在哪？就在文化传承里。这是‘琦君文化讲堂’开启的最大意义。”他还为温州留下一个命题：八九百年后留给后人的是什么？是皮革？是世界各地的温州城？不，应该是温州文化的记忆。

其间，白岩松还谈起曾经的困惑。为什么是温州人异军突起？他在与温州人的接触中找到了答案——温州人是少有富裕起来却依然勤奋的人，他们有一个特点，就是创新且永远激情澎湃。

现场，有观众提议为温州文化发展建言献策。白岩松直言，温州经过多年努力证明了自己挣钱的能力，接下来摆在面前的一个相当大的挑战是——把钱往哪花？“对温州来说，如何养成阅读的氛围，把健康、文化培育成家风，很重要。到现在为止我没有看到比读书更有助于让人变得更优秀的途径，读书是最廉价的对生命的投入，她会让你变得更好，让世界变得更好。”

近年来，温州以琦君文化为地域文化标识，以琦君为文学精神——“乡愁”为旨归，传承地域文化，促进两岸同根同源的情谊，已开展了七届琦君文化节，建设了琦君文学馆、琦君纪念馆，与国内重要期刊《十月》杂志社联合创办了“琦君散文奖”。在此丰厚的基础上，实施了“琦君文化品牌提升工程”——“琦君文化讲堂”“桂花雨读书会”“琦君文化杂志”“琦君文化公众号”“琦君研究团队”等。作为其中最重要的一项工作，“琦君文化讲堂”的开讲，标志着“琦君文化”品牌向纵深发展。接下来，讲堂将以海纳百川的胸怀，广邀社会各界名人名家走进温州，为温州文化建设发展带来更多福祉。

昨天下午，白岩松在瓯海琦君文化讲堂作“我的故乡记忆”主题演讲。 赵用 摄

8月26日《温州日报》相关报道

白岩松来温讲"我的故乡记忆"

陈付瑛

晚报讯 8月25日下午，央视著名主持人白岩松，人民日报高级编辑、著名作家李辉，来到温州瓯海参加首届"琦君文化讲堂"活动，同时白岩松以"我的故乡记忆"为题作主旨演讲。白岩松的粉丝很多，讲堂所在地瓯海区新电影院被挤得满满。整整两个小时，白岩松在台上脱稿"白说"，台下数百人听得兴致勃勃。

一开场，白岩松就赞赏温州："在这个迟到成为常态的时代，这个讲堂居然比预定流程早开始半个小时，这个应该就是温州速度。"

白岩松说："故乡是什么？故乡是地理空间的概念，我认为故乡的感受首先是距离。琦君1949年5月到了台湾，6月就写了她人生第一篇发表的散文《金盒子》，这期间发生了什么？她想什么，是什么让她开始动笔？我觉得是距离，是和家乡中间横亘了一个海峡的距离。地理的空间距离让故乡开始出现，让故乡开始清晰，慢慢地，在文集里面的乡愁越来越多。琦君先生仅仅写温州的文章就有43篇，在这里面用文字把家乡复原了，这何尝不是一种对故乡思念的自我救赎。我经常说的一句话是什么叫故乡，故乡是小时候天天想离开，长大了之后天天想回去的地方。"

随着故乡概念的展开和叙述，白岩松的娓娓而谈深深吸引着在场的听众："故乡是声音，是味道，是一种综合的记忆。"共鸣让所有人报以热烈的掌声。"再深一点，故乡是人，最本质的，故乡是文化。琦君文章里头有43篇写到温州、瓯海，很多生活习俗可能在现在的温州没有了，但是在她的文字里还鲜活着。这就是我今天要讲的最后一点，文化才是真正的故乡。北岛有句诗：我唯一的行李是中文。我觉得要有这样的文化自信，文化不割裂，故乡就在。未来故乡在哪？就在这些文化传承里。如果不重视文化，文化式微了，未来我们孩子的故乡的确堪忧。未来的孩子拿哪幅地图找到回家的路，这是琦君讲堂开启最大的意义，未来所有不管走到哪里的温州孩子都能够去思考，他们该拿着怎样的地图回家！未来的故乡在文化的传承里！"

演讲中，白岩松还建议大家把健康、文化当成一种家风。他说："到现在为止，我没有看到比读书更有助于让人变得更优秀的途径，读书是最廉价的对生命的投入，它会使你变得更好，每个人都变得好一点，这个世界就会变得好一点。走进阅读，没有其他路可以讲。"

演讲结束后的自由提问环节，白岩松更是妙语连珠，一位听众感慨大开眼界："见识了一位杰出记者的真材实料。"

（本文刊发在2018年8月26日《温州晚报》）

"琦君文化讲堂"第一课开讲

白岩松来温讲"我的故乡记忆"

晚报讯 昨天下午，央视著名主持人白岩松，人民日报高级编辑、著名作家李辉，来到温州瓯海参加首届"琦君文化讲堂"活动，同时白岩松以"我的故乡记忆"为题作主旨演讲。白岩松的粉丝很多，讲堂所在地瓯海区新电影院被挤得满满。整整两个小时，白岩松在台上脱稿"白说"，台下数百人听得津津有味。

一开场，白岩松就赞赏温州："在这个迟到成为常态的时代，这个讲堂居然比预定流程早开始半个小时，这个应该就是温州速度。"

白岩松说："故乡是什么？故乡是地理空间的概念，我认为故乡的感受首先是距离。琦君1949年5月到了台湾，6月就写了她人生第一个发表的散文《金盒子》，这期间发生了什么？她想什么，是什么让她开始动笔？我觉得是距离，是和家乡中间横亘了一个海峡的距离。地理的空间距离让故乡开始出现，让故乡开始清晰，慢慢地，在文集里面的乡愁越来越多。琦君先生仅仅写温州的文章就有43篇，在这里面用文字把家乡复原了，这何尝不是一种对故乡思念的自我救赎。我经常说的一句话是什么叫故乡，故乡是小时候天天想离开，长大了之后天天想回去的地方。"

随着故乡概念的展开和叙述，白岩松的娓娓而谈深深吸引着在场的听众："故乡是声音，是味道，是一种综合的记忆。"共鸣让所有人报以热烈的掌声。"再深一点，故乡是人，最本质的，故乡是文化。琦君文章里头有43篇里面写到温州、瓯海，很多生活习俗可能在现在的温州没有了，但是在她的文字里还鲜活着。这就是我今天要讲的最后一点，文化才是真正的故乡。北岛有句诗：我唯一的行李是中文。我觉得要有这样的文化自信，文化不割裂，故乡就在。未来故乡在哪？就在这些文化传承里。如果不重视文化，文化式微了，未来我们孩子的故乡的确堪忧。未来的孩子拿哪幅地图找到回家的路，这是琦君讲堂开启最大的意义，未来所有不管走到哪里的温州孩子都能够去思考，他们该拿着怎样的地图回家！未来的故乡在文化的传承里！"

演讲中，白岩松还建议大家把健康、文化当成一种家风。他说："到现在为止，我没有看到比读书更有助于让人变得更优秀的途径，读书是最廉价的对生命的投入，它会使你变得更好，每个人都变得好一点，这个世界就会变得好一点。走进阅读，没有其他路可以讲。"

演讲结束后的自由提问环节，白岩松更是妙语连珠，一位听众感慨大开眼界："见识了一位杰出记者的真材实料。" □付瑛

8月26日《温州晚报》相关报道

08 温州都市报
2018年8月26日／星期日／责编：潘达源
编辑：孙立彰 方克和／版式：曹滢／校对：严燕瑜

"琦君文化讲堂"昨开讲

白岩松来温讲演"我的故乡记忆"

"琦君文化讲堂"昨天下午开讲，央视著名主持人白岩松以"我的故乡记忆"为题作讲演，并与现场听众互动。讲演现场，他一上台就获得观众的热烈掌声。他说："故乡是空间距离，是声音、味道和记忆；故乡是人，是文化。"

故乡是距离：
她写温州的文章就有43篇，用文字把家乡复原了

"琦君1949年5月份到了台湾，6月份就写了她人生第一篇散文《金盒子》，是什么让她开始动笔？我觉得是距离，是家乡变成了故乡。她写温州的文章就有43篇，在这里用文字把家乡复原了。"白岩松说，故乡就是距离。

"故乡是什么？故乡就是你年少的时候天天想离开，但是岁数大了天天想回去的地方。人首先不能忘记的是自己出生的地方。无论向前走出多么遥远的距离，回头望去，都依旧能看到熟悉的人、记忆和土地，内心也因此踏实而丰盈。"

白岩松说，1993年，25岁的他从北京回老家内蒙古自治区呼伦贝尔市补办婚礼。仪式结束，他坐上火车离开。当火车即将开走时，他妈妈才急匆匆赶到。那一刻，看着火车渐渐走远，母亲的身影逐渐变小、远去，他突然意识到，这一次，自己真的要离开家了。他要开始用自己的羽翼，承担起另一个家的责任。车轮辘辘向前，他在车厢里嚎啕大哭。

故乡是味道：
原来爱国首先是爱家门口的那碗牛肉面

故乡是味道、声音，是一种综合的记忆。多年前，白岩松的一个同事从国外出差归来，一到机场，他干的第一件事不是回家，而是拿上行李，直奔他平常总去吃的那家牛肉面馆，要了两碗面，吃了一碗半，然后才抹抹嘴，心满意足地拎着箱子回了家，"原来爱国首先是爱家门口的那碗牛肉面。"

白岩松说："全世界都有温州人。温州人到哪，温州美食就到哪儿。不管互联网如何发展，中国文化里最与时俱进、不断更新、永远保有生命力的载体是饮食。"

精彩互动

要看到三个人

问：我现在是一名教师，也是一个海归，刚回国不久。当我想尝试故乡味道的时候，正是时间距离、地理距离成为不可触摸的墙，你怎样看待这点？

白岩松：我理解你所说的意思。我每年带研究生的时候，其中要看很多书，包括温州人沈迦写的《寻找·苏慧廉》。它让我知道那个时候中国人的状况。看这本书要看到三个人：一个是苏慧廉，第二个是沈迦，他是如何从加拿大出发开始全世界寻找苏慧廉，最后变成这样一本书，第三个是看你自己，你的"苏慧廉"是什么。

对我来说我每年要回家，不是谈论很多哲学问题，而是谈谈过去，喝几顿大酒，说故乡"没变"。像顾城那首诗一样"你看云的时候我觉得很近，看我的时候觉得很远"。最重要的是你的事业选择在哪，机会在哪里，不影响你故乡的情感。

80岁也要有童心

问：你为了什么而出发？半百之后重新开始，会去向哪里？

白岩松：因为我经常转引这句话："走的太远别忘了为什么出发，走的再远也不该忘了当初在哪出生。"我今年50岁了，要让自己开心，让身边的人快乐，让自己80岁的时候保有一颗童心，这个非常重要。

把钱往哪花是个问题

问：如何做一个有文化的人，温州如何做有文化的城市，保留自己的根？

白岩松：我有一位温州企业家朋友，他有一句话让我思考很多。他说"我不做总经理了，我现在做董事长"。我问总经理跟董事长分工是什么？他说"总经理要负责挣钱，董事长琢磨的是花钱"。这句话给我启发很大。

温州经过多年的努力证明了自己挣钱的能力，接下来对温州人和这座城市相当大的挑战是你花钱的水平如何，把钱往哪花？这也是摆在中国面前的问题。

对温州来说，如何养成阅读的氛围，慢慢养成把健康、文化当成家风，很重要

故乡是人：
温州人是少有富裕起来依然勤奋的人群

"是哪些性格决定了温州人'异军突起'？我的感受是，温州人是少有富裕起来依然勤奋的人群。温州一些富翁照样吃盒饭，帮员工搬东西，还在外头打拼，这是土地给人们的某种性格。"白岩松说，他认识三位非常著名的温州人，分别是希望工程创始人徐永光、央视原副台长陈汉元、长江文艺出版社负责人金丽红。他们都有一个特点：创新，永远激情澎湃，而且取得成就后依然跟以前一样"跑"，不是"走"。

"我大学同学会已经发展到了每年轮流申办的阶段。我们班级70来人，即便每个人都申办成功也有一半的人排不上，所以要抓紧。人生中很多事情可以选择，很多事情不能。你跟谁结婚，跟谁同事可以选择，但是你的故乡可以选择吗？同学可以选择吗？故乡有小学、中学同学，他们陪伴我们一路走来。"白岩松说，我们身边还有很多有价值的人，比如老人，要把他们的声音、记忆记录下来。

故乡是文化：
要温州孩子永远思考拿怎样的地图回家

"听说，过一段时间著名作家冯骥才先生要来讲堂演讲。上世纪80年代，电视机、录像机紧俏，冯骥才先生收藏很多文人字画，有一天他们家被偷了，结果贼只把电视机、录像机偷走了，画没动，冯骥才先生就感慨'贼没文化损失巨大'。"白岩松说，未来真正的故乡是什么？这个是摆在此时所有中国人面前的最重要的问题，对于中国人来说最应该传承下去的是不断根的文化。

"文化不断根，故乡就在这些文化传承里。如果不重视文化，慢慢文化衰微了，未来我们孩子的故乡的确堪忧，或者未来的孩子该拿哪幅地图找到回家的路。"白岩松认为，这是"琦君文化讲堂"开启的最大意义，要未来所有不管走到哪里的温州孩子，都能够永远去思考他们拿怎样的地图回家。

温都记者 叶锋

国内新闻

8 月 26 日《温州都市报》相关报道

琦君研究高峰论坛

首届琦君研究高峰论坛综述

温州大学　孙良好　胡新婧

琦君是中国当代文学尤其是台湾当代文学的代表人物之一，她在散文、小说、儿童文学以及诗词创作与研究上均有很高造诣，她的不少文学作品散发着浓郁的温州情，而瓯海的风土人情更是她写作中重要的素材来源。

近年来，瓯海区致力打造琦君文化品牌，在精心修整琦君文学馆和纪念馆之外，琦君散文奖和琦君文化讲堂的影响力也日益扩大。为了切实提升琦君研究水平，中共温州市瓯海区委宣传部、瓯海区社科联和温州大学人文学院拟共同打造一个海峡两岸互动的高端对话平台，每年一届，持续推进。首届琦君研究高峰论坛于2018年11月24日启幕并取得圆满成功。

本届论坛邀请了中南财经政法大学古远清教授、台湾东华大学华语文中心主任朱嘉雯博士、北京师范大学文学院沈庆利教授、福建师范大学闽台区域研究中心文学院李诠林教授、温州大学人文学院孙良好教授、汕头大学文学院彭小燕教授、浙江大学中文系陈力君副教授、浙江越秀外国语学院任茹文副教授、新疆大学人文学院邹淑琴副教授、北京大学外国语学院韩国（朝鲜）语言文化系长聘外籍教师薛熹祯、北京大学中文系博士研究生祁玥、日本神户大学人文学研究科博士研究生郑洲、温州大学人文学院讲师余琼、瓯海区琦君文化研究会会长周吉敏，14位学者在会议上各抒己见，精彩迭出，会后基本形成完整的论文。另外，华东师范大学的陈子善教授与台湾“中央大学”琦君研究中心负责人李瑞腾教授因故未能到场，分别为本届论坛送上了手稿与祝福。现将各位论者的观点进行大致的分类梳理，以期论坛成果更加清晰明了。

一、祝贺与祝福

李瑞腾先生在《祝贺与祝福》中表达了未能亲自出席论坛的遗憾，并提及自己与琦君夫妇的交往，以及温州为琦君文学的回乡付出的努力，最后为琦君研究提出了宝贵意见与对本届论坛的诚挚祝福。

二、以乡愁（故乡）为研究视角

周吉敏作为琦君的同乡人在写作《乡音不改，故乡呼吸之间》时，相信会有更多的感触与共鸣。文章谈到琦君以“乡音”入文，以最亲近身体的事物出发，切入点虽小，却是最贴近人情人心的，此为琦君忆旧散文的语言风格之一。

邹淑琴的《琦君笔下的温州形象及文化记忆》，首先整理了琦君作品中对故乡温州的地域书写，包括温州的地方风俗与风物人情；其次分别论述了儒家文化以及佛教、基督教文化在琦君作品中的渗入；最后探索琦君作品对民国时期温州形象的审美建构，彰显出独特的地域美学风格。

李诠林的《“她那只金手镯还能戴在手上吗?”——论琦君〈一对金手镯〉中的“浙江乡愁”》，则将琦君纳入“浙江籍作家”这一更大的群体中来研究。文章对浙江籍作家“乡愁叙事”的传统作了大致梳理与列举，并且将琦君的《一对金手镯》与鲁迅和周作人的作品进行对比，从而强调琦君笔下的“浙江乡愁”之特色是温暖而含情的。值得一提的是，李诠林教授在文末附上一首为琦君故乡所作的歌词，颇具琦君文学的风味。

薛熹祯所作《乡土文学的新向度：女性意识的觉醒与时代印记》以女性书写“乡愁”的独到之处为切入点，着重论述以琦君为代表的女性作家通过新旧观念和价值标准之间的对立冲突，用女性特有的细腻而丰富的情感来叙写离家漂泊的困境。

三、以文体特色为研究对象

朱嘉雯的《重写绿窗旧梦——琦君诗化小说探析》，以《琴心》《菁姐》为例，通过语境、生活、人生、离乱四个视角，品味琦君作品中的诗意美。诗质的文字所描绘出的人物与情节交融的心灵风景，是我们真正需要体认的。

沈庆利的《童心写作、乡土忆旧与“混搭”现代性——琦君散文论》，首先提出并论述了琦君散文中的“童心写作”这一写作方式；其次论述琦君写故土和乡土，是希望通过回望乡土，实现回归“（文化心理）母体”的愿望；最后，论述琦君散文中的“混搭”现代性，即宗教世俗化与生活诗意化。

四、以人物形象分析为研究重心

陈力君的《隐痛的爱——琦君作品中的“父”的形象塑造及其创伤体验》主要论述琦君对“父亲”形象的塑造，及背后的创伤体验。“将军”“慈父”和“丈夫”为琦君作品中三种不同的“父”的形象的功能角色，分别通过围绕父亲的人与人的关系展现、先念的概述和旧家庭中的小女孩视角等叙述手法进行塑造。

郑洲在《“摇摆不定”的妾形象——以琦君散文中的二姨太描写为中心》一文中，主要考察“二姨太”在琦君散文作品中的形象特征及其背后所隐含的作者对于自己童年创伤记忆的思考。文章通过对散文文本中的几个“二姨太”形象进行系统梳理，从中总结出琦君创作中的转变，进而将“二姨太”放置在父亲、母亲这样一个三角关系中进行考察，探析二姨太形象摇摆不定的原因。

五、琦君书信研究

陈子善先生因故不能到场，特意为本次会议献上了手稿——《与琦君先生的交往与其他》。文中提及自己与琦君先生的交往，深感其亲切诚恳。在他看来，琦君先生作为台湾文学的一位杰出代表，具有很高的文学修养，她在散文、小说、儿童文学等众多领域里都卓有建树，而散文最能代表她的创作风格。清新脱俗，意境幽远，对故乡亲友的怀念，对小动物的关爱，更是她散文的永恒主题。

古远清的《“写作是兴趣，谈不上是志业”——读〈琦君书信集〉》则是以李瑞腾、庄宜文主编的《琦君书信集》为研究对象，通过琦君与他人的书信往来，探寻琦君的创作动机、创作心态和创作特色。

六、作家的生命体验

彭小燕的《临渊，深照——“琦君之爱”的生命心路》所探寻的是琦君世界的（博）“爱”是怎样生成的。从琦君作品中可以见出，其否定性的人生体验在高中后期、大学期间及卒业之后渐至高峰，琦君多番历经精神的悲苦，经亲友及高中国文老师的提点、激发，特别是恩师夏承焘先生的精深警示，而心怀大爱于人间。

任茹文的《琦君与张爱玲的台湾表现对比谈》，则从她长期的张爱玲研究进入琦君别样的世界，在两相比较中获得对作家生命体验的独特理解。

七、研究现状述评

孙良好与孙白云合作的《海峡两岸琦君研究回顾与展望》一文整理归纳了台湾和大陆地区的琦君研究情况。台湾地区的琦君研究自 20 世纪 50 年代开始至今，经历了从作家书评走向学院论述这样一个过程；大陆地区的琦君研究则是从 80 年代开始至今，经历了从零星探寻到文本阐释再到多视角探寻的过程。文章指出琦君研究的路正长，犹需两岸学者齐心协力共同推进，包括资料的进一步搜罗整理、研究视野的拓宽和研究的立体化等等。

八、文学史编纂

祁玥的《美学的“归置”——琦君在文学史编纂之间》，通过调整“焦距”，将琦君作为移动的焦点，关注其如何在两个序列的文本，即大陆与台湾“本土意识”下的文学史建构中得到差异分明且颇具意味的论述，进而从文学史的内容触及对文学史编纂本身的反思。作者尝试回到最根本的“时间意识”，探索琦君如何作为一种“美学范畴”的代表，被文学史的场域结构与书写逻辑归置、赋予了何种“美学位置”，并从何种角度获得了“文学正当性”的。

首届琦君研究高峰论坛虽已落下帷幕，但关于琦君研究的工作不会停止，海峡两岸的研究者仍然在探寻琦君其人其文的道路上前行，期待来年的琦君研究更加立体丰满、生机勃勃！

相关图片：

温州市社科联副主席张京，瓯海区委常委、宣传部部长徐延鸿，瓯海区政协副主席李芍，温州大学人文学院院长孙良好，瓯海区社科联主席王玮康出席论坛开幕式。

瓯海区社科联聘任温州大学孙良好教授为首席学术顾问

主题讲演嘉宾　台湾东华大学华语文中心主任朱嘉雯

主题讲演嘉宾　北京师范大学文学院沈庆利教授

主题讲演嘉宾　瓯海区琦君文化研究会会长周吉敏

主题讲演主持人　温州大学人文学院院长孙良好教授

全体嘉宾合影

高峰论坛圆桌会议

嘉宾在吉书房小聚（左起邹淑琴、周吉敏、沈庆利、李诠林、薛熹祯、祁玥）

论坛学术成果

祝贺与祝福

（李瑞腾　台湾“中央大学”琦君研究中心）

因为工作忙碌，无法参与在温州举办的这一场和琦君有关的盛会，我感到非常遗憾。

琦君老师晚年和夫婿李唐基先生迁回台北，2005 年我在唐基先生的协助下，在我所任职的“中央大学”成立琦君研究中心，陆续展开许多研究和推广的工作。十几年过去了，我自己总觉得做得不够多、不够好，常感惭愧。

唐基先生在世的时候，常提及琦君家乡温州为琦君做了一些事，还有更大的计划在推动；我在 2011 年实地走了一趟，确实感受到琦君及其文学已回到故乡的山水中。

温州是琦君文学重要的组成部分，但琦君文学不只有温州，必须加上台北和纽约才完整；琦君文学也不只有家庭和童年，还有社会及众生。我个人期待琦君文学的研究有更全面的展开。

祝贺这个论坛圆满成功，也祝福参与盛会的各位朋友，平安吉祥。

2018 年 11 月 22 日，台北

22:19 4G

完成 **祝賀與祝福.docx** 

各位女士、各位先生：

因為工作忙錄，無法參與在溫州舉辦的這一場和琦君有關的盛會，我感到非常遺憾。
琦君老師晚年和夫婿李唐基先生遷回台北，2005年我在唐基先生的協助下，在我所任職的中央大學成立琦君研究中心，陸續展開許多研究和推廣的工作。十幾年過去了，我自己總覺得做的不夠多、不夠好，常感慚愧。
唐基先生在世的時候，常提及琦君家鄉溫州為琦君做了一些事，還有更大的計畫在推動；我在2011年實地走了一趟，確實感受到琦君及其文學已回到故鄉的山水中。
溫州是琦君文學重要的組成部分，但琦君文學不只有溫州，必須加上台北和紐約才完整；琦君文學也不只有家庭和童年，還有社會及眾生。我個人期待琦君文學的研究有更全面的展開。
祝賀這個論壇圓滿成功，也祝福參與盛會的各位朋友，平安吉祥。

李瑞騰

2018年11月22日，台北

重写绿窗旧梦——琦君诗化小说探析

（朱嘉雯　台湾东华大学）

一、前言：诗意的距离

阅读琦君的第一部作品——《琴心》，感觉像是在冬天的夜里，双手握着一杯温热香浓的红茶，使人满怀温馨与平静，即使多年后回味起来，也有梦中朦胧写意之感。那些风格柔雅、情感馥郁的故事，在和美而不轻绮的笔调下，流露出琦君青年文人的多少浪漫情思。张文伯说："琦君为文，不事雕琢，长于心理描绘，而以空灵淡雅胜。其情致有如绿野平畴，行云流水，令人超逸意远，余味常在欲言未言之间。"（注①）这些意境深婉的诗化语言，使我们恍若进入到作者的斗室，依偎着一灯荧荧，将琦君一字一句地吹送出满室的春暖拥在怀里。这里的每一个故事，都像是一段美好的回忆，作者以写意传情的笔法描写现实人情，将发乎人性的美好情感与情趣融入生活，造成虚实无间、浑然天成的人物形象，既美化了情致，又开创了意境，同时也富于诗意。而这纯化的情意与笔调却是用飘零一身、客心孤寂的岁月所换来的。那些曾经在内心经过了千回百折的锤炼，到

① 张文伯，《琴心·序》，《琴心》，台北：尔雅，2002年12月1日初版。

达我们眼前之际，已是云淡风轻，举重若轻。留待我们继续追寻的，则是许多如梦般诗化的生活况味。

本文试图透过语境、生活、人生与乱离等四重视角，来重新阅读《琴心》与《菁姐》两部琦君早期的短篇小说，以品味她作品中丰厚幽深的诗意美。

二、一场远方的梦：诗化的语境

文风的肇始与盛极，无论时间短长，都会成为明显的时代特色，当新文学运动乘着五四风潮的浪花攀入天际，自由创作的海啸横扫古典格律的范限，文体之间相互含融的景象，已在20世纪30年代许多作家笔下呈现。朱自清在《桨声灯影里的秦淮河》描写道：

这灯彩实在是最能勾人的东西。夜幕垂垂地下来时，大小船上都点起灯火。从两重玻璃里映出那辐射的黄黄散光，反晕出一片朦胧的烟霭，在暗暗的水波里，又逗起缕缕的明漪。在这薄霭和微漪里，听着那悠然间歇的桨声，谁能不被引入他的美梦去呢？

碧阴阴的秦淮河水，仿佛凝结了曾经厚而不腻的六朝金粉，在恬静的柔波里，使得作者面对眼前的水阔天空而遥想着另一个纸醉金迷的时空。于是眼前黯淡的水光，竟如幻境般散灿出了光芒，那是“梦的眼睛”。五四文人在理性与感性之间营造文学的氛围，将诗的抒情性语言，视为一种能够引发读者在单纯的景象中兴起片段遐思的光源。杨昌年教授说：“诗是文学王国中的贵族，是文学艺术中最纯净的精粹。”（注①）诗化的语境将平淡直述的事理点画成姿采缤纷的浓美语汇，加上意象的联想与铿锵的音节，使得天空地阔的漫谈得以集中在某一完足的具象上，成为引领读者情感的主线，也是读者对文学兴发感触与进而玩味的起点。

五四以降，文人以诗一般的精练语句，将散文与小说中冗散的言词收摄在意象层叠丰奇的隐喻与拟称之中，同时使得句法像诗一般地符合大自然的律动，而文章也就被点缀出充满了视听等美文化的艺术效果。徐志摩所咏叹的朝雾与朝阳是最佳的例证：

朝雾渐渐地升起，揭开了这灰苍苍的天幕（最好是微散后的光景），远近的炊烟，成丝的，成缕的，成卷的，轻快的，迟重的，浓灰的，淡青的，惨白的，在静定的朝气里渐渐的上腾，渐渐的不见，仿佛是朝来人们的祈祷，参差的翳入了天听。

---

① 杨昌年，《现代散文新风貌》，台北：东大，1998年。

朝阳是难得见的，这初春的天气；但它来时是起早人莫大的愉快。顷刻间这田野添深了颜色，一层薄纱似的金粉糝上了这草，这树，这通道，这庄舍。顷刻间这周遭弥漫了清晨富丽的温柔。顷刻间你的心怀也分润了白天诞生的光荣。（注①）

用这样朦胧的写意画来衬托人们心灵深处的情态，则同时也是琦君的特长："她的神态已不是当年夏夜凉风那样爽朗了。""她的眼睛里好像抹上了沉沉的暮霭。美丽的嘴角……总像在咽下许多许多隐忍的痛楚。"（注②）作者用夏夜里的凉风、沉沉的暮霭来烘托女主角的内心世界，使得自然景象的渲染成为女性美丽的修辞语，在具体生动的形象中，展现了情显于境而以意胜的古典美景风格。此外，琦君还运用了另一番反衬的手法，在《失落的梦》里，开端即写下：

校园里一片寂静；风一丝儿也没有，上弦的新月，洒下了淡淡的光辉。我穿过疏疏落落的棕榈树，踌躇在轻纱样迷茫的夜雾里，心头无端感到一阵沉重与空虚。

原来在轻纱般的夜雾里，人的心反而更显得沉重，这无疑也是一幅以文字营造出烟笼诗意的境界，进而以境传情的写意图。诗化的语言看似轻如薄雾，短若一梦，却在欲言未言之间隐藏了深沉的心声。琦君在《漫谈创作》里曾借李后主的"砌下落梅如雪乱，拂了一身还满"指陈文章于含蓄蕴藉之中，隐约透露的浑厚艺术特质："如雪的落梅飘在他身上，本来是多美的情景，但因国破家亡，寄身异域，内心悲痛万分，所以见了身上的梅花瓣，无心欣赏，又把它们拂去。可是拂去了又落一身，见得他心里的苦恼与落寞。他不明说'落梅如雪更添愁'，只说一句'拂了一身还满'。含意更深，悲痛也更深了。"（注③）琦君特别重视以诗的凝练语言，传达一份深沉的抑郁之美，亦即语意曲折凄婉的隐藏艺术，犹如国画中的写意笔墨，留下多少不尽之意，见诸言外，深扣读者的心弦。在《失落的梦》里，强忍痛苦成全丈夫婚外情的蕙最终感到："一种酒醒梦回的幻灭之感，像幽谷的寒风吹袭着我，一股力量好像从我内心抽去，我失去了凭依，只觉此身向无底的深渊沉落下去，迷失在黑黝黝的浓雾里。"作者已将小说中人的悲恸以象征、委婉又酣畅淋漓的口吻道出，而《长相忆》中，张老师"把手中的花

---

① 徐志摩,《我所知道的康桥》,《翡冷翠山居闲话》,台北:洪范,1996 年 12 月十版。

② 琦君,《失落的梦》,《琴心》,台北:尔雅,2002 年 12 月 1 日初版。

③ 琦君,《漫谈创作》,《琦君小品》,台北:三民,1969 年 10 月再版。

朵丢到水池里，喷泉洒下来，花瓣片片分散开来，在水面打着旋转，又渐渐地飘开了。”则是更进一步以动态的描述，余味深长地暗示那初恋时留下的创伤，将如同这些被摧残而散开的花瓣，片片飘零，不能够再复原了。

三、冉冉绽放的芙蓉：写意的生活

在诗化的语境当中，融入生活的气息，使得阅读过程里，处处闻到幽幽花香，感到微风轻拂，悠游在一个不染人间烟尘的角落里，为朴实恬然的气氛所环绕，是琦君文风给人的美的飨宴。在许多写景的片段里，有如青蓝水墨的绘画世界，荡漾着柔情似水的光影浮动，琦君笔下人物丰盈的情感，也在这无边无际的柔波里得到润泽。犹如作家现身说法的情境：“我早年常常会做一个梦，梦见一团彩色缤纷的圆球向我滚滚而来，当我伸手去捧握时，彩色圆球消逝了，梦也醒了。醒后总是虚虚恍恍若有所失。是我一直在追求着一个达不到的愿望，才有这样的梦吗?”（注①）多年后，她在卓以玉的水彩画里，捕捉到了那个早年的梦，原来那是一朵浮动于水光云影中的荷花。从古典到现代，从绘画到文学，琦君追求的是一片朦胧而柔媚的写意天地。她用美文的笔触来塑造人物、编织故事，同时也铺陈景象。许多女性美与生活诗情的绾合，总是使人忍不住频频回首，例如：菁姐的肌肤“细腻洁嫩得像新剥出来的西湖菱”，她那“荡漾着波光的眼神”配上“翠黛点点”，越发增添了忧郁之美。于此之际，她们的生活环境亦无不隐含着作者心中亟欲捕捉的一朵夏荷与一抹天光云影：

夏天傍晚，我们把船荡进了亭亭似盖的荷花丛中，绿云款款地低护着我们的头和肩。菁姐斜依着，鬓边的短发轻轻拂着我的肩膀，一阵阵芬芳扑鼻而来，我分辨不出是荷花香，还是菁姐的衣袖轻香。……花梗梢头的藕丝拖得长长的，微微飘动，又缠在她的手腕上。她的眼神徘徊于花与大哥之间。刹那间，大哥的眼神也落在花上了。我却仰脸从荷叶缝中望着碧蓝的云天，心中微微感到点寂寞。(注②)

以古典诗词韵味转化而出的含蓄心境，表现了小说人物的点点哀愁，不仅婉曲地诉说了作者对诗词话语特质的熟稔，而如此的文墨同时也可视为她对生活的体认与追求。在《长沟流月去无声》里，她便引出陈去非的《临江仙》来诉说这份由悠闲、孤高与寂寞交织而成的生活况味：“长沟流月去无声，杏花疏影里，

---

① 琦君,《梦中的花朵儿》,《琦君读书》,台北:九歌,1987年11月再版。

② 琦君,《菁姐》,《菁姐》,台北:尔雅,2004年5月初版。

吹笛到天明。”以明月、杏花和弄笛人来增添分隔两岸的恋人内心深处的孤清。琦君信手拈来古句，同时也点缀了新文艺的光彩：“新诗、旧诗原是一个家族，儿孙们偶然戴上老祖母的珠翠，或将一条古色古香的花边镶在时装上，岂不益见得容光焕发，别具心裁呢？”（注①）古典诗词里的生活节奏，不断地飘然隐现于小说场景里，像是古老的祖母绿与眼前美景中女儿绿的一场对话，使得琦君小说里的诗化气质更为细密绵长：

屋子里静悄悄地，没一点声息。只闻得一缕淡淡的幽香，扑鼻而来。蓝色的纱帘垂着，阳光洒落在窗台前的瓶花上，回头见靠墙琴桌上放着一只深浅绿花纹的古雅小香炉。炉烟袅袅，一缕幽香，正是从那儿散布出来的。壁上悬着一幅风姿绰约的翠竹，意境悠远。（注②）

在琦君的许多小说里，都有如此一段幽静的岁月，伴着微带感伤的琴音，处处散发出即使忧愁也算轻快的情调。品味这些符号所构成的意象，使我们领会客观物质内蕴着作者思想意向中所欲传达的神韵。而这些小说的诗化特质，其实也就是一种新、旧文学之间转化的成果。古诗的情韵曾经受限于形式固定的拘束，欲上天下地兴发鱼龙变化，却又不得不为工笔的美学框架所囿。它的精神与价值逐渐于篇篇似曾相识的起承转合中慢慢涣散，却幸而在新文学里，重新找到了语言亲切、形式自由的鲜沛活力。

随着意境与心境的结合，琦君诗化了日常生活的气息，将读者领入她悠闲淡远的文学世界里，在素描家常夫妻、情人、朋友与亲子等互动关系时，读者仿佛面对着一个相识的朋友，聆听她娓娓道来人间情事。那些平凡又温馨的生活题材里，有欢愉时光，也有悲苦岁月。涵咏于字句之中，体会其温润的余韵，我们所感受到的也就是家居岁月里淡泊宁静的生命情怀。

四、分不清天上人间：爱与死的美丽依存

人生的体验是文学永恒的课题，其间爱情萌生、滋长、茁壮或者凋萎所牵引出的心灵波涛，则又是文学家形塑百态人生的灵泉。爱与生命的意义，扬起了隐喻、寄托、兴发与联想……的风帆，使得文学作品在消长的浪花间，跃向一次又一次的生命高度，直逼人生的终极关怀。

琦君的情爱书写温柔敦敏，于浪漫缠绵的缕缕情思之间自有一股雅正素朴、

---

① 琦君，《不薄今人爱古人》，《琦君读书》，台北：九歌，1987 年 11 月再版。

② 琦君，《紫罗兰的芬芳》，《菁姐》，台北：尔雅，2004 年 5 月初版。

含蓄曲致的格调。在描写新婚之夜，误会冰释的时刻，女主角心头的喜悦与羞赧时，琦君写道："只像是喝了太多的酒，身子又投入了远离尘世的梦境，随着风儿飘呀飘的，飘到星球里、月球里，飘到了天的尽头。微风掀开了绿纱窗，我微睁双眸，看见正在偷窥我们的月牙儿亦含羞地躲入云端了。"（注①）如诗的少女情怀或也将有梦醒的一天，哀乐中年、忧愁风雨的人生阶段，又该如何相信爱情？"许多人说爱情有如饮啜芬芳的葡萄美酒，醉了有清醒的一天，又如春天里娇艳欲滴的花朵，虽然美丽而终必凋谢。我却始终歌颂爱情如奔流不息的长江大河，如冰雪里长青的松柏。"（注②）音韵铿然的内心独白，呈现情感的最强音，只要懂得珍惜，即使正为凄清的现实所磨砺的人，都能持续看见爱情散发出灿烂的光辉。这份信心使得琦君笔下的主人公感到："自己的心在澎湃的波涛里飘着飘着，忽然好像抓到了一根大树，一种有力的依傍。"（注③）即使聚散匆匆，也不能动摇这份力量的真实感："人生的相聚是短暂的，相互间的情爱却是永久的，……到了某一个阶段，它可能升华成一种更隽永更细腻更甜美的友爱，甚至手足之爱。"（注④）句式的自然律动，诗歌般的音响质地，使阅读节奏随之高低缓急，进而将字句情意深嵌内心。琦君告诉我们，唯有这样的爱才能使人们的心如湖水一般地平静与包容。即使在造次颠沛、忧心如捣的风晨月夕里，缺陷的人生也并不乏甜蜜的痛苦，如此已是足够。

在《失落的梦》里，选择绿茵花丛来治疗心灵创伤的蕙，体现了爱别人胜过于爱自己的情操，她在遇见丈夫外遇的对象以后，对于他们的处境深感同情，于是意识到个人幸福存在的徒然，诚如俄国文豪托尔斯泰在《人生论》里所云："爱的开端，爱的根基，不是淹没了理性的情感的爆发，像人们平常所想象的那样，而是一种理性的、明朗的，因而也是平静快乐的情绪。"（注⑤）经历了心酸、怨怼、愤慨、怜悯等如狂风暴雨的情绪冲击之后，女主人公以怜惜艺术家丈夫的心，让她包容也成全了彼此。"我爱他，我应当无条件地爱他的一切，他是个有成就的画家，我为什么不能完成一件更伟大的艺术品呢？"这件伟大的艺术品，犹如一首用行动完成的诗，并且是一首饱含了苍茫人世里，生命变奏时刻，掌稳

---

① 琦君，《姊夫》，《琴心》，台北：尔雅，2002年12月1日初版。
② 琦君，《失落的梦》，《琴心》，台北：尔雅，2002年12月1日初版。
③ 同注①、②。
④ 同注①、②。
⑤ 托尔斯泰著，许海燕译，《人生论》，台北：至文，1999年7月再版。

了爱与恨、牺牲与报复的舵，使孤舟不致颠覆于汹涌浪涛中，而能够找寻新生的壮丽叙事诗。在故事的尾声，女主角说道："花瓶虽然有了裂痕，我还一样地爱着它，外形的破损是无关紧要的，何况它只是生活的一部分呢!"作者在平凡的生活里，凝练出人生的旷达之美，带领着读者游离出现实世界，乘着如诗般高尚纯洁的爱的翅膀，让我们的心"无止境地向上升华了"。

尽管爱能够使人灵魂不死，然而死亡的阴霾在人生与文学的悲剧里却是如影随形，琦君以爱的眼神看待死亡事件，并以柔婉纤细的诗质美文描写那灵柩中、墓穴里的人，曾经有过怎样的美丽人生。使我们更加深刻地感受到小说里的诗化特质，不仅呈现在文字所营造的情韵与氛围里，同时也隐含在充满女性特质的情趣与理蕴中。在《永恒的爱》里，小说家开头写道：

初萍已安安详详地憩息在他的墓园里了。当老牧师用圣乐一样洪亮的声音，为他得升天堂的灵魂祝福时，我心里感到非常的宁静，让眼泪沿着双颊淌下来。……我抬头望蔚蓝如水的晴空，浮动着朵朵白云，仿佛初萍披着翩跹的羽衣，飘飘然步向天堂。初阳暖烘烘地透过我黑色的面纱，像晒着一泓静止的潭水。

在这个倒叙的故事里，女主角婉莹始终为着情人的不治之症而忧心，"我的一颗心就像悬在半空中，晃晃荡荡地不知怎样才好"。然而不知情的初萍却在爱情的滋润与医护下，重新看见春天桃夭柳枝吐出的嫩芽，闻到滋润空气里泥土的芳香，在小鸟解意的啁啁细语围绕间，笑容回到了脸上。可惜医生的话仍像是沉重的磨石，碾碎了婉莹的心。"他就那么断定地说你的病是一种不治之症。叫我如何能忍受这种绝望的痛苦呢?"在寒冷的秋风里，"你和我一同在院子里散步……你是那么的愉快，而我却是多么的忧焦"。这一对向死神祈祷的恋人，紧紧靠在一起的身影，使得小说发挥了宗教祈祷时的颂诗美感。爱与死的美丽依存关系一直延续到琦君的下一篇小说《琴心》，故事里的小婉缓缓地奏起梁老师为父亲续完的曲谱，那柔和、甜蜜而充满情爱的乐调，使她"几乎听到了父亲的心跳和呼吸。像被拥在天鹅绒那样温存的怀抱里……"而梁老师追求小婉母亲的节拍，又像是春风的脚步，显得神态怡荡，作家行文至此也以委婉的笔法点出再现一个完整的家，有小提琴与钢琴和鸣的温馨幸福的可能："碧水样的晴空飘着几丝云彩，轻风送来了醉人的芬芳。我们的心胸里都开出了灿烂的花朵。"

五、海天遥寄：乱离悲歌

中国古来离乱文学自爱国诗人屈原的不朽名篇《离骚》起，便与历史治乱相循绵延以至今。历朝诗人于情感喷薄，朴素白描之间，发挥了震荡人心的气魄。

《诗·大雅·召旻》中所云："民卒流亡，我居卒荒。"汉末王粲的《七哀诗》："南登霸陵岸，回首望长安。"北宋颠覆之际，江湖诗人刘克庄说："老身闽地死，不见翠銮归。"以及张元干的"云深怀故里，春老尚他乡"。还有民国诗人陈子范"关河破碎分南北，豪杰飘零半死生"。驿尘满路、兵火倥偬、有家难归的心酸是乱离者的心声。一群老兵，让我们回到了历代反复模拟的悲剧里。

以流寓文学的角度回溯历朝乱离之作，如两汉乐府："十五从军征，八十始得归。"（《十五从军行》）南朝诗人模糊泪眼中"登高眺京洛""回首望长安"（沈约《登高望春》）则又是七百年不灭的挚情。降及南宋辛弃疾的夜半豪情狂歌："悲风起，听铮铮阵马檐间铁。南共北，正分裂。"（《贺新郎》）而一部"稼轩词"从"海山问我几时归"（《临江仙》），到"万事云烟忽过，百年蒲柳先衰"的心灰与怅懑。南北宋各占一半人生岁月的词人朱敦儒，到晚年也壮志顿减："此生老矣，除非春梦，重到东周。"（《雨中花》）"有奇才，无用处，壮节飘零，受尽人间苦。"（《苏幕遮》）

与此同时，女诗人在临安沦陷、崖山覆亡之际，被迫去乡千里的颠沛岁月里，亦不无慨叹。李清照的："春归秣陵树，人老建康城。"（《临江仙》）陶明淑的："塞北江南千万里，别君容易见君难，何处是长安?"（《望江南》）吴淑真的："塞门挂月，蔡琰琴心切。弹到笳声悲处，千万恨，不能雪。"（《望江南》）华清淑的："万里妾心愁更苦，十春和泪看婵娟。何日是归年?"（《望江南》）白话写实的笔触，刻画羁旅异乡的悲情，反映出她们所担负的苦难。

亚洲华文世界的乱离论述虽然隐微，然而漂流离散的中心，则非台湾莫属。1949年的大迁徙，是继明末郑成功率众渡海来台之后，规模最大与流亡时间最长的分裂。其间，文艺作品的表现不仅承续了风骚之旨，以至晋室东迁、宋人南渡时期逐臣迁客、游子戍人的文学传统，同时亦开启了20世纪乱离文学的另一章。台静农曾以"始经丧乱"抒怀，而唐君毅则形容为中国人的"花果飘零"。无论"丧乱"或"飘零"，我们不能忽略的是此间大批女性文人的凌空渡海与自由追求。犹如20世纪末，出生加勒比海的女作家蜜雪儿·克莉夫（Michelle Cliff）将女性漂泊离散的个人经验及对于"家"这个概念的变易历史乃至其间身为女性的身份认同写成《天堂无路可通》（No Telephone to Heaven），因而造就了一股对官方历史可靠性诘问的对抗力量，使我们看清女性书写所发出的鸣响往往亦是湮没于历史底层之广土众民真实的心声。

琦君的乱离书写每每隐身在小说人物与主要情节的历史背景里，作为咏叹情爱世界聚散无常的基调。小说《探病记》里描述蔚如在大雨滂沱中，下乡探望子安妻子的病。如果当年没有一场徐蚌会战，那么蔚如和子安应该早就在苏州结缡了。数年后相继来到台湾的一对恋人所必须面对的是物是人非的困局。那些如烟的往事总是令人辗转不能入梦：

他恍恍惚惚地想起十余年前无忧无虑的日子，想起在蔚如苏州的家中，和蔚如的母亲弟弟们嗑玫瑰瓜子，嚼松子糖，闲谈笑乐的情景。

这场“东周春梦”同时也是萱弟记忆深处最美的场景：“……三辆自行车，肩并着肩齐向湖滨公园，躺在柔软的绿茵上憩息片刻，再经长堤从里湖兜回来，一路上的水光山色，涤净了我们心头所有的忧虑与尘垢。……我们笑着、唱着，像三个刚刚下凡的神仙，懵然不知人间有烦恼事。”（《菁姐》）而《长沟流月去无声》里，婉若的心境也如同“人老建康城”的李清照：“来台湾以后，这颗心好像一直在等待中，一年又一年的……”思念笑意如湖水清凉的人，也想念他们用蜡梅雪煮茶的时光。

在“云深怀故里，春老尚他乡”的迟暮心情下，《探病记》里的蔚如还是必须在极端的压抑之后，才能面对子安。“有时，她觉得明明在说些言不由衷的假话，来哄着子安，写完了一封信，心里反倒更不安、更空虚，于是又撕去重写。”她不能任由澎湃的心潮一气发泄在纸上，那会使得子安更像浪里孤舟。面对子安的妻子若珍则更必须故作轻松地安慰道：“乱世的离合算得了什么，过去的事不必再提好吗?”这场乱离悲歌，不会有终结的一天，对于情爱的思念就像小冰店檐前一串巧夺天工的大蜘蛛网花，即使每日清晨被人掸去，必定重新吐丝。也像是菁姐手里的荷花，“花梗梢头的藕丝拖得长长地，微微飘动，又缠在她的手腕上”。(《菁姐》）而琦君也一再地将小情化为大爱，让蔚如下定决心使自己更忙碌也更麻木，好多挣一些钱“为子安，也为若珍的病”，一如《快乐圣诞》里的子丰与淑君，“好在彼此都已是饱经忧患的中年，不会再有如火的热情”，而这份友情也将像“绿野平畴中的潺潺流水，静静地、缓缓地永远不断地流着”。如此一年等过一年的飘零之感，直是稼轩词中“万事云烟忽过，百年蒲柳先衰”的现代写照。

六、结语：重写绿窗旧梦，觉来浑不分明

琦君在《琴心》一书的《后记——未有花时已是春》里说：“三十八年仓卒来台，不曾携出一丝一毫的纪念品。”悲怆中只能时时铭记身为军人的父亲，曾经在她二十岁生日时口占之诗，还有夏老师给她的绝句与信。这本书的出版便是为了纪念乱离中相继去世的双亲以及留在大陆的老师："这一字一句里，有我的欢笑，有我的眼泪，有我对过去不尽的怀念，对未来无穷的寄望。……我们是从故乡来的，还是要回到故乡去……"琦君在古典诗教与追寻故乡的道路上写作，她用湖光山色、芙蓉藕丝营造情爱的环境与意象，那些如诗如画的景色比现实世界更容易浮现于小说中人的脑海，写意的笔调下展开了梦境般静美的航程。在客心孤寂中，小说中人面对着季节的更迭而陷入沉思，作者运用富有诗质的文字描画出一幅幅人物与情节交融的心灵风景。这些简单的故事背后处处可见饱经忧患、深怀故里的愁思，以及淳厚隽永的生活气息。其实流亡意识最核心的地带，并不一定具有强烈的政治色彩，文人于出入行藏之间，逐步走向世界的边缘，用自己的声音召唤而出的人文话语，或许才是我们以修辞的角度重新体认历史沉重感的开端。校订青春旧作，琦君想起了蒋春霖的《风入松》："风怀老去如残柳，一丝丝渐减春情。重写绿窗旧梦，觉来浑不分明。"

童心写作、乡土忆旧与“混搭”现代性

——琦君散文论

（沈庆利　北京师范大学）

现代性是一个错综复杂且众说纷纭的概念。“不管把现代性看成一个方案（哈贝马斯），一种态度（福柯），还是一种叙事（列奥塔），都表明了现代性是一种价值取向和思想活动。”① 陈晓明教授指出：现代性的价值根基在于它的普遍主义取向，“就精神品格而言，在于它的反思性；就外在化的历史存在方式而言，在于它的断裂性”。② 如果说反思是一种思维品格，那么“断裂”则与从古代到现代的跃升有关，跃升导致了与文化传统、文化心理母体的断裂，导致人们在狂热追求“无限进步”的同时，又频频回望过去和怀旧忆往，进而反思自己乃至整个社会追寻现代的步伐。享有台湾文坛“闪亮的恒星”之誉的琦君，之所以在海峡两岸持续拥有大量读者，获得极高的“人气”，很大程度与这种普遍化的“怀旧忆往”心理相关。

---

① 陈晓明：《现代性与文学研究的新视野》，见陈晓明主编：《现代性与中国当代文学转型》，云南人民出版社2003年版，第7页。

② 陈晓明：《现代性与文学研究的新视野》，见陈晓明主编：《现代性与中国当代文学转型》，第7页。

一、被忽视的现代性："童眼"人生与"丹心"琐语

所谓"童心写作"，与通常意义的儿童文学并非一回事。儿童文学是一种面向儿童，服务于儿童的创作形式，"为儿童写作"是儿童文学家共同的口号。笔者在此使用的"童心写作"这一概念，则是指创作主体怀持一颗善良美好的赤子之心，以一双"童眼"感知和思索社会人生的一种写作方式。童心写作包含着对童年往事的回望和儿童记忆的书写，并有意无意地营造一个儿童视角下不同于成人世界的独特艺术天地。因为最大限度地契合了人们向往童真、渴望精神还乡和回归（文化心理）"母体"的心理定式，童心写作极易造就老少皆宜的广受读者喜爱的名著名作。不可否认很多儿童文学创作都包含"童心写作"的要素，如《安徒生童话》《格林童话》等等，但另外一些作品却因夹杂着太多成人对于儿童居高临下式的说教，而与"童心写作"背道而驰。童心写作者心中期待的读者与其说是儿童，不如说是广大成年人。他们所建构的那个具有独特艺术魅力和文化心理况味的艺术世界，未成年人囿于阅历和知识的局限，常常未必能完全感知和理解，相反只有那些已经走出童年，却又频频回味童年、品味童心的成年人，才能对此充分领略并产生强烈的共鸣。

童心写作貌似与现代性启蒙关系不大，因为现代性被公认为与启蒙理性不可分割，"童心写作"却常常给人以感性过盛、理性不足的印象，但事实果真如此吗？众所周知启蒙主义的核心理念就是对人类理性的诉求，欧洲启蒙主义时代是全球现代性启蒙的关键时期，理性推动了科学技术的突飞猛进。没有科学理性就没有现代机器化大生产，没有全球性的工业革命和城市革命。但理性的成熟必然产生对理性自身的反思和批判，并对其达到的可能限度进行探讨。20世纪以来不断涌现的现代主义和各种以"反传统"著称的"非理性"思潮，说到底都与人们对理性限度的认知相关。诉诸于童心和感性的"童心写作"，恰恰为人类超越理性并反思理性的局限铺设了一条宝贵"渠道"。

在另一方面，儿童的"发现"不仅是社会现代性的"产物"，还是人类文明不断进步和革新的"副产品"。无论是中国还是启蒙时代以前的欧洲，都不存在对"儿童"的科学界定。儿童期仅被认为是走向成年的准备期，儿童至多被看作"小大人""微型大人"，甚至是成人可以随意处置的私有物品。很多人的童年记忆简直就像一个噩梦。"越往古代看，人们对儿童的照顾越少，儿童越容易被杀

死、遗弃、虐待、恐吓和受到性侵犯。”① 现代科学精神和教育技术的广泛应用，才使得区别于成年人的儿童特质被人们“发现”和认知。儿童享有权益在20世纪以前的人类社会，简直就像天方夜谭。《联合国儿童权益宪章》直到1989年才问世，尽管在很多学者看来这一宪章“过于模糊且情绪化”“理想大于现实”，但相比于古代社会儿童被忽视、被虐待和受剥削的状况，已经取得巨大的历史进步。② 当然，人类生命的奇迹尤其是孩童的“从天而降”，也为我们感悟宇宙的神奇奥妙和人类理性难以企及的“高度”提供了一个绝佳“契机”。正如意大利儿童教育学家蒙台梭利所说：“我们对新生儿的态度不应是怜悯，而应是怀着一种对造物之神的崇敬，把这个小生命的心灵看成一个我们无法完全了解的神秘世界。”③

在蒙台梭利看来，儿童最大的天性是拥有一种天然的单纯之爱，“儿童的爱，从本质上说是单纯的。他爱，也许是因为他想获得感官印象并借助这些印象不断成长”。④ 然而成年人却常常忽视来自儿童的爱，甚至对之产生厌烦和嫌弃的心理。蒙台梭利提醒我们，与其说是成人对儿童充满关爱，不如说是儿童在全身心地爱着成人（父母）。蒙台梭利认为成年人应不断从儿童那里汲取爱的营养，“没有儿童对他们的帮助，成人将会颓废”。⑤ 身为虔诚基督徒的蒙台梭利甚至将儿童的爱神圣化为耶稣基督的象征：“成人应该安慰耶稣的化身，即那些贫穷、被非难的和正在受苦的人。如果我们把这个激动人心的场面用在儿童身上，就会发现，耶稣基督似乎也是儿童的化身。”⑥ 被生活折磨得近乎麻木的成年人，需要不时借助儿童的单纯之爱净化自我，才能恢复爱的能力。从这一意义讲，那些步入成年后仍然童心未泯，保持着儿童时期的单纯之爱、深沉之爱的人无疑是值得称道的，他们就像“爱的使者”一样在儿童与成人之间架起了一座桥梁。无论是五四时期宣扬“爱的哲学”的冰心，还是通过创作频频回望童年，对童真之爱加以咀嚼和品味，并将爱的种子不断撒播的琦君，其文学史和文化心理意义都不应低估。

琦君，原名潘希珍（1917—2006），她所有的创作都可视为“童眼观人生”

---

① 【英】H. 鲁道夫·谢弗著，王莉译：《儿童心理学》，电子工业出版社2016年版，第19页。

② 【英】H. 鲁道夫·谢弗著，王莉译：《儿童心理学》，第21页。

③ 【意】玛利亚·蒙台梭利著，金晶、孔伟译：《童年的秘密》，中国发展出版社2003年版，第23页。

④ 【意】玛利亚·蒙台梭利著，金晶、孔伟译：《童年的秘密》，第129页。

⑤ 【意】玛利亚·蒙台梭利著，金晶、孔伟译：《童年的秘密》，第134页。

⑥ 【意】玛利亚·蒙台梭利著，金晶、孔伟译：《童年的秘密》，第134页。

的心灵写照，她终其一生都秉持一颗天真无邪、朴素善良的童心；岁月的累积、离乱的哀愁和世事的沧桑，不仅没有给琦君单纯的童真气质和温厚的稚气个性渗入任何杂质，反而使其像历经时光之流冲刷的珍珠一样，愈加晶莹剔透、光彩夺目。儿童眼中的世界是一个充满灵性的神秘世界。在儿童的感知中，无论鸟兽虫鱼、山川万物皆有灵，即使一草一木也可与之进行情感交通；儿童常常是敏感细致的，甚至细致到在成人看来不无"琐碎"的地步。许多成年人忽略和不屑于关注的生活细节，在儿童那里却常常得到放大。这在琦君笔下有着充分体现。如果没有怀持一颗儿童般的共情心和好奇心，她怎么可能对邻居家"进进出出的麻雀"倍感兴趣，常常对它们"望得出神"?① 作家兴趣盎然地观察并描述着窗外"一对肚子呈金黄色"的漂亮鸟儿，从衔木筑巢、"吉屋落成"、产卵孵蛋、哺喂抚育，到稚鸟羽翼丰满，终至脱离父母展翅远飞的整个"成长—离散"过程，那颗柔软细致的心灵也随着鸟儿的一举一动、一喜一乐而欣喜或悲伤，"心中的怅惘，有如亲身经历了一场人世的悲欢离合"。② 这种共情心和同理心着实令人感佩。

即使对"侵入"自家厨房的成群结队的蚂蚁，琦君都像一个天真的孩子一样长时间蹲在地上，津津有味地观察着它们的一举一动，惊叹于这些可爱小生灵搬迁"大堆"美味的"壮观"场面。目睹蚂蚁们扛着"如山般高"的粮食到自家洞口"左拉右推"，就是挤不进去，作者看得着急万分，一时性起，禁不住"用一根铁丝，将那缝隙的碎石灰划开一些，洞门大开，它们就顺利进入了"。③ 其行为举止和心态，与那些天真烂漫的儿童简直如出一辙。作家的外子（丈夫）不堪蚂蚁对自家的侵扰，要用杀虫剂展开一场针对蚂蚁的"大屠杀"，琦君立刻严词制止，晓之以理，动之以情："想想看我在切洋葱时，气味熏得我涕泪交流，你都感到很过意不去。若是漫天毒雾向我们没头没脸地扑来，使我们窒息，抽筋而死，那将是多么的痛苦？小小昆虫，只不过不会说话，它不是一样的有感觉，有苦乐，一样的知道趋生避死，为生存而奋斗吗？"④ 真可谓是以情求情、将心比心的典范。儿童的烂漫天性和成人的睿智优雅、宽容慈悲在此"天然"地融为一体，其寓教于乐、寓情于乐的文学功效，也在貌似日常琐事的记述中淋漓尽致地

① 琦君:《小鸟离巢》,见琦君散文集《母心·佛心》,湖北人民出版社2006年版,第26页。
② 琦君:《小鸟离巢》,见琦君散文集《母心·佛心》,第32页。
③ 琦君:《守着蚂蚁》,见琦君散文集《母心·佛心》,第21页。
④ 琦君:《守着蚂蚁》,见琦君散文集《母心·佛心》,第20页。

发挥。

人最可贵的是遭遇苦难而没有被苦难所淹没，经受种种不幸、不公和不平而没有让它们玷污自己纯洁良善的心灵，历经岁月沧桑而仍能怀持一颗天使般的赤子之心。琦君散文的一些优秀之作，常常蕴含着这种宝贵的文化心理品格。在著名的《泪珠与珍珠》一文中，琦君先是以美国女作家露意莎·梅·奥尔科特创作的文学名著《小妇人》中的一句箴言："眼因流多泪水而愈清明，心因饱经忧患而愈益温厚"作为开头，引出全文要表达的主旨；接着又分别征引中国现代作家冰心的一句比喻："雨后的青山，好像泪洗的良心"，和古代诗人杜甫的凄凉感喟："莫自使眼枯，收汝泪纵横。眼枯即见骨，天地总无情"；以及阿拉伯文学中被广为传诵的诗句："天使的眼泪，落入正在张壳赏月的牡蛎体内，变成一粒珍珠。"① 借助这些名言警句，作者步步深入地阐发了"心灵因超越苦难而愈加宝贵"的主题。天地无情，人却有情，有情之人寄托于无情天地之间，最容易激发一种悲哀伤感之情。晚年杜甫欲求"眼泪纵横"却不可得，正道尽了人生的无限凄凉和哀伤！然而作为万物灵长的人类却不应被"无情"天地所囿，正如人类的精神不应被物质所拘囿一样。冰心和奥尔科特都以女性作家特有的细腻敏感和童稚情怀，感悟着爱与美之间的关联，又感慨于人类坚忍顽强的品格；阿拉伯文学的经典诗句则与中国"蚌病成珠"的古老格言一起，共同浓缩为人类智慧的历史结晶。《泪珠与珍珠》这篇文章之所以赢得了广泛的赞誉，在笔者看来不仅因为琦君博古通今、融汇中外的圆通智慧，更因她善于以纯正凝练的语言和优美经典的意象，将一种人类永恒的文化心理主题深入浅出地道出，而不带有任何说教和做作的成分。

但作家对此仍不满足，文章最后她以"愿为世人负担所有的痛苦与罪孽"而"流泪"的观音，和因为替人类赎罪而被钉死在十字架上"流血"的耶稣作为象征，笔锋直指人间大爱："眼泪不为一己的悲痛而是为芸芸众生而流"，神祇的崇高无私不由人不流下感激和感恩的泪水。此种"泪泪交织"的感人画面所建构出的乃是一种人与神，人与命运和解共生，和谐共存的美好境界。读者阅读此类文章，会在潜移默化中获得一种心灵的净化，以及灵魂"出神入化"的升华。

---

① 琦君:《泪珠与珍珠》,见琦君散文集《爱与孤独》,凤凰出版传媒有限公司 2015 年版,第 86—87 页。

“留予他年说梦痕，一花一木耐温存。”① 琦君借用恩师夏承焘先生的诗句发出如此“夫子自道”，自然也是她对自己创作特色的准确概括。在一些人看来，琦君散文总不脱那些“鸡毛蒜皮不值一提的身边琐事”，和老生常谈的“廉价感伤”、人生哲学。然而正是借助于那些关联着极其个人化的陈年往事和一个个令人感慨万千的人生记忆，通过那些琐碎而片段的点滴记述，作家建构起一个普通成年人似曾相识却又久违了的，洋溢着爱和温暖的童话般的美好生活世界。我们从这个生活世界领略到的，不仅是美好的人生忆旧，更是一种感念和感恩的生活方式，一种超脱淡然却又坚定执着的生命态度，一种饱经离乱和忧患却仍怀持虔诚信仰的心灵力量，和一副洞达人性的各种优劣根性却能“拈花一笑”、理解人性并宽容人性的“菩萨心肠”！琦君及其代表的童心写作传统，对于弥合近现代中国社会因“工具理性”过于泛滥而导致的“人心荒芜”，起到了不可替代的积极作用。

二、现代性的别处：乡土忆旧与“文化反刍”

19 世纪，法国诗人兰波以一句“生活在别处”的口号闻名于世，这句生命的格言后来被捷克作家米兰·昆德拉作为一部长篇小说的题目。20 世纪八九十年代，《生活在别处》连同米兰·昆德拉的其他小说被翻译成中文而畅销一时，对我国思想文化界产生了震撼性的冲击。“当生活在别处时，那是梦，是艺术，是诗，而当别处一旦变为此处，崇高感随即变为生活的另一面：残酷。”② 米兰·昆德拉透过小说叙事传达出的这一人生感悟，也可以说是对人生真相一针见血的揭示。对于无数追寻梦想的人们而言，理想和诗意总在远方；“眼下”却让人们联想到肉身的沉沦和不得已的“苟且”。追逐理想的人们似乎注定要去远方流浪，正如那首台湾作家三毛作词的流行歌曲《橄榄树》所咏唱的：“不要问我从哪里来？/我的故乡在远方。”不仅是为了追求更加广阔的阅历和高远的自由，更是为了“梦中的那棵橄榄树”，③ 为了心中永恒的梦想。如果说人生是一段或长或短的旅程，那么“流浪”就是一种无法逃避的宿命，不管是自觉的“探险”还是无奈的流离。而我们是否也可假定：作为一种“无限进步”之象征的（理想）现代性总是在别处？理想在远方，（精神的）故乡也在远方。而成长与分离、分离与回

① 琦君：《留予他年说梦痕》，见琦君散文集《爱与孤独》第 47 页。

② 米兰·昆德拉：《生活在别处》

③ 三毛作词，李泰祥曲，歌曲：《橄榄树》。

望又不可分割，哪里有童年，哪里就有故乡。对童年的追忆也就“顺其自然”地演变为对（儿时）故乡的回望。另一方面，那些远离故土的人们常常更容易理解故乡对于自己的意义，也更能完整清晰地观照故土、表现和发掘故土的文化魅力。

琦君童年和青少年在故乡浙江永嘉——也即今天的温州度过，青年时期迫于战乱动荡而匆匆逃离故土，她一定有着太多的不情不愿和不舍吧？她将故乡视为永恒的精神家园，把抒发乡愁作为创作的永恒母题，也就是顺理成章的事情了。最典型的例子是《烟愁》一文中以人们口中喷出的一缕缕香烟，比喻作家那浓得化不开的乡愁思绪：“一缕乡愁，就像烟雾似的萦绕着我，我逐渐体会到烟并不能解愁，却是像酒似的，借它消愁而愁更愁了。”① 文章看起来是在回溯自己“吸烟的历史”，实则是通过追忆自己的童年往事，表达对父母亲人和家乡故土的眷恋思念。随着童年的消逝和家国的离乱，无论是宠“我”宠得像个“被宠坏了的小把戏”一样的二叔，还是专捡大人们剩下的“烟屁股”而“躲到没人的地方去抽”的远房四叔，都已“音信渺渺”；且不说童年时缠在父亲身边观察他吸着“三九牌”等名贵香烟的快乐情景早已不再，连爱“我”胜过爱一切的老母亲也早已作古，作者只能借助于文字聊表怀念之情了。那淡淡的哀愁和长长的喟叹，也正像那一缕缕香烟一样缠绕在作者的四周挥之不去，缠绕于令人叹惋的“感伤的行旅”之中。

琦君笔下的故土和乡土，更像是一种文化心理意义的“母体”。通过回望乡土，琦君不断实现着回归“（文化心理）母体”的愿望。她忘不了故乡每到桂花盛开便香气扑鼻的时节，以及乡亲们摇落桂花、落花如雨的欢乐景象，像一个“金沙铺地”的“西方极乐世界”（《桂花雨》）；忘不了故乡中那一颗颗晶莹剔透、令人垂涎欲滴、永远“吃不够”的杨梅，可惜的是“年光于哀痛中悠悠逝去”“儿时那种吃杨梅的任性与欢乐，此生永不会再有了”（《杨梅》）；她还忘不了当年在之江大学读书时漫步钱塘江边、六和塔畔，近看潮起潮落，远眺秦望山上夕阳映照下层林尽染的情景。那野花芳草琳琅满目的“秀气灵光”和“母校弦歌”长久地存在于记忆中（《何时归看浙江潮》）；她更忘不了儿时为父亲“磨研朱墨、圈点诗书”的那种单纯的乐趣（《云居书屋》）。琦君用文字建构的那个美好无比的故乡世界，宛如人类童年时代至善至美的“伊甸园”，一个处处充盈着爱与温暖、时时听闻着欢歌笑语的人间“乌托邦”。

---

① 琦君：《烟愁》，化学工业出版社 2018 年版，第 64 页。

在琦君笔下，不仅“月是故乡明”，而且“水是故乡甜”，故乡的一山一水、一草一木、一人一物都成了她心中最美好的记忆和最温暖的慰藉，深刻地形塑着作家本人的心灵世界。无论是那位朴实无华却淳朴善良的阿荣伯伯，还是一度“横行”乡里的乞丐头子“三划阿王”，都给作家的童年生活增添了无比珍贵的快乐经验：“如果年光真能倒流，儿时可以再来的话，我一定要牵着阿荣伯伯的青布大围裙，在他睡觉的那间小谷仓里，听他那些讲不完的有趣故事。”（《阿荣伯伯》）而“三划阿王”的奇特经历和口中说不尽的传奇故事，则是“我”童年时期难得的“忘忧”解药。他对“我”的期许和期望，成为“我”成长途中永不止歇的动力。琦君从小强烈感受到了父母亲人、师友亲属和乡邻诸人对自己的深切关爱和厚爱，她从故乡那里汲取了无穷的爱的养料，成年后的作家在异国他乡反复回味并阐发着这些来自故乡的爱与温暖，并将其提炼升华，才有了作家笔下那些感人肺腑的性灵文字。世事艰辛，幸而有爱；爱虽孤独，却无处不在；天若有情天亦老，人间却自有真情常在。爱超越了一切，爱也化解了一切的恩怨嗔怒。

在这个以故乡故土为“原型”的文化心理母体中，居于中心地位的当然非那位忍辱负重、慈悲博爱的老母亲莫属。母爱是中国文人反复讴歌和赞颂的文学母题。“谁言寸草心，报得三春晖”等令人耳熟能详的诗句，道出了全球华人最深沉也最“普世化”的心声。深受传统文化熏染并与母亲有着深厚感情的琦君，一生写过无数回忆母亲、感念母爱的作品，其中不少已是脍炙人口的名篇。她眼中的母亲总是那么操劳辛苦，却又那么从容淡定、坚忍顽强、勇敢无畏。记忆中儿时乡村旧屋里竟然爬进过一条大白蛇，吓得“我”魂不附体，母亲却不慌不忙，拿起衣橱边的一把阳伞，一边将伞柄伸到蛇的身边，一边口中念念有词：“出去吧，出去吧。”大蛇竟然“乖乖地把头缠在伞钩之上，慢慢游出房门去了”，在年纪小小的“我”看来，母亲简直有“降龙伏虎”的神功，母亲的勇敢镇定更令“我”感佩无比。[①] 琦君记忆中的母亲“一生都在忧伤苦难中度过”，而“我”作为母亲的独女，不仅承受着母亲全部的母爱，还寄托了母亲几乎全部的人生希望和信念。[②] 母亲的一言一行都吸引着童年时期“我”的目光，并深深印在“我”的脑海中。

作家笔下的母亲形象及其对母爱的称颂，虽然已被众多评论者所关注，但

---

① 琦君：《和妈妈同生肖》，见琦君散文集《母亲的菩提树》，人民文学出版社2012年版，第37页。

② 琦君：《妈妈的菜》，见琦君散文集《烟愁》，化学工业出版社2018年版，第182—183页。

较少有人深入挖掘母爱之于琦君创作心理的“原型”意义：正如作家本人所言，她与母亲间的情感除了骨肉至亲之外，“更有一种患难之中相依倍切的知己之感”。不仅如此，母亲的言传身教决定了作家的人生观和世界观，深刻影响了琦君行为处事的方式。琦君笔下的母亲形象，乃是一位不可替代的精神导师和永远的人生指引者，兼具了“教母”“师父”“人格典范”“人生榜样”等多重角色。笔者注意到人过中年以后，琦君追忆母亲的文字愈写愈多：不仅母亲做的菜让“我”回味留恋（《妈妈的菜》），母亲当年罚我在佛堂前软软的“小蒲团”上下跪的情景，如今回忆起来也是那么温馨体贴（《妈妈罚我跪》）；母亲的命运多舛和凄苦心情更让“我”心揪和感叹（《妈妈的小脚》）。然而女儿心中的母亲，永远像那棵故乡老屋后院里的“菩提树”，给了作家以最柔软也最刚强的心灵支撑（《母亲的菩提树》）。晚年的琦君更从大西洋彼岸不时遥望故国故土，深切怀念着天各一方、阴阳两隔的母亲。她无限深情地对母亲的在天之灵表白说，自己的心一直与母亲相依相守，永未分离：“异乡的夜是寂静的，客中的岁月是清冷的。但我心头仍感到十二分温暖，因为我永远拥有您的爱。”[①] 故乡故土与逝去的母亲融为一体，逝去的母亲并未远去，离散的女儿始终徜徉在母爱的博大怀抱里。

再联想到琦君不到一岁之时，生父便因病离世；四岁那年，生母又不幸离世的人生经历，琦君作品中的父母双亲，其实是对她爱护有加、视为嫡出的伯父潘国纲、伯母叶梦兰，[②] 我们或许会对琦君念兹在兹的母爱和父爱多了一层复杂的感喟。正如有台湾学者指出，琦君的童年生活始终掺杂着命运的悲凉、人情的冷暖和家族世变的沧桑，但所有这些人世的炎凉悲痛，到了她笔下都像经过了神奇的过滤和升华，只“留下清澈的本质”“即使伤感，读来也总有一分难以言喻的甘美”。究其原因，其一缘于作家那敦厚明澈的天性，其二则得益于母亲那“厚实的爱”。[③] 根据笔者粗浅的阅读，琦君在文字中似乎鲜有提及自己的亲生父母。固然与亲生父母过早离世，琦君对他们的印象已然模糊有关，似乎也折射出创作主体文化心理的某些隐秘特征：她是何其不幸，又何其有幸！伯父伯母（养父养母）对她的眷爱有加和言传身教，让屡经家庭变故的琦君无时不感念于心，感恩

① 琦君：《妈妈，您安心吧》，见琦君散文集《母心·佛心》，第 5 页。

② 参见《琦君年表》，见周吉敏主编：《琦君百年纪念集》，第 3 页。

③ 宇文正：《永远的童话——琦君传》，台北：三民书局有限公司 2006 年版，第 100 页。

于心，并从小就生成一种敏感于爱的早慧性格。这对其创作心态的影响不可谓不大焉。母爱在琦君笔下已具有超越世俗的神圣意义，是安顿其心灵的永恒港湾。

在琦君的成长途中，不同阶段给予她以谆谆教诲的老师，也起到了至关重要的作用。对于跟自己有过或多或少“瓜葛”的几位教师，无论是小时候父亲请来的私塾家庭教师，还是稍稍长大后进入新式学堂接触到的中英文教师；无论曾给她以青睐有加、鼓励有加、“春风化雨”式的教育，还是当头棒喝、“冷水浇头”式的训诫，琦君都心怀感恩、念念不忘。尤其是大学时代的夏承焘老师，其为人、为学和为文在琦君眼中都堪称世之典范。琦君一生笔耕不辍，其风格旨趣始终不脱夏老师当年的理想追求：“时时体验人情，观察物态，对人要有佛家怜悯心肠，不得着一分憎恨。”① 琦君终其一生，既以敏锐独特的视角洞达人情人性，又以宽广超脱的心胸包容着一切人事沧桑，同情并欣赏一切，也与夏老师当年的言传身教密不可分。作家笔下的夏承焘等知识分子堪称民国文人风范的典型代表。

以母爱为中心，对包括父母亲人在内的乡亲乡邻的相守相望之情，师友同人的教诲和相助之谊等等，琦君都详细追忆并加以描述，由此建构起了一个以亲情、师情、乡情和友情为主导的，既感伤又温暖的乡土怀旧世界。在这一乡土怀旧世界中，我们既看到了天真稚气与成熟宽厚的相辅相成，离乱苦难与达观从容的彼此勾连，更感叹于传统与现代的奇特融汇。那是一片高度艺术化、审美化和理想化的传统乡土，又是一个既新且旧、经受了现代洗礼，却未失去中国优秀传统文化根基的“美丽新世界”。当中国大陆在一次次愈来愈“彻底”的革命浪潮中一度造成与传统中国社会和文化的“断裂”，以至于在新时期重新萌发了“（文化）寻根”冲动的时候，流离到台港暨海外的包括琦君在内的那“一小撮”华人离散作家，却早就从世事巨变和时代变迁中感受到强烈的“失根”苦痛。他们在不可抑止的“江山北望”和“精神怀乡”中，通过对“民国往事”的追溯建（虚）构起一个当代中国人似曾相识却又久违了的“理想老中国”形象。有意无意之间，琦君等文人作家起到了当代中国大陆社会“文化复兴”的历史先导作用。

如果说琦君对母亲及其背后的乡土之追忆和怀念，可视为某种形式的“心灵反刍”，那么她用文字实现的这一“心灵反刍”，也就转化为令人惊叹的“文化反

① 琦君：《吾师》，琦君散文集《爱与孤独》第201页。

乡”，并进而反馈到当年她仓皇逃离的故乡。——在曾经的“革命年代”，她的乡邻曾以她的家族为耻，如今又以她为荣。这位蜚声中外的作家，今天已成为其家乡的一个著名“文化标签”。

三、“混搭”现代性：宗教世俗化与生活诗意化

琦君所建构的那个乡土忆旧世界，浸润着深厚的传统文化氛围，其中尤以佛教文化的熏染、滋润为重。琦君的人生观和世界观都深受佛教影响，其文学作品显示出深厚扎实的佛家哲学底蕴。琦君作品蕴含的“爱”的思想，与她将佛家的博爱观念融入自己的创作密不可分，对此学界已有充分认知。有学者指出琦君将“佛心之爱”看成是“人生觉解的最高层级”，将人生的觉解之路看成是对爱的追求过程，并将佛陀的“大慈大悲之爱”视为人世间“自然的、世俗的混沌之爱”的终极坐标，努力探求一种与“佛心”同生的本真之爱，① 应当说是颇有见地的。

从某种程度上可以说，正是佛教观念塑造了作为文学家的琦君，她的创作甚至可以纳入广泛意义的佛教文学范畴。琦君那根深蒂固的佛家思想，是母亲言传身教和儿时故乡无所不在的佛教文化氛围熏染的结果。在她心中，崇高无私的“母心”与慈悲无边的“佛心”连为一体，而“佛心”又与纯真无伪的“童心”、广袤无边的“爱心”相辅相成。值得注意的是年轻时的琦君曾在学校受过长达十年的基督教教育，十三岁那年她就考入杭州弘道教会女中，后来更是在之江大学这样的教会大学接受高等教育，但她对佛陀的虔诚信仰始终没有改变。在教会学校期间，即使每天必须依照校方要求坚持做礼拜、“信耶稣”，但琦君在心里还是忍不住把耶稣视为来自西方的“菩萨”。她的这一“内心衷曲”和信仰变通，还是离不开母亲的亲身传授：母亲早年也曾经被信仰耶稣的教友邻居拉去做礼拜，虚于应付的她表面上虽然笑眯眯地跟着教友做礼拜，内心却把耶稣比作“观音”。妈妈“开明”的头脑和圆通的智慧深刻启示着琦君；妈妈那头头是道且颇能自圆其说的“解释”，更让琦君从心底里折服：“耶稣和观音都是得道的菩萨。在天堂里是不分家的。阿弥陀佛也跟上帝一样。上帝派耶稣来到世界做桥梁，超度人。佛派观音到世间来，见男人就化作男神，见女人就化作女身，只为好与人接近，便于超度！”② 此种以“佛眼”观基督的灵活变通，在虔诚的基督徒看来难免

---

① 李伟:《觉解人生的心路——琦君文学作品中佛教文化现象探索之一》,《浙江社会科学》2008 年第 8 期。

② 琦君:《妈妈,您安心吧！母心·佛心代序》,见琦君散文集《母心·佛心》,第 3 页。

"荒谬可笑"，然而笔者却认为，没有什么比这更能真实地揭示包括琦君母女在内的广大中国人信仰世界的本真面目。近年基督教信仰又在中华大地"悄然"兴起，颇有"遍地开花"之势，但细察众多"信徒"对基督教的理解和接受，他们何曾脱离琦君母女当年的心态呢？很多人依然是把耶稣基督当作来自西方世界的更加灵验的"洋菩萨"信奉和膜拜的。一旦他们认为基督的"灵验"不再，内心的信仰也常常应然而逝。

琦君本人及其创作，为探索中国人文化信仰和信念的圆融通达、"开明"灵活，提供了生动而宝贵的范例。再进一步探析琦君的文化信仰，尽管对于佛教很早就产生了不可动摇的坚定信念，但她却很难称得上虔诚的佛教徒。尤其对某些从佛教"原教旨主义"出发而主张"无我"和厌世主义的倾向，琦君绝不赞同。早在童年时期，她就对自己的家庭教师——那位说话慢声细语、终日茹素，连走路都害怕踩死蚂蚁的佛家弟子颇为不屑，对其灌输的"身体就是一个臭皮囊，是最最没用的东西"一类说教颇为反感。① 相反，她认为"实质（物质）的我"与"精神的我"并不存在必然冲突，只有具备"顽强的身体"和"丰富的生活经验"，才能历练出坚定正确的意志，以及"包容与舍己为人的精神"。② 琦君的这一人生观显然经过了现代科学人生观的"洗礼"，她积极倡导并孜孜以求的，是身体与心灵、物质与精神、外在与内在、个人与命运之间的和谐统一，而不是两极化的对立矛盾，更不是片面化的一方将另一方彻底"压倒"或消灭。

晚年在聆听了台湾著名佛学家沈家桢博士弘扬佛法的演讲后，她对其彻底破除"我执"、达到"无我"境界的主张同样不以为然："我倒觉得，'我'的观念，不必勉强破除，只要能虚心、谦和、宽容，有一个'我'的实相存在，反倒可以将心比心，推己及人。基督的'爱人如己'，佛的'我不入地狱，谁入地狱'，儒家的'正心诚意，修齐治平'，岂不都是从小我出发，推广到大我而终至无我吗？"③ 她从历代佛教徒宣扬的"护生诗""戒杀诗"一类诗文中，读出的却是儒家的"仁民爱物"之心。在她看来，"仁民爱物"需要从自己切近的感受中推广开来，恰如孔子所说的"能近取譬，可谓仁之方也已"。那离自己的感知最近的，当然还是心中的那个"我"。④ 儒教的"仁民爱物"与佛家的"大慈大悲"

① 琦君：《家庭教师》，见琦君散文集《爱与孤独》，第202页。
② 琦君：《浅近的领悟》，见琦君散文集《母心·佛心》，第143页。
③ 琦君：《浅近的领悟》，见琦君散文集《母心·佛心》，第143—144页。
④ 琦君：《浅近的领悟》，见琦君散文集《母心·佛心》，第144页。

在琦君这里是完全相通的，此种种“最平实、最简易的信条”中所蕴含的圆通、通融智慧，又是“只认一个上帝的排他性”的基督教所无法相比的；佛家倡导众生平等，因而要怜惜芸芸众生的主张，也是基督教教义“遥不可及”的。① 笔者认为由此可揭示出琦君不能接受基督教的心理奥秘所在：基督教“排他性”“独占性”的刚性原则，与她那充满圆融和圆通智慧的心理需求终究难以契合。

琦君坚守的那个以佛家哲学为主体的信仰世界，是一个汇聚了中国传统儒道哲学兼及现代基督教博爱理念的文化心理体系；琦君等人的这一中国化的佛教信仰，不仅与印度佛教哲学固有的“人生即苦”理念有本质分野，更与佛教哲人们宣扬的通过“苦练修行”而达到“了断尘缘”“解脱寂灭”的修行主张截然不同。这是儒教与道教兼融化的佛教，世俗化的佛教，中庸化的佛教，当然也是“人间化”的佛教。其核心要旨是以出世的精神，过入世的生活，以苦为乐，化苦为乐，最终实现知足常乐，以求最大限度地享用世俗人生。如同生活中的一些人喜爱食用苦瓜，不仅可以借此品尝些生活中的苦味，由此感悟到更多的甜美快乐，还有益于健康和延年益寿。具有丰富圆通智慧的中国人民对于佛教文明的“利用”，再次验证了她们层出不穷的生存智慧、通达智慧。在《我的佛缘》一文中，琦君更以其家乡颇为流行的“三净素”为例，阐发了此种善于变通和通融的生活智慧：“三净素就是不亲自动刀杀的、没有亲眼看见杀的、不是为你杀的。……这是佛家劝爱吃大荤的人的通融说法，因为戒杀极难，只好放宽点。”② 这真是中国人心理信仰的绝佳表白和生动写照。如果说中国佛教徒在接受来自异域的佛教文化观念时，从本土儒家的“仁民爱物”理念和“能近取譬”“推己及人（物)”“爱屋及乌”的心理逻辑出发，生发出“不杀生、不吃荤”一类貌似比印度本土佛教更为严格的清规戒律，但他们同时又创造性地运用圆通智慧将其一一“破解”。这是一个何等聪明又充满了人生情趣的民族啊！

对那些得道高僧或研修专家而言，无论是琦君对佛教信念的坚守，还是对中西宗教文化贯通的理解，都有些“浅近平凡”，但切不可忽略这些“浅近平凡”的常识，才是广大中国人民能够接受、乐于接受、“喜闻乐见”并“津津乐道”、足以支撑起他们信仰大厦的文化信念。这也不正是琦君作品在海峡两岸获得广泛共鸣的重要文化心理原因吗？从另一方面看，琦君对宗教信念的感悟和阐发又恰

---

① 琦君:《浅近的领悟》,见琦君散文集《母心·佛心》,第 145 页。

② 琦君:《我的佛缘》,见琦君散文集《母亲的菩提树》,北京人民文学出版社 2012 年版,第 5 页。

恰蕴含着最应普及的人类文化理念：人毕竟不是神，更不能要求凡夫众生都达到修炼成佛的至高境界。无论是宗教信仰还是文化观念，都应服务于人的生活，而不是将人沦落为供自己驱使和奴役的工具。信仰是为了让人民的生活更加美好，不是要人们破坏乃至放弃自己的生活。一些宗教极端主义和恐怖主义利用人们的厌世和愤怒情绪，尤其是年轻人“自我厌弃”的偏执心理，诱惑和驱使他们做出非理性、反人类的极端行为，才是最可怕的也是最邪恶的。

宗教的世俗化又导致包括佛教在内的整个民族的信仰体系走向世俗的审美化。中国化的佛教所追求的经由顿悟、禅悟而“得道”的独特而“便捷”的方式，本身就包含着某种神秘主义的美学旨趣。一代代中国文化精英已将这一宗教世俗化和生活艺术（诗意）化的传统发挥到了极致，这在琦君笔下同样有着突出的表征，她对生活艺术化的呈现，其创作“诗文结合”的特征及诗意化追求，学界已多有论述，在此不再赘述。前文提及的她借用恩师夏承焘先生的诗句“留予他年说梦痕，一花一木耐温存”，概括自己的创作特色和艺术追求，岂不正是宗教世俗化和生活艺术化的具体表征？它既融合了千古文人“人生如梦”的一声长叹，又表达了对如烟往事的无限感慨和怀念；既有着“人生到处何所似，应是飞鸿踏雪泥”（苏轼：《和子由渑池怀旧》）的苍凉感喟，又夹杂着“莫听穿林打叶声，何妨吟啸且徐行”（苏轼：《定风波・莫听穿林打叶声》）的轻飘洒脱；更主要的是对于世俗生活的留恋热爱和过往人事的深情厚爱——过往的一切都在诗人细细的咀嚼和回味中，充盈着温情、温暖和“温存”！生活尽管随时可见苦难、不幸和离乱，但总能乐在其中，且能自得其乐。在历代文人的承传和“师承”作用下，这一反复呈现生活诗意化的艺术传统已延续至今并将不断发扬光大。

将琦君笔下这个其乐融融、和谐美好的以佛家哲学为核心的“混搭型”信仰体系，与早年胡适、鲁迅等五四文化先驱对传统宗教文化的尖锐批判稍作比较，其鲜明的对照可谓一目了然：鲁迅对传统礼教“吃人”性质的揭露，对封建信仰体系“瞒和骗”的抨击自不待言；胡适与琦君一样从小生活在“敬拜祖宗”“礼神拜佛”的传统乡村文化氛围，他的母亲与琦君母亲也一样是观音菩萨的虔诚信徒。但相近的文化氛围却没有使两人的心灵成长、信仰涵化趋于一致。对胡适而言，那些“诸神凶恶丑怪的祖宗”和“天堂地狱的民间传说”只让他早早滋生一种反感、恐惧与叛逆的心理。[①] 童年的胡适曾萌生过毁坏菩萨神像的念头，尽管

① 胡适：《我的信仰》，见《胡适论人生》，北京大学出版社2016年版，第204—205页。

没有付诸行动，却很容易使我们想起更早年的洪秀全毁坏孔子神像，以及孙中山年轻时涂毁乡村庙宇神像的行为，将它们串联在一起加以比照，不能不令人怀疑：激进的变革总是从对传统信仰体系的反叛和破坏开始？作为学者和文人的胡适当然与洪秀全的“造反”理想、孙中山的“革命”理念有本质不同，但后来成为“文学革命”主将的胡适在激进反传统方面，与洪秀全、孙中山等人又不无相似之处。

个人文化信仰的选择大可因人而异，不必也不可能强求一致。值得注意的是，胡适代表并引领了“五四”那个时代众多先进知识分子的文化选择，他试图以自己认定的极具纯粹（西方）现代性的“科学人生观”，取代“前现代”的传统信仰体系，但他显然太过乐观或者说偏颇了。不仅大大低估了传统信仰体系坚不可摧、“生生不息”的生命力，也忽略（或者说未充分考量）了传统信仰体系在经过现代化改造之后，与来自西方的现代性融会贯通、“和谐”共存的可能性。胡适等人倡导的“科学现代性”，是否会导致人们对现代科技的盲目崇拜和迷信，以及现代人新一轮的自恋自大和自我迷狂，更是值得反思和深究的重大课题。重新回到本文开始论及的现代与传统的“断裂”议题，那么琦君等台湾作家反复表现的文化怀旧和文化乡愁母题，及其对传统信仰体系的回首“眷顾”乃至坚守，无疑有助于这一“断裂”的修补。“他们对过去进行回顾，是因为他们要为一个更好的未来作准备。”① 法国哲学家卡西尔对精神还乡和忆旧者们的描述，对于当今海峡两岸的文化发展同样具有现实意义。

---

① 【德】卡西尔：《国家的神话》，范进等译，华夏出版社1999年版，第221页。

乡音不改，故乡呼吸之间

（周吉敏　瓯海区琦君文化研究会）

书房外有四五棵桂树，花一开，香气入室，不由想起琦君的《桂花雨》，又找出来读。也不知这是第几次读了。

——“可是母亲一看天空阴云密布，云脚长毛，就知道要‘做风水’了，赶紧吩咐长工提前‘摇桂花’，这下我可乐了。帮着在桂花树下铺篾簟，帮着抱桂花树使劲地摇，桂花纷纷落下来，落得我们满头满身，我就喊：‘啊！真像下雨，好香的雨啊！’”

每读到此，就有一种平静的欢悦浸润了身心。我与琦君同乡，读其怀乡文，如对一杯桂花茶，暖心又清雅。这杯“茶”里的桂花是乡音。此处的“乡”可作“香”否？驳杂的故乡土话，到了琦君的笔下，不俗反雅，余香不绝。

《晒晒暖》，直接以乡音为题了。通篇说的都是农村晒事——打谷场、稻草、梅干菜、瓦钵、煨番薯，等等，这些乡间的物事，到琦君笔下散发着淡淡的祥和之气。其奥秘藏在开篇那句话里——“我的故乡是浙江永嘉，乡里人管晒太阳叫‘晒晒暖’，两个‘晒’字，似乎有一份土气，也多了一份纯朴的农村情味。”是“情味”稀释了“土气”。“情味”一词是文眼。在琦君敦厚的内心里，童年事物皆有情的，故乡是一个有情世界。

《月光饼》里“母亲”安慰“表嫂”：“你放心吧！女大十八变，变张观音面。你越长大，雀斑就越隐下去了。”其中“女大十八变，变张观音面”是我们乡间俚语，而“隐”是方言口语，不见了的意思。一句乡音抵文千万，信手拈来就把母亲和表嫂两人的形象贴到读者的心里去了。

在《母亲的手艺》一文中，“母亲”边绣花儿边自言自语地说：“把厨房事儿忙完了，不捉点晨光绣绣花岂不可惜。‘捉’字说得多妙。”琦君是深知乡音之功的。

相对于母亲的手巧，琦君说自己是个“十个手指头并在一起”的笨拙女儿。而我想来，乡音入文也是一种绣花术吧。娘俩各绣各的花，各解各的心思扣——“眼看着一朵朵鲜花，在水蓝缎子、月白缎子上开放出来，心里真舒坦，仿佛自己脸上的皱纹都看不出来了。”（《母亲的手艺》）

《春节忆儿时》《灯景旧情怀》《看戏》……文中的“宰猪”“掸尘”“分岁酒”“接力”“伴手”“爽险爽”……这些带了引号的文字于我是有声的，萦绕耳边，亲切真实，不是向壁虚构，是我的平常生活。于琦君这些乡音是什么呢？是母亲、父亲、外公、五叔婆、堂叔、恩师、阿月等等，说的话呀！是桂花、玉兰花、月光饼、烂脚糖、杨梅、瓯柑、点喜灯、摇桂花、接力，等等日常。记起乡音，记起故乡的一切，抵达故乡的深处，一个实实在在的故乡。

琦君是乡音入文的圣手，但绝不泛滥，她的笔是节制的，是在一杯茶里撒几朵桂花，恰到清香有致。长于此技，总归是心思所致。发轫之因，我在琦君的《乡音不改》里知情了，也算是找到了源头。这一篇文章收在她《桂花雨》（1976年初版，由台湾尔雅出版社出版）的集子里，巧的是又编排在《桂花雨》一文之后。摘录几段于此，自是明了。且看：

“记得我卒业大学，在故乡县城教初中国文时，也是规定上课说国语，而苦于同学们不能完全听懂，为了教学上方便，我大部分都用家乡话讲解，遇到督学来时，立刻转为国语；督学一走远，又立刻回复家乡话，非常灵活的双声带……”

“我大学中文系主任夏老师是永嘉人，他在课堂里讲授诗经、楚辞、专家诗词时，讲着讲着，就唱起来。唱的是永嘉调，抑扬顿挫，煞是好听，同学们都跟着唱……同学们都羡慕我得老师之真传。……直到现在，我如用国语背诗词，总打疙瘩，非得用家乡话音，才得一气呵成，因故乡音四声清浊分明，加上特有的腔调，唱来格外有韵致。去故乡日远，以乡音唱诗词，亦未始解乡愁于万一。”

“现在，从大陆来台，中年以上，都是孔子所说的‘东南西北之人’，籍贯成了身份证上名词，却是大部分浓重的乡音不改。与人交谈时，听到对方一开口，就猜到他是哪里人。猜对了，不论是否同乡，都有他乡遇故知之感。……再说故乡既然渺不可及，保留那点乡音，多少也是慰情聊胜无吧！”

三段文字，是琦君人生的三个重要阶段，分别与学生，与恩师，与一群离乡的人，乡音也从最初的生动和美好，最后变成了“他乡遇故知”的惆怅。这种心路历程自是刻骨铭心的。于此，乡音已然变成了安放时间的盒子，一旦打开，失去的时光就会回来。从上面的文字里，也可见琦君灵活运用乡音的天赋。尤其是最后一段，道出一群集体失去家乡的人，乡音不改认出同乡以解思乡苦的一种集体心理状态。窃以为，这种心态，恰是琦君乡音入文最初最真的那点心思，此为青萍之末。

1950 年两岸隔绝时，那些归不得故乡的游子，对故土亲人与旧日的怀念之情，因隔绝而更加强烈。王鼎钧在《明灭》一文说“断裂分明的上下半身”是最鲜明的象征了。这种断裂是时间的不可再返，也是空间上的不可复制。在这种心情下，大陆迁来台湾的作家将过去岁月于书写中重温、以慰藉离愁别恨。这种怀旧，已不仅是个人回顾过去的生涯，而是重新省思了自己的生命历史，借着书写，对一段过去在生命中的意义加以探索并诠释。虽都是怀乡散文，但风格各异，似乡音各异。

与琦君同时代的女作家林海音，她回忆北京生活的怀旧之作包括自传体小说《城南旧事》，以及散文集《两地》《我的京味儿回忆录》等，在生动的声音和气味中完成了对故土的留恋，对世相的觉察；张秀亚的散文集《三色堇》《白鸽·紫丁花》等，完成了对个人青春的追寻；罗兰则是以《岁月沉沙三部曲》把个人的生命放入一个大生命中来思索，那是家国情怀；而琦君以童年经验为主，以人情之美，诗书之美，民俗文化之美，构成了散文的温润光泽。她的书写和诠释，不再是她个人的童年与乡土，而是文化传统中所蕴藏的人间纯美与至善之境，那无疑是属于全中国人的心灵原乡，最初也是最终的依归。烽火离乱中，大时代的动荡惊心动魄，琦君的角落却宁静而永恒。

她们都以最亲近身体的事物出发，格局虽小，却以最贴近人情人心，穿过怀乡的表层，触及生命的省思与觉察，且以各具风格的语言，为怀乡主题留下典范之作，也正是在台湾这块土地上所孕育出的美果。

琦君无疑是这个群体中最具代表性的作家，现存的二十余种散文集，其中忆旧主题占了极大的分量。乡音入文是琦君忆旧散文的语言风格。乡音里有故乡的一切，也是琦君回乡的路。琦君把自己藏在故乡的风物里，又从风物中获得独立，桂花一开，就随花而生。乡音入了文，就与文学结下不解之缘，跨越了时间和空间的限制。这也是温州人文之幸了。

乡音是随身携带的故乡，没有人能夺走。琦君从襁褓中就开始经受别离，一岁丧父，四岁丧母，由伯父伯母领养长大，从出生地泽雅庙后到瞿溪，到杭州，到台湾，到美国，从一个地方辗转到另一个地方，唯一不变的就是乡音。乡音不改，故乡呼吸之间即可抵达。

2001 年 10 月，“琦君文学馆”在故乡温州瓯海三溪中学建成开馆，琦君回乡参加开馆仪式。她说：“家乡话怎么能忘记呢，无论什么时候都不会忘记，也不能忘记，这是根嘛，不管到哪里，根都不会忘。”离开故乡 57 年的琦君，还记起儿时的歌谣，高兴地用乡音吟唱起来——

阿姊埠头洗脚纱，
脚纱漂开水花花，
划船的阿哥代我划过来，
黄昏到我表妹屋里吃香茶。
……

“表妹的香茶”是“桂花茶”吧。汉字茫茫，犹如大海。乡音入海，让我在茫茫中认出你来。你是琦君。我的乡亲。

与琦君先生的交往与其他

（陈子善　华东师范大学）

我与琦君先生虽然没有见过面，但通过信，得到过她的赠书。20世纪90年代末，我主编一套台港作家读书文丛，不知从哪里得到信息，琦君先生有一本《三更有梦书当枕》，我很喜欢这个书名，以为这是一本读书札记，正可编入我的丛书之中。于是，通过台湾"尔雅"（或"九歌"，已记不确切），致信她老人家冒昧求书。她很快就寄来了书，还亲笔题签。但我发现《三更有梦书当枕》是她的一篇散文，以篇名作书名，而全书是本散文集，非读书札记。虽然《三更有梦书当枕》无法编入我的读书文丛，但这本散文集还是深深吸引了我。后来我们还通过信，她老人家每次都亲切诚恳，给我留下了深刻的印象。

琦君先生作为台湾文学的一位杰出代表，具有很高的文学修养，她在散文、小说、儿童文学等众多领域里都卓有建树，特别是根据她的小说《橘子红了》改编的电视剧上映后，她的大名可谓妇孺皆知了。在我看来琦君先生的散文最能代表她的制作风格，清新脱俗，意境悠远，对故乡亲友的怀念，对小动物的关爱，更是她散文的永恒主题。也许因为我也养猫的缘故，我特别爱读她写猫的文字。我编选的《猫啊，猫》《猫》等书中都选入她写猫的动人篇章。那篇《雪中的猫》虽然短小，却充满爱心。文中写她在美国，在冬雪飞舞时节，与一位抱着小猫的中年妇女的对话和由此引出的对自己养猫的追忆，娓娓道来，感人至深。琦君先生在她的作品中实践了自己的文学主张："要写自己真正的感觉，写浮在眼前最鲜明的意象。"这是值得我们后来者认真思考和学习的。

以上就是我对琦君先生的回忆和对她文学作品的一点粗浅的认识，不当之处，请各位批评。

与琦君先生的交往与其他

陈子善

我与琦君先生没有见过面，但通过信，得到过她的赠书。1990年代末，我主编一套台湾作家读书文丛，不知从那里得到信息，琦君先生有一本《三更有梦书当枕》，我很喜欢这个书名，以为这是一本读书札记，正可编入我的丛书之中。于是，通过台湾"尔雅"(或"九歌"，已记不确切)，致信她老人家冒昧求书。她很快就寄来了书，还亲笔题签，但我发现《三更有梦书当枕》是她的一篇散文，以篇名作书名，而全书是本散文集，并非读书札记。虽然《三更有梦书当枕》无法编入我的读书文丛，但这本散文集还是深深吸引了我。后来我们还通过信，她老人家每次都亲切诚恳，给我留下了深刻的印象。

琦君先生作为台湾文学界的一位杰出代表，具有很高的文学修养，她在散文、小说、儿童文学等众多领域里都卓有建树，特别是根据她的小说《桔子红了》改编的电视剧上映后，她的大名可谓妇孺皆知了。在我看来，琦君先生的散文最能代表她的创作风格，清新脱俗，意境悠远，对故乡亲友的怀念，对小动物的关爱，更是她散文的永恒主题。也许因为我也养猫的缘故，我特别爱读她写猫的文字。我曾编选《猫啊，猫》《猫》等书中，都选入了她写猫的动人篇章。那篇《雪中的猫》虽然短小，却充满爱心。文中写她在美国，在冬雪飞舞时节，与一位抱着小猫的中年妇人的对话和由此引出的对自己养猫的追忆，娓娓道来，感人至深。琦君先生在她的作品中实践了自己的文学主张："要写自己真正的感觉，写浮在眼前最鲜明的意象"，这是值得我们后来者认真思考和学习的。

以上就是我对琦君先生的回忆和对她文学作品的一点粗浅的认识，不当之处，请各位批评。

陈子善教授因故不能亲临论坛，特亲笔写了一篇《与琦君先生的交往与其他》给论坛

“写作是兴趣，谈不上是志业”

——读《琦君书信集》

（古远清　中南财经政法大学）

琦君从论述到散文到儿童文学总共出版了40多种集子，使琦君研究成为一个资源丰富大有可为的学术领域。同时，伴随着琦君书信或日记不断钩沉和发现，使单纯从文本出发的研究方法受到挑战。与其他作家的研究相似，进入这位女作家的文学天地，每一位研究者都要面对来自国际化与本土化的挑战：面对全球化，如何定位琦君——她是海外华文作家还是台湾作家？面对本土化，如何彰显并非生于斯、长于斯的琦君在台湾当代文学史上的地位？由李瑞腾、庄宜文主编的《琦君书信集》（台湾文学馆2007年），也许能给我们一些启示。

琦君的大学教育是在祖国大陆完成的。她于1941年毕业于浙江杭州之江大学中文系，1949年5月到台湾，曾在“中”字打头的三所大学即“中国文化大学”、“中央大学”、“中兴大学”任教。1983年随工作外调的丈夫到了美国，2004年回台定居淡水，2006年4月在台北病逝。从经历看，她虽有20多年海外华文作家的身份，但她主要是台湾作家。到美国后，她日夜思念祖国，最常去的地方是“中国城”。她在书信中常向友人倾诉她如何思念故国，思念台湾的风土人情。她洋装穿在身，但胸中跳动的是一颗华夏心。如1984年1月11日给新加坡作家尤今的信中云："农历新年快到了，新加坡是否也过阴历年？我们旅居美国，一点年味也没有。"可见，人在异邦的琦君，并没有被西方文明所同化，难怪她在信中反复说想"过旧历年"。她始终不忘记自己是炎黄子孙。为解乡愁之渴，她一直在读台湾的报刊，并为台北的《中华日报》儿童版写稿。写这类文章，一方面是使自己晚年保有一颗童心；另一方面，在有报头"中华"字样的媒体上发表文章，有使自己重回故土的亲切感。

文化生命是琦君散文的整体审美建构。在琦君看来，自己的生命固然是父母所赐，但后来却是文化尤其是东方文化——中国文化赋予的。这就不难理解，琦君的散文无不是创作主体向内发展并十分注意内在的文化生命体验，在各种文集中所着意表达的是对底层社会的关怀、对道德沦丧的反省与批判。她在美国致友人的信中，认为这里雪下得再大，也无法遮盖丑陋肮脏的世界。世界既然充满了灾难和欺骗，琦君便以自己洁白的、美丽的心灵与之抗争。她的书信，处处表现了层级的文化价值目标，即重建中华文化价值体系的终极目标。在1985年1月28日给蔡文甫的信中说："我觉得天寒地冻不免想到贫病之人。"这使人想起杜甫的"朱门酒肉臭，路有冻死骨"的诗句。有人认为琦君是富婆，其实她是"无业游民"，在异国他乡日子过得很紧，房租还有汽车保险和看病都很贵，新台币折美元只能勉强应付一日三餐。正是这种社会地位和对中华文化忧患意识的传承，使她有悲悯情怀，使她生活在高楼大厦而不忘记荒郊野地的穷苦人。

"人生旨趣是以作家相对成熟的丰富老到的人生观念和人生智慧为基础的。人生旨趣在文学创作中的不同内蕴与不同表现，不仅可以体现作家的创作原则与审美标准的个性色彩，而且也是作家各不相同的道德规范与人格魅力的生动反映。"(3)1979年5月31日致蔡文甫的信中，便表现了琦君晚年"万事都视作过眼烟云，只要书销得不错，有版税好拿，就好"的人生旨趣。此信是由九歌出版社老板蔡文甫要把琦君作品《与我同车》申请"中山文艺奖"引发的。对这种天大好事，琦君不是以"正中下怀"或默认的态度对待之，而是不顾别人的美意表示"本人坚决不同意"。这不是故作姿态，也不是玩欲擒故纵的把戏，而是因为"这样一大把年纪，我写作只是消遣，有版税、有稿费，可以安度余年，于愿已足，这种挤得头破血流的，是年轻人的事，我太看穿了"。这不是清高，也不是不屑与人竞争，而是她洞察世事，早已把文坛的险恶看透。在这种"奖金非我所愿望"的细细诉说中，典型地显现出一种只满足于生活过得去的淡泊的人生旨趣，这是中国知识分子的一种精神境界。不过，从另一方面解读，它“千万撤回申请”的表面所掩饰的是作者内在苦闷——跟不上时代潮流的彷徨心态，这是一般人不容易感受到的。

在过去流行的文艺理论中，接受主体没有得到应有的重视，其原因是把作品接受者和消费者视为被动的反映者，或把读者读作品看成是一种消极的接受过程，而琦君并不这样认为。在她的书信中，可看到她十分注意读者在阅读自己作品中如何发挥能动作用和创造作用。一旦接到读者这种来信，她常常视为知音。就是一般的读者来信，她也看成是与陌生朋友作心灵沟通的一次难得机会，是自己寻求心灵满足的人生旨趣的实现，故她高度重视读者来函，做到有信必复。在1981年6月5日致叶步荣的信中，称自己“我平均每天收到一二封，封封必回，也是我忙碌的原因”。对尹雪曼懒得写信和回信，她略有微辞，委婉地说这留给她的是一种“‘坏’印象”。这是讲究礼尚往来，与有信必回而且回得很快的梁实秋相似，而与根本不写信只打越洋电话的高信疆，尤其是交游千万、几乎每位朋友都数得出屡欠友人信的前科如此不堪“信托”的余光中，大异其趣。

作为杰出散文家的琦君，她的书信同样体现了澄静淡泊的艺术境界。琦君从小读中国古典名著，深受《论语》及佛家思想的熏陶。她自述自己“是个孤儿，1岁丧父，4岁丧母，是伯母把我拉拔大的，可是她是个苦命的人，我们母女受尽了苦，我当年切齿说要做个强人报仇，伯母（也即母亲）说，不要做强人，要做弱者，弱者才能坚忍到底，我要你报恩，不是报仇。我问她如何以恩回报仇人呢？她定定地说：‘对人好，宽容原谅，自己不再苦，别人也快乐。’我永不忘记她老人家的话。我没有变成心胸狭窄的人，全靠她”。琦君所受的这种教育及其真诚和敦厚，使她总是用爱心对待一切人和事。她大至爱国家，小至爱朋友和家人，对他们表现了无微不至的关怀。如1981年7月15日致叶步荣的信中，对其眼疾表现了深切的关心，并详细地告诉他眼睛的保养方法，信末又特别注明喝茶对明目的用处。她偶尔也有发牢骚的时候，但不存在谩骂更谈不上恐吓。对自己深恶痛绝的人物，琦君总是尽量忍耐不溢于言表和形诸文字，表现了少有的祥和与宽厚。俗云：“文如其人。”平时为人低调的琦君，表现在她的书信中绝少用华丽的词句，喜用质朴平淡的语言与对方交谈，虽平易近人但又不是流水账式的书写。

要了解一位作家，最重要的是读其作品，其次是读其日记和书信。作品是写给所有人看的，有时难免有顾忌，行文会有矜持之气。如想和作家拉近距离，对其了解得更透彻更全面，读书信是不可少的。书简有特定的对象，读者是一人而非众人，故写起来随意放松，平日不便说的话在书信中都有可能透露，可为作家生平之旁证。如琦君的书信就多次与友人说到其童年经验与后来的遭遇，这在她的作品中均难得一见。未来作家要写《琦君传》，《琦君书信集》是不可少的参考资料。从这部分公开的书信中，可窥见琦君的某些“隐私”，这对我们理解她的创作心态很有帮助。

琦君的书信常将思乡之情融入对当地的景色描写之中，使字里行间充溢着淡淡的诗意。另外一些书信则散发出幽默的芬芳。如1987年6月4日给夏志清的信中，琦君发现洋人讲中国话没有说对时，反而变得妙语双关。比如，有位金发女郎对中国朋友说：“谢谢你不见外，从头至尾把我当内人看待。”又有一洋人写信给丈夫称其为“犬犬”。在这位洋人看来，中国人称妻子为“太太”，那点子点在里面，所以丈夫的点子当然应该点在外面。人家跟她指出错了，可她回答说：“我的先生本来就是可爱的小宠物‘犬犬’呀。”这里的幽默与诙谐接近，但由于有中西文化差异的内容，使其体现的境界更高，显得机智和含蓄，而不似诙谐总不免沾上油腔滑调。

属私人文件的书简，一般是在作家仙逝后才公开。由于涉及的内容复杂和敏感，编者只好将某些段落割爱，这为后人考证带来困难。其实，《琦君书信集》的编者至少可将人名用××代之，不必整段删去。

注：

（1）会议被琦君误为“四十年来台湾文学研讨会”。

（2）载痖弦等主编：《四十年来中国文学》，台北：联合文学出版社1995年版。

（3）宾恩海：《中国现代文学的文化阐释》，人民文学出版社2007年版。

（载《常州工学院学报》2011年第5期）

海峡两岸琦君研究回顾与展望

（温州大学　孙良好　孙白云）

特殊的地理位置、政治格局和学术路线使得台湾和大陆的琦君研究呈现出不同的风貌，起步较早的台湾琦君研究从作家书评走向学院论述，起步较晚的大陆琦君研究则从零星研讨走向视角探寻。

一、台湾：从作家书评到学院论述

（一）20世纪五六十年代——紧随创作的即时点评

1954年，琦君的第一本散文、小说合集《琴心》出版，一些研究者便开始了对这部集子的评析。如糜文开的《读〈琴心〉——一部描写怎样爱的书》、张秀亚的《琴韵心声——我读〈琴心〉》、梅逊的《〈琴心〉读后》。这些读后感虽未作高度的理性审视但却灵动多姿，给我们展示了阅读琦君的第一印象。1956年，琦君的小说集《菁姐》出版，罗家伦认为集中的各篇结构较之《琴心》更为紧凑，但在写作宗旨上还是一样，抒写了“优美的人性”即“善良的灵魂”。① 司徒卫和药婆也都着力于具体的文本赏析和读后感受的抒写，虽不乏点睛之笔但缺

① 罗家伦．琦君的《菁姐》[C]见隐地编《琦君的世界》，台北：尔雅出版社1980年版，第106页。

乏深度洞悉的眼光。

进入60年代，随着琦君新作的不断问世，一些台湾知名作家对琦君的论断日趋深入。如林海音的《一生爱好是天然》、张秀亚的《烟愁》、隐地的《读〈红纱灯〉》。这些文字在细致独到的文本赏析之余多了知人论世的剖解。

由于这一阶段的琦君研究与新作出版相伴随，评论者们大抵从文本自身的赏析出发，其散文和小说的成就大多被放在同一高度等而视之，没有深入探讨二者各自的艺术特色和写作成因。不过，评论者的“作家”本色使得琦君研究从一开始就带有明显的印象式批评特征。

（二）20世纪七八十年代——步步为营的学理爬梳

随着《三更有梦书当枕》《桂花雨》《细雨灯花落》《千里怀人月在峰》《读书与生活》等散文集的出版，琦君受到越来越多的读者追捧，评论者和研究者的着眼点也开始趋于多样化，其中生平和创作尤其是散文创作备受关注。这一阶段，研究者开始注意到琦君的散文和小说具有不同风格，也注意到其在诗词和儿童文学上的不凡贡献，琦君研究进入学理探究阶段。

1980年，出于对琦君作品的喜爱，隐地在自己主持的尔雅出版社编辑出版了《琦君的世界》，该书收集了1954—1980年间有关琦君的诸多评论、访谈记录以及友人对琦君其人其作的看法，成为琦君研究中不可或缺的重要书籍，其中选录的不少篇章都可看作这一阶段的代表性研究成果。

散文方面，夏志清在给《书评书目》编辑的书简中称“潘琦君一直是我最爱读的一位散文家”，认为“琦君的散文和李后主、李清照属于同一传统，但它给我的印象，实在更真切动人”，并进而推断琦君和萧红、张爱玲一样都属于第一流的散文家，其散文是应该传世的。① 在之后的论《一对金手镯》中，更进一步推断琦君的成就和境界都比二李高。② 郑明娳发表了《一花一木耐温存》《谈琦君的散文》，后者评价“潘琦君的散文，无论写人、写事、写物，都在平常无奇中含蕴至理，在清淡朴实中见出秀美；她的散文，不是浓妆艳抹的豪华贵妇，也不是粗服乱头的村俚美女，而是秀外慧中的大家闺秀”。③ 这几句话形象生动又要言不烦，被引用的频率颇高。杨牧自称阅读琦君的散文至少二十年的历史，一向

① 夏志清.《书简》[C]见隐地编《琦君的世界》，台北：尔雅出版社1980年版，第149—150页。

② 夏志清. 论《一对金手镯》[C]见隐地编《琦君的世界》，台北：尔雅出版社1980年版，第151页。

③ 郑明娳. 谈琦君的散文[C]见隐地编《琦君的世界》，台北：尔雅出版社1980年版，第169页。

对于她持有独具的深厚人情感到无限仰慕，在《留予他年说梦痕》中发觉“琦君的文学艺术，最成功的是古今中外各种因素的辐辏交织，于兴味题材如此，于文字意象亦复如此”。①

小说方面，陶晓清的《琦君的小说》认为琦君在小说创作方面的技巧丝毫不比她的散文差，她将琦君这一时期出版的小说集《钱塘江畔》中的几个短篇小说都作了细致的解读，觉得“看多了近几年许多新潮的作品，再来看琦君的小说，正像吃多了油腻，而泡上一壶上好的清茶，茶香和淡淡的清茶味，使人陶醉其中，觉得很意犹未尽”。② 杨玉雪的《总是一般情怀——我看〈钱塘江畔〉》开篇就说琦君在读者心里是“呈现自我”多愁善感的散文家，而非“超越自我”莫测又陌生的小说家。但在《钱塘江畔》里，“琦君竟表现出出色的小说创作才华。不同的题材，不同的人物，由一颗温厚蕴藉的心娓娓道来，自是悱恻动人”。③

关于琦君的诗词研究，评论者主要针对琦君的诗词评论集《词人之舟》以及写作中对旧体诗词意境的化用，强调琦君在中国古典文学方面的深厚功底，琦君自己写的旧体诗词品评则基本被忽略了。朱莉的《潘琦君是小说家也是词人》认为琦君的诗词造诣很高，其文章运用中国旧诗意境，接受西洋新的形式，真善美齐全。④ 欧阳子的《一叶扁舟，怎载得动如许的学问》从知性的观点评论了琦君的词论《词人之舟》，认为“此书不但在知识上有较大的收益，同时也是感性上的一大享受。书的内容是介绍我国古代的八位词人并评析其作品，但它不同于一般纯粹客观理性而显得冷板晦涩的文学评论作品，却是富有一份温暖，一份人情，亦有琦君本人之个性”。⑤ 林文月的《读〈词人之舟〉》也称赏“琦君论词，行文流畅，保持她散文中的清新风格，娓娓道来，令人有如感觉置身课堂之中，聆听她教课。又因为文中时时穿插文学掌故，所以能引发兴趣”。

儿童文学方面，本时期琦君在儿童文学方面的贡献不俗，但论者极少，刘静

---

① 杨牧．留予他年说梦痕[C]见隐地编《琦君的世界》，台北：尔雅出版社 1980 年版，第 249 页。

② 陶晓清．琦君的小说[C]见隐地编《琦君的世界》，台北：尔雅出版社 1980 年版，第 229—230 页。

③ 杨玉雪．总是一般情怀——我看《钱塘江畔》[C]见隐地编《琦君的世界》，台北：尔雅出版社 1980 年版，第 231 页。

④ 朱莉．潘琦君是小说家也是词人[C]见隐地编《琦君的世界》，台北：尔雅出版社 1980 年版，第 15—21 页。

⑤ 欧阳子．一叶扁舟，怎载得动如许的学问[C]见隐地编《琦君的世界》，台北：尔雅出版社 1980 年版，第 253—260 页。

娟的《琦君说童年》因此显得颇为难得，文章认为琦君那些回忆童年的篇章不论对哪个年代的人来说都爱不释手。回忆，似乎是琦君个人写作的宝藏。①

综上所述，这一阶段的琦君研究除了散文方面较为成熟之外，小说、诗词与儿童文学研究更多地还是停留在少许评论者直接的阅读感受上，广度和深度都有待拓展，尚有很大的空间。

（三）20 世纪 90 年代迄今，走向规范的学院论述

20 世纪 90 年代，台湾学界对琦君的研究由书评形式逐渐转向学院派研究。一些院校的研究生开始把琦君研究作为学位论文选题并加以系统研究，逐步形成规范的论文体系。如邱佩萱的《琦君及其散文研究》、陈滢如的《琦君儿童散文的传记性》、陶玉芳的《琦君散文在国小教育上的价值与应用》、张西燕的《琦君小说中女性意识书写研究》、陈雅芳的《琦君小说研究》、郑君洁的《论琦君的书写美学和生活风格》、王青美的《琦君书信研究》。

特别值得一提的是，2004 年夏琦君返台定居后，她早年执教的“中央大学”中文系特意为她举办“琦君作品研讨会暨相关资料展”，该系教授李瑞腾于 2005 年顺势成立了“琦君研究中心”，除整理琦君的文学创作成就，并推动琦君同辈作家作品的阅读及研究。配合研究中心成立，该校举办一场“琦君及其同辈女作家学术研讨会”，探讨琦君作品中怨妇书写、诗化小说、怀旧散文及佛教意识等主题，并与同辈女作家进行比较考察，相关论文在会后由李瑞腾教授主编成册，定名为《永恒的温柔》。与此同时，研究中心还编撰了《新生代论琦君》一书，收录了陈威宏、许芸儒、杨毓绚、陈建隆、李家欣、赖婉玲等发表的论文，集中展示新生代的琦君研究成果。

2006 年，宇文正出版《永远的童话——琦君传》，这是台湾出现的第一本琦君传。作者以翔实的笔触为读者介绍了琦君一生的主要经历，文字浅显易读，适合大众阅读。

从即时点评到学院论述，台湾的琦君研究已历 60 余载，成果颇丰且后继有人。但是，琦君早年在大陆的生活状况及故乡的民情风俗与亲人师友对其创作的潜在影响，终因时空之隔少有深入的探究。

二、大陆：从零星研讨到视角探寻

---

① 刘静娟．琦君说童年[C]见隐地编《琦君的世界》，台北：尔雅出版社 1980 年版，第 261—264 页。

由于大陆琦君研究起步较晚，而且迄今引进出版的琦君作品数量有限，与台湾相比要显得单薄一些。从20世纪80年代的零星研讨到当下的视角探寻，大陆的琦君研究尚有很大的提升空间。

（一）20世纪80年代——起点不低的零星研讨

潘梦园1984年刊于《暨南学报》的《魂牵梦萦忆故乡——试论琦君怀乡思亲散文》是目前看到的大陆研究琦君的第一篇论文，文中称“三十多年来，琦君写了不少怀乡思亲的散文，而且越写越好，越写越凝练，如陈酒之纯，又如老姜之辣，赢得了台湾广大读者的喜爱，这是和她鲜明的艺术特色分不开的”。① 1986年，李源的《一个寂寞的歌人——论琦君的创作》从琦君的童年经验入手，认为对于琦君来说，除了童年的生活对其影响外，后天的艺术熏陶对其也有潜移默化的作用，前者是琦君创作的原始的思想感情基础，后者是形成她文学家心理素质的必要条件，而二者对琦君来说又是统一的。② 1988年，张默芸的《台湾文坛闪亮的恒星——琦君散文小说作品评析》一文综合评述了琦君在散文和小说上的艺术特色和成就，可以说是这一时期大陆琦君研究最有分量的论文。

80年代大陆的琦君研究在数量上与台湾差距明显，但为数不多的研究者却已基本能整体把握琦君的写作意图及特色，起点不低。

（二）20世纪90年代——重在解读的文本阐释

90年代，大陆相继出版了《琦君散文》《红纱灯》《桂花雨》《翡翠的心——琦君散文精选》，对琦君研究起到明显的促进作用。和80年代的综合论述相比，90年代大陆研究者更倾向于着重解读琦君某一单篇或单本散文。如谢昉的《绵绵思乡寄雨情——琦君的〈下雨天，真好〉解读》、夏俊益的《一掬清泉润心田——读〈琦君散文〉》、李今的《橘子红了，又落了》等。

这一阶段的研究者主要将目光放在琦君散文所取得的成就上。如方忠在《留予他年说梦痕，一花一木耐温存——琦君散文论》中强调，琦君怀着对故土亲友的挚爱，通过对生活片段的生动描写追怀往昔人事，从中寄寓了乡国之思、亲友之情，她以“温存”之笔，画出了昔日的“梦痕”。③ 林慧美的《充满爱意和温情的生命之旅——浅谈琦君散文的艺术风格》主要论述了琦君怀旧散文在艺术上

---

① 潘梦园．魂牵梦萦忆故乡——试论琦君怀乡思亲散文[J]暨南学报 1984.4

② 李源．一个寂寞的歌人——论琦君的创作[J]广东社会科学 1986.3

③ 方忠．留予他年说梦痕，一花一木耐温存——琦君散文论[J]世界华文文学论坛 1992.1

的一些特色。李漫天的《温馨中的一瓣心香——琦君眼中的浙东民情风俗画》则认为琦君的散文重一个“情”字，其怀念亲友之作都是在情绪激荡、不得不写时流溢出的真情。特别值得一提的是张默芸的《琦君论》，在 80 年代那篇《台湾文坛闪亮的恒星》的基础上进行深化和扩充，就散文和小说两个方面展开较为具体、深入的论述。①

（三）新世纪以来——别开生面的视角探寻

新世纪以来，大陆一批年轻学者加入琦君研究的队伍，他们的视角相对多样，形成了多角度研究的格局。首先，作为深受传统文化影响的作家，琦君作品中的传统因素受到研究者的关注。陈春梅的硕士论文《历久弥新的旧梦——论中国传统文化对琦君散文创作的影响》② 以中国传统文化为切入点，探讨了琦君成长的家庭文化背景与中国传统文化之间的关联，影响到了琦君的散文创作中，就是表现在中国传统伦理道德和中国古典诗词在琦君散文创作中的具体体现；李伟从琦君作品中的佛教文化现象着手，先后发表了《觉解人生的心路》③ 及《“莲花”模式：叙事原型》④ 等文章，颇有一些新意；与此类似，李晓丽的硕士论文《琦君散文艺术特征探微》⑤ 从文化视角来分析琦君散文呈现出的多元文化投影：以善为主线的佛教文化、以美为核心的中国传统文化、以乡愁为载体的地域民俗文化；俞巧珍的《人生不团圆——琦君小说中的“才子佳人”模式》⑥ 则将其小说放置到明清下延的“才子佳人”模式这一传统中进行关注，认为在形式上借用了才子佳人小说的模式，其背后则是传统人伦文化的深层影响。其次，作为大陆迁台的女作家，乡愁和还乡书写是琦君的一大特色。杨明的博士论文《1949 大陆迁台作家的怀乡书写》⑦ 将琦君的怀乡书写纳入迁台作家群中详细考察；孙白云的硕士论文《乡愁文学视野中的琦君》⑧ 则对其乡愁书写进行了全面的梳理、分析与总结。第三，作为二战后赴台第一代女性作家，琦君的女性作家身份及其女

---

① 张默芸．琦君论[J]．江苏社会科学 1994. 3 107—112

② 陈春梅．历久弥新的旧梦——论中国传统文化对琦君散文创作的影响[D]．山东大学硕士论文. 2008

③ 李伟．觉解人生的心路——琦君文学作品中佛教文化现象探索之一[J]．浙江社会学．2008. 8

④ 李伟．“莲花”模式：叙事原型——琦君文学作品中佛教文化现象探索（之二）[J]．当代文坛. 2008. 6

⑤ 李晓丽．琦君散文艺术特征探微[D]．首都师范大学硕士论文．2013

⑥ 俞巧珍.《人生不团圆——琦君小说中的“才子佳人”模式》[J]．职大学报．2012. 5

⑦ 杨明．1949 大陆迁台作家的怀乡书写[D]．四川大学博士论文．2007

⑧ 孙白云．乡愁文学视野中的琦君[D]．温州大学硕士论文．2010

性爱情婚恋书写备受研究者关注。王勋鸿的《君临之侧，闺怨之外——五六十年代台湾女性文学研究》① 将琦君纳入20世纪五六十年代台湾女性书写中，通过与当时台湾主流文学的对照反观女性书写的艺术特质；姚敏娇的《少年叙述与“弃妇”形象的重塑——以琦君作品为研究个案》② 着重分析琦君作品中的“弃妇”形象，认为琦君作品对于“弃妇”形象的重塑，有力地回击了女性主义代言冲动与“五四”知识精英启蒙冲动的暗中合谋，还原了那些为启蒙理性与精英主义所遮蔽的鲜活的、实存的个体生命与情感经历；阮承香的硕士论文《记忆建构与自我认同——赴台第一代女作家怀旧散文研究》③ 将琦君和同时代女性的怀旧书写作为记忆来研究，认为她们的记忆有其独特性存在，她们记忆建构的过程便是对于女性性别认同的过程，而且是在对家乡的记忆中同时呈现其自我认同；吴谷枫的硕士论文《爱的圆满与缺憾——论琦君作品中的传统女性》④ 则通过解析琦君塑造的女性形象，解读琦君笔下异于同期女性文学主潮的个性经验，以女性主义这一过往不为人注意的视角切入琦君作品，发掘其女性书写的独特魅为。第四，琦君散文的文本艺术尤其是语言艺术也受到研究者的青睐。赵翠欣的硕士论文《以文本摩画生命，用真爱吟唱灵魂——论琦君的散文创作》从“意境与意象的营造、散文结构、书写手法、语言”上研究琦君散文的文本艺术⑤。戴勇的《琦君散文的语言艺术》则从语言艺术的角度出发，认为琦君散文中穿插运用“口语式的絮语”“书卷式的诗语”“动态化的叙述语”⑥，文风朴实，语言疏淡清朗。第五，琦君的一些单个文本得到比较深入的阐释。孙良好、李沛芳的《追忆·怀乡·闺怨》认为深沉的怀旧性、浓厚的乡土味和悲戚的闺怨情是《橘子红了》走“红”的主导诱因;⑦ 李光耀和房萍则以《春酒》为例讨论琦君的乡土叙事，认为她的乡土叙事透过对故乡特有历史风俗的展示，架构起自然、社会、精神的三维空间，丰富了当代乡土文学写作。⑧ 此外，吴洋洋的《略论琦君散文中的生活

---

① 王勋鸿．君临之侧，闺怨之外——五六十年代台湾女性文学研究[D]．山东大学博士论文．2008

② 姚敏娇．少年叙述与“弃妇”形象的重塑——以琦君作品为研究个案[J]华文文学．2012.6

③ 阮承香．记忆建构与自我认同——赴台第一代女作家怀旧散文研究[D]．福建师范大学硕士论文．2013

④ 吴谷枫．爱的圆满与缺憾——论琦君作品中的传统女性[D]．浙江大学硕士论文．2015

⑤ 赵翠欣．以文本摩画生命，用真爱吟唱灵魂——论琦君的散文创作[D]．河北师范大学硕士论文．2011

⑥ 戴勇．琦君散文的语言艺术[J]．哈尔滨学院学报．2014.12

⑦ 孙良好、李沛芳．追忆·怀乡·闺怨——关于琦君的《橘子红了》[J]．文艺争鸣．2012.11

⑧ 李光耀、房萍．论琦君乡土叙事的两个维度——以《春酒》为例[J]．名作欣赏．2016.26

美学思想》① 从生活美学的角度挖掘琦君散文的审美意蕴。温州本土学者章方松的两本专著《琦君的文学世界》和《琦君与故乡温州》所涉内容虽略显庞杂，但却充分利用了地理位置和人力资源优势，较为全面地探讨了琦君在文学各个方面所取得的成就，并着力于分析故乡丰厚的风土人情与其创作千丝万缕的关系。

总体而言，大陆的琦君研究在起步较晚的情况下，已取得了不少成绩。不过，由于受资料的限制，很多文章难免有隔靴搔痒、拾人牙慧之嫌。与台湾相比，大陆的琦君研究“贴心”论述较少，目前还缺少学院派从整体上进行研究的成果，这就需要继续加强两岸的文化交流，实现资源共享，让大陆的学者们能够有机会翻阅到更多的第一手资料，也让台湾的学者多来琦君故里走走。

综上所述，结合中国大陆和台湾两地的研究现状，我们认为琦君研究的路正长，尤需两岸学者齐心协力共同推进。推进步骤如下：首先是加强对琦君作品的搜集和整理。作为研究的基础，有必要加强对琦君生平交游和散佚作品的搜集和整理，从而为整体研究打下坚实的基础。其次，作为影响大陆、台湾和香港三地的作家，考虑到琦君作为二战后迁台的第一代女性作家，以及曾迁居美国的经历，有必要将其作品放置到世界华语语系视野中加以考察，考察其离散经验、文化认同和女性经验。第三，从两岸三地的政治文化互动来研究其作品的传播机制，可以丰富其研究的面相。第四，作为深受传统文化熏陶的作家，有必要将琦君的作品纳入中国文学传统中加以审视，如从文化记忆、情感诗学、抒情传统等角度加以研究。最后，作为深受温州乃至江南地域文化影响的作家，琦君研究有必要从文化地理学的角度切入，结合其成长经历并借助教育史和阅读史的相关理论，考察琦君文学的生成背景与审美诱因，以及成就其文学创作的丰富文化意涵。此外，在强调琦君散文和小说研究的同时，要加强其他文类的研究，形成更加综合和立体的研究格局。

---

① 吴洋洋．略论琦君散文中的生活美学思想[J]．长春师范学院学报．2011. 6

隐痛的爱——琦君作品中的“父”的形象塑造及其创伤体验

（陈力君　浙江大学中文系）

摘　要：“将军”“慈父”和“丈夫”为琦君作品中，三种不同的“父”的形象的功能角色，体现了琦君在成长过程中与父亲关系、距离及认知的变化。分别通过围绕父亲的人与人的关系展现、先念的概述和旧家庭中的小女孩视角等叙述手法进行“父”的形象塑造。在“尊而不近”“亲而不昵”的“父”的形象中隐现着琦君的童年记忆、价值观念和形象原型。“父”的形象的塑造过程和前后矛盾的身份及其闪烁其词的表达，既是为亲者讳，也是作家琦君童年丢失的爱的不安全感的变异表达。“父”的形象和包含的隐痛的爱，促使作家通过创作不断探寻在历史语境和文学生态中的历史意义和超越时空的人性维度。

关键词：琦君“父”的形象　创伤体验

迁居台湾的温州籍作家琦君描写了为之魂牵梦绕的伊甸园般的故家记忆，给读者留下了慈悲为怀的母亲、笃诚睿智的外祖父、勤恳和乐的诸多长辈，以及嬉笑打骂的童年玩伴等众多记忆中的故土人物。他们给琦君的童年时代留下美好回忆，成为她作品中爱和美的故家生活的集中体现。这些饱含深情的故园人物中，母亲形象分量最重、刻画得最为用心。这一形象成为她竭力颂扬的、集中美和爱、亲切而鲜明的典型的旧式女性形象。与此相较，作为旧家庭的权威的父亲形象则相对疏离而隐晦，这位“旧式父亲”形象隐含着作家琦君丰富、复杂而曲折的故家心结。

一、衍异的“父”的形象

琦君笔下的父亲角色拥有社会、家庭的多种功能，在不同的场景中分别留下了不同的印象。

（一）将军形象

琦君作品中的“父亲”是一位国军军官，早年拥有军政大权，凛然神武。他留给琦君深刻的童年记忆充满了威严和神秘，“每回，听到马弁们一声吆喝：‘师长回府啦！’哥哥就拉着我的手，躲到大厅红木嵌大理石屏风后面，从镂花缝隙中向外偷看。每扇门都左右洞开，一直可以望见大门外停下来巍峨的马车，四个马弁拥着父亲咔嚓咔嚓地走进来。笔挺的军装，胸前的流苏和肩徽都是金光闪闪的，帽顶上矗立着一朵雪白的缨”。[①] 此番场景，还分别在《爸爸教我们读诗》《小玩意》和《油鼻子和父亲的旱烟筒》等作品中再三出现。关于有记忆的父亲回家的场面定格成画面留在琦君的童年记忆中。身为将军的神气英武的“父”的形象成为作家琦君童年一生的牢不可破的固定印象，永久地铭刻在脑海中，不再淡去和模糊。这一鲜明又耀眼的形象不断被她故家的回忆所召唤，一次次复现在作品中。

如此不凡的父亲形象，不同于寻常人家的父亲身份，因身份自带的光环超出了平凡和现实的家庭的角色功能。在琦君作品中，面对这位身居高位、神采奕奕、光彩照人的父亲形象，琦君满怀崇敬。作品再三通过正面或者侧面展示其高大伟岸形象，表达对父亲的钦服和敬爱。其中有通过转述其部下对父亲的崇拜和敬仰，“因为他本来是个有学问的读书人，当初老太爷一定教导得很好，又是陆军大学第一期毕业，又是日本留学生，所以他跟其他的军长、师长，都不一样”。[②] 另有其他的同人肯定父亲的才干，“你爸爸不但带打胜仗的军队带得好，对打败仗的军队带得更好，这可不简单啊！你不知道打败仗的军队，维持军纪有

① 《父亲》,《桂花雨》1 页,(台北)尔雅出版社 2010 年。

② 《父亲》,《桂花雨》3 页,(台北)尔雅出版社 2010 年。

多难。你父亲治军纪律极严，绝不扰民，他真不愧为一位儒将”。[①] 这些转述都在强调和强化父亲形象的高大完美，位高权重且拥有极高天赋，才德相当，名副其实。此时，作者立足于一名幼女的视角，以仰视的态度看待围绕父亲周边一切，包括父亲相处的人，受父亲影响的部下，甚至包括他的器物，都因靠近父亲而被褒扬，甚至被赋予光彩。即使回忆父亲的坐骑，“它英俊挺拔，一身雪白的毛，爸爸骑了它飞奔起来，像腾云驾雾一般。所以爸爸非常宠爱它，给它取名白鹤”。[②] 琦君也是不吝溢美之辞来刻画坐骑的迷梦般的传奇经历，渲染气氛，增添想象，整合到将军父亲的英雄传奇中，在回忆中焕发光芒，鲜明而印象深刻。

神勇英武的将军形象的父亲一方面对孩子产生威慑心理，产生距离和陌生感，另一方面也是孩童内心强烈渴望的，符合寻找心理安全和能够得到保护、获得骄傲和满足的孩子的心理需求。将军角色的父亲形象深深地留在琦君的孩提记忆中。

（二）慈父印象

琦君的家园故事是一部家的历史，在历史中的父亲身份是变动的。当琦君作品中的“父亲”从威名显赫的将军脱下军装、成为大家庭的士绅后，逐渐转变成温和宽厚的“慈父”形象。诚然，在家中，父亲作为一家之主还是威仪尚存，由于礼节的约束，与家人相处，也少见亲昵举止。但此时，他更多地关注到家人，也多了共处亲近机会。作为旧式家庭中的父亲，他表现强烈的家长责任感，非常重视子女的教育和培养。父亲去北京工作，就把哥哥带在身边生活。在家里请家庭教师教“我”认字读书。在哥哥过世后，他把所有的希望都寄托在作为女儿的“我”，更充分体现出父亲的慈爱。“哥哥去世后，父亲的爱集于我一身”“父亲爱我，无微不至”[③]，由父亲带着逛庙会、爬莫干山、割扁桃体等成长点滴，都成为故家记忆中重要部分。脱下戎装后，父亲退隐在家成为士绅阶层的一员，家人近距离感受到的父亲的音容笑貌和言谈举止，也更容易感受到父亲的慈和。家居比重的加大也使得父亲更易于认同传统知识分子的优雅闲适生活。父亲日常起居表现出更多的风雅和情趣，如读书吟诗、交友赏景等。这些表现更是“我”在成年后不断回味的美好生活的一部分。作为士绅阶层一员的父亲，处处体现出中国传

---

① 《父亲》,《桂花雨》9 页,（台北）尔雅出版社 2010 年。

② 《爸爸教我们写诗》,《母心 · 佛心》87 页,九歌出版社 2009 年。

③ 《父亲》,《桂花雨》8 页,（台北）尔雅出版社 2010 年。

统的文化魅力和价值取向。这些描写都表现了传统的士绅文化与地方政治文化紧密关联，进而也与家族和家庭的关系更为密切。因为，在扩大家族势力过程中，还会建立起朋友圈层。他们同处于一阶层，也有共同趣味，他们同声相应，惺惺相惜的文化氛围。如琦君提到的“杨雨农伯伯”和“刘景晨”伯伯[①]，他们和父亲一起，进一步增加了“我”所受的士绅文化的影响，由父亲在家庭和社交圈子营造的文化气息和各种文化熏陶，成为传统文化的重要教导方式。由武将而士绅形象的转变的“父亲”，他在家居生活中的身上表现出来温和儒雅，成为更为具体可感、更便于展示日常中的人情人性，也更易于被子女感受到“慈父”的角色定位。

“慈父”身体力行的文化生活和审美倾向，造就了鲜明特征的家的文化记忆，更增添了家中亲情的浓度，更是琦君魂牵梦绕的深层原因之一。

（三）丈夫角色

除了社会角色和家长角色之外，作为男性，琦君笔下的父亲还有另一角色功能，即丈夫角色。这是琦君所塑造的父亲形象中最薄弱的、最暧昧不清的角色。作为旧家庭的丈夫角色，他是权威的、刻板的，甚至是傲慢和冷漠的。遵照传统的“男主外、女主内”的家庭分工，在日常烦琐的家务活动中普遍缺席，更不会表现出现代观念中的男女平等意识。不管是为维护同是女性的母亲的权利，还是接受大学教育的现代观念的影响，琦君对旧家庭生活中的这一角色的此番表达都是抵触的和不认同的。在大多数情况下琦君则是尽可能避而不谈或者只是隐讳地谈到父亲的丈夫角色，遇到不得不提及的时候，大多也只是一笔带过。“母亲和父亲很少面对面说话的。”[②] 而在她所赞扬的母亲的作品中，为了刻画母亲作为旧家庭中女性的奉献和自我牺牲，不得不提到父亲，如为了突出母亲的恭顺和隐忍，才写到父亲面对母亲的表现，“想起母亲一生辛劳，从没享过一天清福，哥哥的突然去世，父亲的冷淡与久客不归，尤给与母亲锥心的痛楚”。[③] “我虽然觉得母亲的容忍似乎太过了点，但我却想不出理由来反驳她”。[④] 琦君笔下的“父亲”的丈夫角色，正面描述比较少，更多通过母亲形象的塑造时侧面和间接地展示出来。显然，琦君对这一角色上的父亲的表现是不满意的，而且，她也清楚地

① 琦君:《父亲的两位知己》,《永是有情人》33 页,九歌出版社 2006 年。

② 琦君:《钓鱼》,《妈妈银行》61 页,(台北)九歌出版社 2009 年。

③ 琦君:《母亲》,《桂花雨》27 页,(台北)尔雅出版社 2010 年。

④ 琦君:《母亲那个时代》,《红纱灯》17 页,(台北)三民书局股份有限公司 2010 年。

知道，由于父亲作为丈夫的缺席造成了对母亲的伤害，也使得她所处的家庭处于痛苦和不安中。虽然她并没有展开此间原因的追寻和探究，甚至小心翼翼地避开，但是这里的伤痛是家庭中难以绕开的伤痛，也是后来家庭矛盾和痛苦的根源。这种模糊的角色成为琦君故家记忆中的复杂又纠结的隐痛。

从将军到慈父再到丈夫，琦君作品世界中的不同角色的父亲形象，经历了在军营转变为家庭再到内闱的不同空间，父亲形象自远而近，自疏而亲，权威逐步递减性情渐次增加的过程。这一过程既是父亲本人人生经历的改变和在女儿面前的表现改变，也体现了琦君逐渐成长中，与父亲关系变化，还体现了作为表现对象的父亲主体，和作为叙述者间关系及距离的变化。

二、“父”的形象营构

琦君的故家记忆中有花草树木美景，有房屋亭阁的空间设置，有年节礼俗描述。但是最能打动人心，最历久弥新的则是经历世事变迁和历史沧桑的恩情和亲情。父母双亲形象集中表达了铭刻在心的感怀和思念。

琦君作品中存有大量的母亲形象篇章，《金盒子》（《琴心》）、《母亲那个时代》《母亲的偏方》《髻》《母心·佛心》《病中忆》《餐桌上的无声》《南海慈航》《菜篮挑水》《梦中的饼干屋》《母亲的菩提树》《母亲》《桂花雨》（《桂花雨》）、《母亲！母亲!》《母心似天空》等。通过这些作品，明显地感受到作为叙述者的“我”和母亲之间的无间的情感关系，“我”是全身心地沉浸在母亲的百般恩宠中。同样，在琦君的故土回忆中，父亲身影也是处处可见。她在《父亲》（《桂花雨》），《桂花雨》（《桂花雨》），《油鼻子与父亲的旱烟筒》（《琴心》），《金盒子》（《琴心》），《小玩意》（《琴心》），《乡思》（《琴心》），《爸爸教我们读诗》（《母心·佛心》），《父亲的两位知己》（《永是有情人》），《想念荷花》（《水是故乡甜》），《春雪．梅花》（《此处有仙桃》），《下雨天，真不好》（《水是故乡甜》），《餐桌上的无声》（《母心·佛心》），《钓鱼》（《妈妈银行》），《点滴话前尘》（《妈妈银行》），《双亲》（《永是有情人》），《云居山屋》（《烟愁》），《鲜牛奶的故事》（《烟愁》），《杨梅》（《烟愁》），《酒杯》（《烟愁》），《烟愁》（《烟愁》），《下雨天，真好》（《红纱灯》），《梦中的饼干屋》（《梦中的饼干屋》），《髻》（《红纱灯》）以及小说《橘子红了》等篇章中，勾勒了严厉又温和的父亲形象。这一恩威并在的父亲形象不能如母亲一样有透明而诚挚的疼爱，也不像其他长辈形象面对孩子表现得单一而纯粹，在体现父亲的恩德和慈爱的同时，尚有难以亲近的威严和别种况味与复杂情感。与母亲的正面直接和无尽细处描摹不同，琦君作品中的父亲形象的塑造主要通过如下手法来完成：

首先，琦君作品以短篇居多，作为单篇的人物集中，事件单一，常有以单一人物为中心的谋篇布局。她常以母亲形象为作品中的核心人物，围绕着母亲形象展开事件叙述。她作品中的父亲形象则不同，更多是通过围绕父亲的周遭的人与人的关系得以展示。如上所述，琦君很多作品都出现了父亲形象，但是其中只有《父亲》《油鼻子与父亲的旱烟筒》《爸爸教我们读诗》《酒杯》和《餐桌上的无声》等几个有限的作品是以父亲为核心人物来组织篇章，正面描述父亲的生活起居和音容笑貌。其他的作品则是通过他者的转述，或者其他人物故事中牵涉到父亲的角色功能作用才写进作品。如在《金盒子》中讲述逝去的哥哥留给自己的情感寄托金盒子的故事；《父亲的两位知己》中因为需要写到因与父亲来往才结识的长辈轶事；《髻》中更是因为大妈和二妈争宠于父亲而产生的不可调和的矛盾……琦君作品直接集中正面地塑造母亲形象，作为叙述者的“我”可以零距离地接触到母亲的生活习惯，饮食起居；在这些故家记忆中，父亲在许多场合中并不能成为独立的主角，而叙述者——作品中的“小春”也难以直接完整地接触到父亲形象的全部，再加上空间距离（不似母亲那样亲近）而变得模糊，通过其他侧面不断填补完善的父亲形象。一方面与叙述人间存在情感隔阂，降低了他在琦君作品中的集中度和读者的注意力。另一方面也因为规矩或威仪造成的有距离的难以亲近的父女关系，父亲形象只能通过中间媒介的转述或者共有关系才能得以呈现。

其次，琦君以先念的概述手法塑造父亲形象。先念的概述指的是用已有的确定的想法或者观念，给出直接印象式的、轮廓式的、静止的、固化的印象。较之亲切善良的母亲形象的塑造，父亲形象常是预设的印象，表现为社会性、模式化的存在，少有较为细腻入微的言行描摹或者场景氛围的营构。无论是作为“将军”还是“慈父”，他的行为和言语，以及思想都是符合角色身份的言谈举止，不能因近距离接触获得生动可感的细节描摹。在旧家庭环境中，男性因为夫权父权被赋予高位，琦君父亲更是成为传奇英雄在故乡被传颂。不管是因为从农家子弟成为将军的不凡人生经历，还是在现实社会上拥有的高官权位，都令这一人物形象拥有耀眼的光环。由此，他不仅拥有家庭的所有事情的决定权，拥有资源和话语的无可置疑的支配权，还被高度尊崇，当然也远离了日常烦琐的家庭管理和家务劳作。在日常起居中，琦君作品中的父亲不从事具体的家务活动，更不在具体的琐碎的家庭生产活动中和家庭成员发生密切联系。因为琦君父亲特殊的在高位的身份，她的家庭运行模式在权力结构和观念执行中更为严格和规范。家庭中，能够更多感受到父亲形象的威严，也形成父亲形象在子女心目中的难以消除的权威感。显然，在此种关系模式中，父亲和子女生活实践中交往比较少，各自身份认同较为确定。即使其父亲远离了军政和战场，但是其家庭延续的生活习惯模式依然重视权力的层级运作。作为士绅身份的父亲形象，其生活方式或是体现社会价值或者是满载诗意兴味，远离家长里短和市井琐事，作为士绅阶层的父亲始终远离于日常的充满烟火味的家庭生活。因此，家庭被区隔成物理或文化的不同空间，并适配以不同的权力、资源和话语权，进而隔断了家庭成员间的有效的情感沟通和交流。在作品中的父亲形象成为家庭在社会中的象征化的符号，与传统家庭形制和道德文化处于高高在上的位置，始终因为权威和层级显得隔阂和陌生，而区别于其他家庭成员被远离而尊崇。

最后，琦君笔下的父亲形象建构常因旧家庭中的“女孩”的叙事视角而被限定和设置。因为父亲形象的英雄传奇性，琦君在创作中更刻意维护父亲的外在形象和角色定位。作品较多以突出父亲形象的概观式的他者叙述完成相对统一稳定的形象设置，而较少出现人物形象的自我陈述和自我呈现。如是，父亲形象在琦君故家世界中因为缺乏变化和人物具体细化而显得抽象和单一。这样的形象还与设立的叙事视角有关。琦君作品中的“父亲”形象的构设，大多通过讲述故家故事的“我”，即家中的小女孩——小春来完成。通过小春的所见所闻，这一设定旧家庭中的未成年的女孩的叙述视角，确定了呈现出来的“父亲”形象只是部分的、间接的和不能被对等认知和理解的“不完整”形象。这一“不完整”形象在“小春”这一限定性的视角下却是全部且逼真的。叙述者“小春”出于情感，限于认知合理地遮蔽、删除或者省略了不利于构筑“英雄”或者“家庭功勋”的父亲形象的史实和材料。如琦君作品中的“父亲”本人，在作品中呈现为英俊神武的将军外貌，而曾经“在江浙之战中兵败下野”① 的史实却被略去不提，对其辞去官职的举止和原因都只是一笔带过，并不详究。直至由此关涉到父亲在战争中的政治立场表达时，也只是以“厌倦了戎马生涯，还是回家读书念佛的好”② 的托辞了结对历史和政治立场的对话。呈现在琦君作品中的“父亲”形象，其曾经有过的“将军”身份只是作为形象的背景而存在，更为真实和细腻地在女儿眼中

① 卢礼阳、杨志华主编:《潘鉴宗与温州旅杭同乡会》第1页,中华书局2017年2月。

② 琦君:《点滴话前尘》,《妈妈银行》171页,(台北)九歌出版社2009年。

的父亲形象，是一位读书作画、赏景钓鱼、儒雅倜傥的传统士绅的“父亲”形象。琦君故家故事中设定的“小春”这一叙述者，因为年龄的限制和在家中角色的限定，经由她的经验“过滤”，将“父亲”形象的塑造限定在有限的目力所及、家中观念的行为解释和不完备的认知理解能力，家中的亲情作用和影响成为这一叙述者进行叙述和合理化解释的叙述前提。这一前提下，对家中“父亲”权威的认同和对父母亲情的依赖，只能以仰视的叙述视角描述“父亲”形象，更多地感受亲情和倚重情感的叙述口吻，在窄化和简单化地构设“父亲”形象的过程中，避免了对“父亲”这一政治历史人物的政治历史层面的宏观而复杂的解读和评判。而这一“偏狭”的“父亲”形象在“小春”这一叙述视角设定中是真实可信的。

通过与他人连接的关系设置、强化身份角色的社会性、由作为女孩的叙述者的叙述，琦君塑造了父亲这一人物形象。通过抽离于日常和现实，以概括和符号化的方式，通过修正和整改塑造进入文本的父亲形象。这一形象是作家符号化和观念化后，诉诸于文字得到的。

三、记忆、观念和原型

由于角色身份的呈现、设定和叙述视角的限定，形成琦君作品中的“尊而不近”“亲而不昵”的“父亲”形象。这一威严在外而儒雅在家的父亲形象既符合了传统家庭中美好“父亲”形象，包含着琦君对理想“父亲”的期待；又流露出她内心强烈的不安和焦虑，体现了她在传统道德和现代价值间的矛盾和困惑，更是作家个人情感创伤在作品中的流露。

首先，琦君之所以塑造旧家中的伯父伯母，并将他们替代自己的亲生父母，源于她的童年记忆。琦君在一岁时丧父，四岁丧母，幼年就承受了丧亲之痛[①]。她内心深处，强烈渴望父母至亲的爱。在传统的家族中，幼童因为父母的早逝而由亲伯叔抚养孤儿的事在旧中国非常普遍。琦君如此委婉曲折地把伯父塑造成作品中的“父亲”形象，与其特殊的身世相关。在1998年，她终于说出了自己身世的真相，“数十年来，我笔下的母亲，其实是对我有天高地厚之爱的伯母。我一岁丧父，四岁丧母，生母于奄奄一息中把哥哥和我这两个苦命的孤儿托付给伯母，是伯母含辛茹苦抚育我们兄妹长大的。后来哥哥被伯父带到北京，哥哥竟不

① 章芳松：《琦君的文学世界》，台北：三民书局出版有限公司2004年版，第39页。

幸于13岁时因肾病不治，兄妹一别，竟成永诀”。① 琦君作品在进入伯父伯母家庭的那种不是亲生父母的微妙感受一直存在。根据拉康的精神分析学，人在幼年是从镜像中形成他对自我肯定和认同的想象界，尤其是在与自己母亲的对应观照中形成自我认知，从此进入社会化的过程。② 但是琦君幼时丧失父母的经历使得她这一自然的心理成长进程被打破，失去了真正父母的保护和依恋。与一般人不同，她在自我认知中，早年童年记忆中渴望得到自我认可的父母亲缺失导致更强的爱的焦虑和渴望。在她成长过程中，伯父母替代了真正父母亲的身份。一方面，伯父伯母给她家的感觉让她内心充满感激；另一方面，因为丧亲的创伤让她特别敏感，尤其缺乏安全感，也强烈地明白伯父伯母终究不是她的亲生父母。这一点在琦君描述故家故事中是有迹可循的。从“小春”成长的轨迹来看，父亲和她的关系越来越亲密，父女之间的感情交流越来越多，也表现在“小春”融入家庭和伯父间的渐进的父女关系认同过程。在“小春”的记忆中，童年时代只有与母亲一起的生活经历。父亲是缺席的，伯父替代父亲充当了保护和抚养的现实功能，而缺失亲父的痛感毕生难以弥补和消除。伯父作为琦君的“父”，更凸显出“父”的形象的权威的象征功能，更为外化成符号的存在。那份真实失去双亲的痛及其焦虑，还有存在她内心的惶恐一直不能消失。当然，在她的童年的故家记忆中，也有意地以大家族中的其他的一些男性替代了缺失父亲的保护作用，如《红纱灯》中她后来的回忆中能如此感受到外祖父的大手掌温暖的深刻印象，确是她内心渴望被满足的真实的情感体验，另外还有家中的仆人阿荣伯等。家中这些年长的男性在许多时候替代着父亲的角色功能——安全保护和引导的父亲角色。但即便如此，还是无法实现替代功能，琦君童年时期又因为缺乏真正的父爱而流露出胆怯和敏感一直在作品中不断出现。

弗洛伊德曾经专门分析过创伤性的体验，发现创伤性的执着都与童年记忆有关：“每一病人的症候和结果都足以使自己执着于过去生活的某一时期。就大多数的病例而言，这过去的时期往往是生活史中最早的一个阶段，如儿童期或甚至于早在吸乳期内。”③ 将伯父作为“父亲”形象的构筑，是她童年创伤的移植，也是她在作品中的合理虚构的理想表达。在琦君关于故家的作品中，在渐次增加的

---

① 琦君:《大妈妈敬祝您在天堂里生日快乐》,《永是有情人》第5页,(台北)九歌出版社1998年。

② 参见雅克·拉康:《镜像阶段:精神分析经验中揭示的“我”的功能构型》,吴琼编,中国人民大学出版社2004年版。

③ [奥]弗洛伊德:《精神分析学引论》215页,高觉敷译,商务印书馆1984年版。

父爱描述中，她童年丧亲的内心苦痛才能得到减缓，所以，父母百般宠爱的旧家记忆是琦君在现实基础上理想化表达，伯父则是她失去的父亲形象和对父爱渴望的情感替代。

其次，琦君作品中的父亲形象还与思想中的新旧交替的价值理念相关。琦君刻画在故家中渴望拥有的，以伯父形象为基础的父亲形象，在她努力理想化这一形象时又陷入传统观念到现代价值间的矛盾和挣扎。琦君出生在旧家庭中，青少年时期又深受传统文化的熏陶濡染，她感恩伯父伯母，怀念旧家庭。旧家庭存在的基础即依据旧观念形成的人与人之间的秩序和情感模式，给迁台后的琦君情感上的留恋和精神支持；“她的散文情思，完全是主观的投入，不是客观的捏塑。在这些文字中，我们看见她的母亲、父亲、外公、五叔婆、小花和她一家人，可怜的岩青嫂，画菊的孙伯伯，信佛的启蒙师；此外我们还看到小时候的琦君，更看到今日的琦君”。① 这段话指出了琦君的文字构筑的故家生活给读者以美好和想象，更是作家的回忆和寄托。伯父母收养她和努力培养她，并视同己出的恩德，她对他们的感恩是无以言表的，即使她作品中的“父亲”形象有不妥行为，本着自己与伯父间的特殊身份和复杂感情，她也会努力维护该形象。但是另一面，琦君也在经历着中国巨大动荡的历史时期，这一历史时期中国文化观念正处于强烈的碰撞中。她本人毕竟接受过现代文明的高等教育，接受过现代文明洗礼，琦君也能感受到旧家庭中的种种压抑和伤害。尤其是在男女不平等观念下，对女性的不公。她能够感受到伯母即母亲所受的苦，与旧家庭的秩序及其以男性权威为中心的制度和观念有关，她也不能无视最亲近的母亲在家庭中的痛苦。琦君在年轻时候曾经有过追求婚姻自主的勇敢行为举止②。她能意识到在家庭关系中，感受到“伯父”的一些行为，伤害到了大妈妈，而她只能隐约表达她为“母亲”感到心痛委屈了。在关乎故家记忆的“真”和“爱”之间，琦君一直为如何在两者间保持微妙的平衡而努力。一方面，她用她的无限制的“爱”来包容一切，来融化一切矛盾和不和谐，即使当时最激烈的矛盾，面对姨娘的无礼和骄纵，她在逝去的岁月中看到“当年如云的青丝，如今也渐渐落去，只剩下来一小把，且已夹有丝丝白发。想起在杭州时，她和母亲背对着背梳头，彼此不交一语的仇恨日子，

---

① 杨牧，《〈留予他年说梦痕〉序》，选自琦君《留予他年说梦痕》4—5 页，(台北)洪范书店 1980 年。

② 参见夏承焘，《瞿禅日札(一一四条)》，选自卢礼阳、杨志华主编：《潘鉴宗与温州旅杭同乡会》91—92 页，中华书局 2017 年 2 月。其中记录希真(即琦君)与黄君婚事过程，开始希真“谓誓死嫁黄君”，后“谓希真坚持解约”。

转眼都成过去。人世间，什么是爱，什么是恨呢？母亲已去世多年，垂垂老去的姨娘，亦终归走向同一个渺茫不可知的方向，她现在的光阴，比谁都寂寞啊”。[①]另一方面，她还是难以忘怀那份真实的表达。在2001年，她创作了中篇小说《橘子红了》，这部作品以真实的侄女身份为叙述者，再现发生在旧家中的弃妇泣血的人生经历，且作为旧家弱者的女人们之间残忍扭曲的争夺宠爱的故事。故事中的作为“伯父”身份、故家的原“父亲”形象，因为与叙述者拥有了稍宽松的情感距离，使叙述更为客观和理性，而“父亲”形象也在此故事中被还原成高踞家庭的权威，作为权力象征符号而漠视忽略被他的权威“无意”伤害的家庭女性群体，在打破旧家传统观念下显示了强烈的批判意识和反思立场。

琦君在新旧之间判定和选择矛盾的心态下看待父亲（即伯父）形象。纵观她描述的故家生活，既感受到她怀念大陆生活，极力描述其美好，美化其过去的家园生活；又纠结于曾经有过的故家的痛苦又矛盾的经历和记忆。如此故家故事共经历了三个阶段，贯穿在她的创作历程中。一是呈现复杂而矛盾的故家故事，这时候的父亲的情感难以清晰地确定，毕竟父亲是家里的绝对权威，又是许多痛苦和矛盾的制造者；这一阶段的琦君关于故家或者泛故家的写作是模糊而矛盾的。二阶段，简化和美化故家故事，纯美的情感，叙述者更多地化身为作品中的更小的“小女孩”，这一阶段琦君的作品因为纯粹而清晰广泛地被台湾读者接受，认同度非常高。三阶段，是在作家琦君获得了足够的辨析能力，稍大的小春作为叙述者，尤其是在《橘子红了》中，以现代人性的价值尺度，客观而理性地审视符号化的“父亲”，将他还原为能够保持情感距离进行理性叙述的“伯父”形象。故家中的“父亲”形象，在作家琦君的情和理的变化中不断衍变，贯穿在她文学创作的始终。

再次，琦君作品中的父亲形象原型身份复杂也导致了作品中的父亲形象话语的暧昧和多层次。琦君作品中的父亲原型为潘鉴宗（1882—1938），“自民国三年初担任师参谋长起，至民国十三年十月第一师师长任上挂冠而去，十年之间，参与浙江军政要务……对浙江政坛的走向产生过影响，也做过有益的贡献，是一位不可忽视的历史人物”。[②] 因为，琦君作品中的父亲原型的特殊身份和传奇经历，使得这一人物形象始终笼罩在宏大历史叙事的光环中，在此耀眼的光芒之下，也

① 琦君：《髻》，《红纱灯》38页，（台北）三民书局股份有限公司2010年。

② 卢礼阳、杨志华主编：《潘鉴宗与温州旅杭同乡会》1页，中华书局2017年2月。

加大了叙事者的审视距离，降低了对此人物的理性评判可能性。同时，潘鉴宗本人就是个颇复杂的历史人物，他在20世纪20年代对浙江军政的作用颇大，但是其行为的历史判断是否合理尚存争论①。在进入作品世界作为人物形象呈现时还是难以摆脱原型的影响。面对“父”的原型——潘鉴宗这一曾经显赫辉煌有过重要历史作用、在军政要位上曾经叱咤风云的人物，琦君以家园为重心的题材和描述故家生活的审视视角，情真意切地刻画了母亲形象，却只能模糊地、概念化和偏狭地刻画父亲形象。限定于家园相对封闭空间的叙述描写，限定了叙事者的视野和认知，只将其形象塑造限定在“庭闱内室”中无法公正地、理性地、全面地和客观地构筑出父亲形象，留下了文本之外的更大的空间。

琦君崇拜父亲、颂赞父亲、敬爱父亲，塑造了高大完美的父亲形象。在琦君的故家回忆中，父亲对自己的疼爱和期待成为强大的精神力量，让作家在颠沛流离和巨大的历史动荡中依然对生活充满信心。她的这份故家思念，在她迁居台湾后变得更加强烈。当她为故家美好伊甸园生活不再而痛心感喟，想念父母的思乡苦痛极大程度地引起了经历重大历史变故的读者认同。读者在接受琦君关于故家故事时，也接受了故家的既存事实，也认同了传统家庭模式，也在观念上认同传统家庭中男性的父权权威。在中国传统家庭结构中，父亲代表着家庭的社会地位。琦君的故家作为典型的中国传统家庭，其父亲的功能更多地体现在家庭存在于社会的位置。而在家庭内部，父亲的角色反而是疏离和次要的。由此，琦君以儿时回忆建构出来的父亲形象，作为一位女童的视点，更多了一份畏惧和疏远，这使得作品中的父亲形象高于叙述者的位置，也影响了对父亲形象的更为深入的理解和挖掘。在那种具体的历史语境中，琦君作品更突显了念念不忘的理想的父亲形象，父亲形象在强烈的情感认同中被抽象和简化。在琦君故家的强烈思亲情感，以及失去故园的感喟的情感模式下，父亲形象的复杂内涵和塑造父亲形象的复杂心态被抑制和遮蔽。

然而，作为深受感时忧怀、知人论世等传统创作理念影响的作家，琦君很难完全克制塑造父亲形象的复杂心绪。在另外的一些作品中，如《金盒子》《小玩意》和《髻》等作品中，却感受到本来伊甸园般的故家生活中一些家庭内部矛

---

① 参见卢礼阳、杨志华主编:《潘鉴宗与温州旅杭同乡会》31页，其中提到潘国纲（鉴宗）自衢州退却，向奉化索军饷三万五千元，被客居温州的符璋批评“不顾桑梓”；另参见33页，张棡读过《浙师长潘国纲自白通电》深表反感，中华书局2017年2月。

盾，一些家庭成员间的不和谐声音。如《金盒子》中被父亲带到北京的哥哥的早逝，临终前未能满足和母亲妹妹相聚的心愿；爸爸带进家门的娘姨让妈妈泪眼婆娑；父母之间的沉默隔阂；妈妈和娘姨之间的争宠让家庭氛围紧张等，显露在“爱与美”的家园记忆中的不平静和不安，置身在家庭空间中的父亲形象的困窘和受厄。虽然并未深究产生这些家庭矛盾的原因，但是在家庭外部空间的完美父亲形象，此时因为给家庭带来的矛盾和对母亲造成的伤害而改变并复杂。尤其在造成伤害后，原来明确的、清晰的巍峨的严峻的父亲形象变得柔弱，甚至开始弥补其行为过失，“随着我的长大，爸爸一天天愈加疼爱起我来，他好像是在补偿他从前对我们的忽略和冷漠”①，父亲在临终前的表现，“父亲的眼睛只是望着我，又看看壁上的照片，我懂得他的意思是要我请母亲赶紧来”②，琦君并没有直接地表达对父亲的行为进行批评和反对，而是通过后来家庭的变故及苦痛和父亲含而不露的悔意，来补叙传奇色彩和英武威风的父亲的另外一面，这样在模糊了鲜明的父亲形象的同时，也使得父亲形象变得丰富而复杂，也更具人性色彩。

琦君塑造的“父亲”形象，因为形象原型的传奇而被遮蔽强化，成为传奇而完美，但是又因为“父女”的情感关系而表现出正常情感的失落，在失落时表现出“完美”形象的另外层面“不完美”；更因为琦君的叙述立场，导致了真实的“父亲”形象与“父亲”角色间的情感缺位。其中包括叙述者“我”的童年父爱的缺失，“我”在故家的成长过程中，父爱是渐次增长的过程，尤其是在哥哥死后的父亲表现的变化。还因为“父亲”对“母亲”的关爱缺失，导致家庭中“丈夫”的情感缺位，以及传统家庭多妻制导致的更大情感伤害。由此，在情感上，与母亲在作品世界中的分量比较，父亲在琦君作品世界中就显得较为矛盾和犹疑与隔阂。台湾学者曾指出，“以父母而言，同样对她恩重如山的父亲，为什么写作比例却比母亲少很多呢”?③ 不仅是琦君作品中的“父亲”形象，甚至琦君在她的作品世界中创设出伊甸园般的故乡记忆，但又在不同篇章中无不流露出她所创设的理想家园的“不可靠”，留下叙述上的破绽和漏洞，“还有，在资料上，作家人生中曾经发生过应该算是重要的事情，作品中为何仅仅轻描淡写？或者曾经书写，后来就‘缺席’的人事物等等”④。琦君于故家遗事中的若隐若现、欲言又止

---

① 琦君:《小玩意》,《琴心》84 页,(台北)尔雅出版社有限公司 2006 年。

② 琦君:《杨梅》,《烟愁》38 页,(台北)尔雅出版社有限公司 2010 年。

③ 郑明娳:《阅读琦君的方法》,《与我同车》(琦君),(台北)九歌出版社有限公司 2006 年版。

④ 郑明娳:《阅读琦君的方法》,《与我同车》(琦君),(台北)九歌出版社有限公司 2006 年版。

的叙述中内含着真实故家往事的隐衷和密码。

琦君作品世界中的伊甸园般的家园故事中最重要的人物——“父亲”形象，作为家园的实际创建者，决定着家庭的经济状况和社会地位，给家庭带来富裕和尊严；同时，“父”在故家中拥有绝对权力加上旧有的思想观念，因为惯于维护“父”权威无视甚至伤害包括母亲在内的家庭成员的感情。面对如此复杂多向度的“父”的形象，琦君的作品不断地触及又难以言明。她对父亲情感态度的矛盾、困惑和挣扎造成了她创作中的前后情感态度不一致。如何在情感和理性上统一“父”的形象成为琦君面对故家的深层困扰。从传统走向现代的社会现实迫使她不断以现代人的观念，更加理性的态度逼近故家的真实，展示不被传统观念的统一和完整所容纳的更为复杂丰富的世界。琦君前后不一致的“父亲”形象的情感态度体现了琦君童年时代记忆中的故家印象，随着认知改变逐渐明晰和真实的过程，也表现了琦君的思想观念逐渐变化的过程。而角色分裂的、改变的“父亲”角色却是打开琦君作品中的最重要的故家记忆的钥匙。不可靠的“爱与美”的家园记忆，因为“父亲”形象难以纯粹和完整，而琦君童年时代的不安心理也因此被她的创作不断得以延续而隐秘存在于作品表达中。“父”的形象的塑造过程和前后矛盾的身份及其琦君闪烁其词的表达，既是为死者讳，也是作家琦君童年丢失的爱的不安全感的体现。此番的爱的缺失和惶惑，作家琦君通过毕生的创作过程不懈追寻并犯法言说。琦君的作品世界不仅乡愁满满，而且其乡愁愁结难解，如此复杂又深层的心结隐藏于作品的风格和表达。琦君在她的作品世界中以各种角度和场景再现其故家的记忆，她那具有鲜活的、生动的、历历在目的故家生活，正是她以文学的方式表达着的内心创伤、苦痛和由此产生的强烈的渴望。琦君文本中的丰富和复杂，文本内外各自叙说和验证愈加丰富了内心的痛苦。“父”的形象内藏着的隐痛的爱，成为琦君创作的重要原动力，不断探寻在宏大的历史语境和文学生态中的历史意义和超越时空的人性维度。

琦君与张爱玲的台湾表现对比谈

（任茹文　浙江越秀外国语学院）

寻找张爱玲与琦君两位作家的散文中关于台湾表现的文字材料，是富有意味的命题；比照两位作家作品中关于台湾表现的异同点，会发现饶有趣味的现象。琦君自1949年离开大陆赴台至2006年去世，以散文创作在台湾文坛形成广泛影响，一生出版问世的作品集达三十多部，单篇散文更是不计其数。在这硕果累累的作品中，正面表现她在此生活半个多世纪的台湾这一地域空间的作品却非常少，台湾大多仅仅作为其乡愁作品的起点与背景而出现。在琦君笔下仅作为起点、背景乃至衬托地而出现的台湾影像，其身份与特性如何在作品中被界定与塑造，作为乡愁文学的一种特殊文本现象很值得深入分析。

张爱玲终其一生只于1961年踏足台湾一次，1963年回到美国后以此趟行程为素材在美国的一本综合刊物“*The Reporter*”杂志上发表英文游记“*A Return to the Frontier*”。1982年左右，在美的张爱玲以中文重新将此篇英文散文译写为《重访边城》以飨中文读者，这是她自1971年在旧金山接受台湾记者水晶访问、后又与皇冠、联副等刊媒建立固定稿约之后，唯一一篇发表的正面书写台湾印象的散文。《重访边城》的中文版发表于1982年的《皇冠》杂志，它与1963年在美国发表的英文版同出一源，中英文版构成张爱玲的完整台湾印象记录，此文的重要性由此可见。

鉴于《重访边城》所表现的游记印象是20世纪60年代的台湾，因此本文选择琦君的两本散文集《烟愁》和《桂花雨》与之对照阅读，以构成两者在大略同一时间段的对看关系。恰巧在琦君的众多散文集中，《烟愁》与《桂花雨》也是所包含的谈及台湾篇目最多的两本。自1954年自费由台北国风出版社出版散文小说合集《琴心》后，1963年左右发表的《烟愁》标志着琦君的创作走向成熟，1963年，《烟愁》获台湾文艺协会文艺奖章散文奖，1963年8月由台湾光启出版社印行以《烟愁》为名的散文集。《桂花雨》则为琦君70年代的代表集，内含怀旧散文、生活杂文和读书随感作品结集等，1977年由台湾尔雅出版社出版。

一、如何呈现：在美游子写台湾与在台游子忆故乡

张爱玲20世纪60年代写“*A Return to the Frontier*”前后的生活环境与创作心境是了解她台湾印象书写的逻辑前提。1955年11月由麦卡锡作保搭乘克里夫兰总统号邮轮赴美，张爱玲开始其在美写作生涯。1956年3月获得麦克道威尔文艺营的写作补助，她开始写作英文小说“*Pink Tears*”，当时她怀揣的是英文写作成功梦的起点设计。但令人沮丧的是，以张爱玲在上海时期最为得意的短篇《金锁记》改写的英文小说“*Pink Tears*”却四处碰壁。出版受阻、英文创作事业的失意让张于1961年决定做一次远东之行，目的地即为港台。这时距离她1952年离开大陆已近十年。去香港的具体目的是为电懋公司编剧，将其钟爱的《红楼梦》改编为一部上下集的电影。去台湾则与她在美国的英文写作梦有关，也与她将中国故事讲述给英文读者的计划有关。作品出版虽屡次遭拒，张爱玲却并未完全灰心，她将英文写作成功计划寄希望于英文小说“*The Young Marshal*”（现留下残稿《少帅》）。她原打算在台湾住上一段时间，一方面采访张学良，另一方面看看台湾的风土人情，为自己的小说收集材料。但令张爱玲没有想到的是此次充满希望的东方之行最后变成一场“伤心之旅”，张学良拒访、《红楼梦》的剧本也未了。虽然唯一的这一次港台之行并未取得预期结果，但她在台湾受到台大白先勇等一批年轻学生的热情欢迎和招待。回到美国的张爱玲将其数日台湾见闻写成英文游记“*A Return to the Frontier*”发表在“*The Reporter*”杂志上，并于20年后重写为中文长文《重访边城》。

《重访边城》的内容主要两个部分，第一部分记录台湾行，第二部分记录香港行。在记录台湾行的部分里主要讲述了五个有故事情节，其中掺和对于地理、天气、风土和人情的印象与感受。在关于台湾风土人情的印象与感受文字中，我们可以清晰地看到已离开大陆近十年的张爱玲，将旅行目的地台湾看作是大陆印象的翻版、叠影或延伸，看到台湾即联想到大陆这样的文字反复出现，如：

我以前没到过台湾，但是珍珠港事变后从香港回到上海，乘的日本船因为躲避轰炸，航线弯弯扭扭地路过南台湾，不靠岸，远远的只看见个山。是一个初夏轻阴的下午，浅翠绿的欹斜秀削的山峰映在雪白的天上，近山脚没入白雾中。像古画的青绿山水，不过纸张没有泛黄。……我站在那里一动都不动，没敢走开一步，怕错过了，知道这辈子不会再看见更美的风景了。当然也许有更美的，不过在中国人看来总不如——没这么像国画。

《重访边城》的台湾旅行书写部分，则将珍珠港事件后在海上看到的中国式审美印象得到了落实和印证，对于去国十年仅留在印象中的街道、树木、故人都在台湾见闻中唤起了回忆和愉悦感：

红砖人行道我只在华府看到，也同样敝旧，常有缺砖。不过华盛顿的街道太宽，往往路边的两层楼店面房子太萎琐，压不住，四顾茫茫一片荒凉，像广场又没有广场的情调，不像台北的红砖道有温暖感。（写台北）

台湾仿佛一直是红砖，大概因为当地的土质。大陆从前都是青砖，其实是深灰色，可能带青灰。因为中国人喜爱青色——“青出于蓝而胜于蓝”——故称为青砖。红砖似是外来的，英国德国最普遍的，条顿民族建筑的特色。在台湾，红砖配上中国传统的飞檐与绿瓷壁饰，于不调和中别有一种柔艳憨厚的韵味。（写花莲）

张爱玲对于台湾街道与建筑的温暖感和中国味的评价，在琦君笔下的同样这一片土地则是截然不同的生活感受和情感投射：

来台湾的最初几年举目无亲，烟更成了我唯一的良伴。现在想想，住在低洼潮湿的宿舍里整两年而没有得风湿病，香烟应该有很大的功劳吧。

在琦君的主观精神世界中，与烟相关联的是对于父亲、母亲、二叔、四叔等故乡亲人的亲情与思念；而生活的栖居地台湾则是低洼潮湿孤单冷寂。与台湾相关联的是大海阻隔、历史离乱：

一缕乡愁，就像烟雾似的萦绕着我，我逐渐体会到烟并不能解愁，却是像酒似的，借它消愁而愁更愁了。

在另一篇散文《如此星辰非昨夜》中，在台湾居住却因故友亲人相离散而生的孤寂感再一次被诉说，台湾成为与大陆相隔离的“日暮途远”之伤心地。

一九四九年刚来台湾时，除了妹妹，没有其他亲人，知己的朋友都留在大陆。台湾当时在我的心情上，好像是遥远的海天之涯，陌生孤寂。初到时没有职业，每晚都茫茫然从住处沿着马路，蹒蹒地散步。路很宽，却是高低不平的黄土与小石子，走着走着，就迷失了方向，真个是“行迈靡靡，中心摇摇”，一种“日暮途远，人间无路”的锥心之痛，使人凄然。

综合来看，在琦君文字世界并未正面表现的、偶尔惊鸿一瞥飘然略过的台湾，成为从大陆迁移至此的一代离乱人所居住的“海之天涯”飘零感的投射。在《酒杯》中：金门的一位友人给我带来两瓶高粱酒，送到时正是大除夕祭祖，我赶紧打开瓶子，满满地斟上三杯，心中默祷着先人能来领受这一份远方的友情。在《晒晒暖》中：台湾的天气，农历十一月中旬还得穿单衫，没有一丝冬意。飘雪花与雪后晒晒暖的情味，就只能在梦中追寻。故乡呢，也似乎离得更远了。在《瓯柑》中：说着柑子，不知怎的又想起这些古老的事儿。只因在台湾这些年，离故乡那么遥远，不但多年吃不到柑子，也多年见不到亲人。那些琐琐碎碎的旧事，就不免时时萦绕心头了。

从《重访边城》《烟愁》和《桂花雨》中这些散文篇目来看，在审美、情感、文化、故国等诸多心理体验的交叉点上，20 世纪 60 年代至 80 年代，离开大陆已近十年到访台湾的张爱玲将台湾行看成寻故国旧梦，而久居台湾的琦君则始终执着而深情地将温州故乡在她的文字世界中予以重建。

二、两位作家的故国呼唤：情感与理智重叠又重生

从 1949 年至 2006 年的五十多年间，笔耕不辍、创作力不竭的琦君久住台湾却较少表现台湾，从林海音、杨牧的回忆文章所反映出的人际交往来看，从多年置身司法界、教育界和文学界的人生经历来看，琦君对于 20 世纪 60 年代至 70 年代台湾社会的参与与介入是不浅的。她应该有不少的故事、很深的感受可以作为创作的素材，但她都选择了将这些本可以作为创作素材的丰富经历埋藏在心里，而把创作的素材一直定位和聚焦于已经远离了的故乡。在经历、经验创作、文本的转化过程中，对于作家琦君而言，没有说出来的、没有写出来的台湾部分或许是值得我们仔细体味和深思的。

事实上，琦君并非一个没有现实感的作家，这从她 20 世纪 70 年代至 80 年代两段寓居美国期间所创作的作品可以得到反映。琦君 1977 年随丈夫工作迁调客居美国纽约至 1980 年，1983 年再度因丈夫工作调迁客居美国新泽西至 2004 年 6 月返台。在散文集《桂花雨》中的“浮生半日闲”中有多篇散文直接表现在美国的生活和她所观察与感受到的美国现实，如《我心目中的美国黑人》《阳光下的老人》等，琦君以轻松幽默的笔调，描写自己在美国的生活情况，谈论自己的生活感触。《学画的故事》《窗前的小鸟》《快乐周末》等篇反映在美国的世俗生活和精神生活。她旅美散文中写得较多的，是关于老年人的晚年生活和年轻人的家庭婚姻问题，同时也涉笔一些社会现象，触及当今美国社会普遍存在的一些问题症结，从中表现出现代人的内心情结与彷徨。这些素材、题材与主题的选择也与琦君步入老年所面临的现实问题和关注敏感点相吻合。

那么，在台湾久居且对台湾有很深了解与感受的琦君为何在20世纪50年代至70年代创作旺盛期对台湾所涉甚少，而把创作的所有重心都放在叙述故乡中呢？张爱玲在《重访边城》的开头貌似虚构的一个故事桥段对这一现象或可帮助解释。《重访边城》的开头，张爱玲写她到达桃园机场后，有个精神出了问题的人把她当作从美国来的尼克松太太加以迎接，错愕疑惑之后，并从朋友那里得知此人常在机场将美国航班上下来的中年女性当作到访的尼克松太太加以迎接时，张爱玲用一种同情的理解的态度概括而清晰地表达了她对于当时台湾的判断：

> 我笑了起来，随即被一阵抑郁的浪潮淹没了，是这孤岛对外界的友情的渴望。（《重访边城》）

台湾既是宝岛，也是孤岛；孤独既是当时台湾的身份特性，也是岛上大量自大陆流亡至此的中国人的心理特性。从以上这句话可看出，张爱玲对台湾的身份尴尬和现实困境有“同情的理解”。然而，身为其中人的琦君对于这种身份尴尬与现实困境并不愿意正面面对并表现，她选择的是隐藏和回避，用爱与美来代替、掩盖和超越不符合理想的复杂现实。

影响琦君理念与理想的因素中的重要两环是她的高中和大学求学经历。她于1930年入读杭州弘道教会女中，于1939年到上海入读当时选址于上海公共租界中区慈淑大楼的由沪江、之江、东吴、圣约翰四所基督教教会大学组成的战时大学，受美籍老师Dr. Day与Mrs. White的影响，“从此认为无论中西文学名著，皆应从至情至性出发，并从实际的体认着笔”。① 台湾著名散文评论家郑明娳认为，“在琦君的散文中，写得最出色的是怀旧文”。在文学史的评价中评论家都普遍认

---

① 生平史略出自《琦君年表》，见周吉敏主编《一生爱好是天然：琦君百年纪念文集》，中国文联出版社2018年版。

为，琦君的创作题材并不辽阔，基本恪守在自我经历和经验的方寸田园中精心耕耘。童年生活、故乡风情、亲人师友是她写得最多的题材。突出“爱”与“美”是琦君散文显著特色，东方传统仁爱思想影响和西方基督教的熏染，使她的散文具有一种特殊的温润气质。

1949 年的大迁徙、大分离，使得渡海来台的大陆作家都遭罹了一番“失乐园”的痛楚，赴台居住后台湾在政治经济现实层面的种种实际困境、策略乃至事件，琦君应该是有独立判断和清醒认识的。除开台湾一定时期文艺政策的禁令不论，更重要的原因是，“怨而不诽，哀而不伤”的文学观促使她回避对于台湾现实的直面，她用避而不谈的隐晦方式曲折地暗含着对于 20 世纪 60—70 年代前后台湾现实的忧虑或失望。这一创作思想在她谈及后来引起广泛影响的小说《橘子红了》时得到印证。“写《橘子红了》，我记住美的好的，忘掉坏的。温州话说，冤家宜解不宜结。”① 琦君从文学的现实功能和写作伦理学出发，立意在构建更完整和健康的主体人格，通过文学作品作用于社会培养温润人格。她反对作品表现人类的仇恨与残杀，赞成多写发扬人性善良面、人生光明面的文章，希望化社会的戾气为祥和。她以一代人的生命苦痛播撒爱的情感与智慧的种子。“她用散文的方式，告诉我们中国人的灵魂曾经有过一个什么样的摇篮。”②

琦君不面对台湾书写的原因在于她只想述说迁台离乱一代的摇篮，而不想把痛苦和艰难的生活素材写进作品里，也不愿还原审美化意象的历史背景。琦君的故乡叙事基本是抽离时代背景的，在她的温州叙述中，我们几乎很难感受和还原她的温州故乡身上的时代印痕与历史坐标。这种对故乡的叙事方法与对台湾避而不谈的方法是内在统一的，也从文学风格上决定着琦君散文温柔敦厚、含蓄蕴藉的闺阁式写作的特性。

重新来看《重返边城》中张爱玲关于 20 世纪 60 年代台湾身份的客观理性的叙述，更能明了琦君将故乡作审美化处理和对当下台湾避而不写的现实合理性。20 世纪 60 年代至 70 年代的台湾，一直处于美国——台湾——大陆的三者关系的摆荡中，尴尬的身份和现实的困境也决定了现实台湾和进入台湾后的流亡一代无法进入琦君的文学审美范畴。换句话说，琦君的美学风格注定了她无法将现实台

---

① 章方松：《琦君故乡温州行纪实》，见周吉敏主编《一生爱好是天然：琦君百年纪念文集》，中国文联出版社 2018 年版。

② 王鼎钧：《花语》，见周吉敏主编：《人生爱好是天然：琦君百年纪念集》，中国文联出版社 2018 年版。

湾纳入她的写作范畴。从历史维度看，1960 年美国的总统大选出现了台湾当局所不乐见的结果，由肯尼迪所代表的民主党入主白宫，台北高层从这一刻起密切关注美国新政府是否改变对华政策。① 张爱玲的台湾之行正是发生在肯尼迪入主白宫之后，她真切地反映了彼时台湾的尴尬与摆荡，中华文化与原住民文化之间的融合与冲突等真实状况。在《重访边城》后部，张爱玲写完台湾之行，接着写香港行，在两段行旅之间，她对台湾和香港与祖国大陆的不同关联做了一语中的的分析：

同是边城，香港不像台湾有一水之隔，不但接壤，而且返乡探亲扫墓的来来去去络绎不绝，对大陆自然看得比较清楚。

20 世纪六七十年代台湾在空间地理、情感归依与现实政治等多方面的孤岛身份，使琦君仅仅将台湾作为其故园情怀失意的映衬，她无心也无意正面表现眷村一代离乱者的实际生活。空间、情感和政治上的“一水之隔”也使她的故园叙事获得广阔的实践空间。事实上，琦君对于如白先勇的《台北人》那样深切的流亡者苦痛并非没有体验，在一些篇目中偶有端倪，比如《鲜牛奶的故事》中写跟着她一起从上海来到台湾的晚年二姨娘为琦君订牛奶的情谊，当年恩怨都已转化为离乱人相互依靠的人间温情：

来台湾以后，她带出来的积蓄眼看已日益减少。她才真正尝到了大家庭没落的悲哀。当年的荣华富贵已化为乌有。

而在《重访边城》的开头，麦先生带张爱玲经过台北的街道，经过一个小广场，张爱玲写道：

想必是露天书场，藤椅还没搬出来。比起上海的书场来，较近柳敬亭原来的树下或是茶馆里说书。没有粽子与苏州茶食，茶总有得喝？要经过这样的大动乱，才摆脱了这些黏附物——零食……

对谈这两篇散文中的这两段文字，琦君散文中细腻入微的个体情感与切身历史，与张爱玲作为一个过路观光客总体性的历史判断与理性推测，重叠了。琦君这样的篇目如能数目更多一些，不仅能证明她在艺术上的深度，也更以文字记录的方式印刻着她在 20 世纪 60 年代的台湾为一代离乱人刻影像的历史价值。但是，必须承认，琦君不愿正面表现台湾而将她的情感转向对面故乡进行审美表现，正是她的艺术个性与特性之所在。张爱玲与琦君关于台湾表现的文字，情理互证，

① 林孝庭：《困守与反攻——冷战中的台湾选择》，九州出版社 2017 年版，第 109 页。

彼此关联，既相互重叠又借文字各自重生。

“‘涧户寂无人，纷纷开且落’，文学记录下真实真诚的此在，积淀的文化心理结构既是人类的，又是文化的，更是个体的，积淀的三层，最终也最重要的是个体这一层。”① 以港台与旅美华文作家的共同谱系为背景，就可以找到张爱玲与琦君在文学史的一种共同身份属性，但有因人生阅历、空间位置与文学观念的不同，对比阅读这些同一时段同一空间中所产生的不同文字，更加说明因作家文学理想和情理结构的差异而使其在文学史的收获如此丰富和生动。

① 李泽厚:《历史本体论》,生活·读书·新知三联书店 2002 年版,第 124 页。

琦君笔下的温州形象及文化记忆

（邹淑琴① 新疆大学人文学院）

摘　要：作为饱含作家个人情感的空间、历史、文化记忆，琦君的作品对故乡温州的回忆性书写带有浓厚的地域风格。其对温州形象的审美建构，体现了传统文化与宗教色彩的和谐统一，寄寓着作家对充满爱与美的田园理想的追求。

关键词：琦君　温州形象　文化记忆

Wenzhou's Image and Cultural Memory in Qi Jun's Works

Zoushuqin

Abstract: As a space, history and cultural memory full of writers' personal feelings, Qi Jun's works have a strong regional style for the reminiscent writing of her hometown of Wenzhou. It's aesthetic construction of Wenzhou's image reflects the harmonious unity of traditional culture and religious color, and it embodies the writer's pursuit of the

① 邹淑琴(1973—)，汉族，博士，新疆大学人文学院副教授。研究方向为中国现当代文学。

pastoral ideal of love and beauty.

Key words: Qi Jun; Wenzhou image; cultural memory

琦君一生经历了军阀混战，抗日战争和国共内战，并在1949年迁台。她的前半生，在风云际会的大时代中度过，而她的后半生，从33岁迁台，除去旅美的二十多年，其余光阴都在台湾度过。这样的人生势必造就了其独特的怀旧文风。与第一代大陆迁台女作家类似，她把满怀的故土幽思诉诸笔端，在自己的文本中走向了记忆中的故乡。这些记忆无疑是带有浓厚的地域色彩和个人情感的空间、历史、文化记忆。琦君作品对故乡温州的美好回忆，在一定程度上还原了特殊时代的温州形象，构建出独特的传统文化审美意蕴。

一、跨时空的地域书写与文化记忆

在远离故土的异乡，琦君作品以“自我”与“他者”双重视角的时空转换书写，展现了作家在远离故乡多年后对故乡形象的记忆和怀念，既是一种回忆性的、带有一定的主观想象性意味的书写，又是对地域历史文化记忆的真实重现。

琦君原名潘希珍，出生于溪流翠竹、三面环山的浙江永嘉（今属温州市瓯海区），这里四季如春、风光旖旎，是历来被文人墨客们吟咏称颂的山水名胜之地，琦君在瞿溪度过了快乐的童年时光。故乡优美的山水自然景观始终萦绕在她的脑海中，历历在目。

琦君笔下的故乡是一幅风情万种而又充满诗情画意的江南水乡图。读其作品，仿佛来到温州乡间的绿野平畴，陶醉于那一湾蔚蓝的溪流、一望无垠的稻浪里，烟雨中的笛声，纷落肩头的桂花，碧叶丛中的粉荷，白雪中明艳的红梅，还有那弯弯曲曲的小径、古朴深邃的小巷等等纷至沓来。《清明劫》中描绘了家乡瞿溪乡间的田园风光：“……水田里的秧苗，细细软软地像绿色的毛绒，随着风儿微微抖动，太阳晒着潮湿的田岸，发出一阵阵泥土和野草的青草气息。”在收获的季节里，“晒谷场……望去一片开阔，太阳晒在一束束麦秆上，闪着象牙般丰盈的光泽”。在作家的笔下，家乡之美如绵绵细雨，烟雨迷蒙、温婉清雅，萦绕在古典诗词的意境中。如散文《何时归看浙江潮》中，“晨曦自红霞中透出，把薄雾染成了粉红色的轻纱，笼罩着江面。粼粼江水，柔和得像纱帐里孩子梦中带笑脸……”还有“故乡矮墙外碧绿的稻田，与庭院中淡雅的木犀花香”。[①] 在

① 琦君．写作回顾[A]．琦君自选集[M]．台北：黎明文化公司，1975：15.

《桂花雨》中淡如烟雨的桂花纷纭摇曳，恰如故乡的梅雨天，绵绵不休。记忆中的故乡恰如这飘香的桂花，沁人心脾，不禁令人心醉神往。田野、花香、橘园、细雨、溪流、石阶、青苔等等景致共同营造了这江南水乡独特的温润之美。

故乡山清水秀的自然景致孕育出醇厚悠久的人文风韵，成为积淀在作家内心深处的文化记忆。琦君对故乡那充满传统伦常观念的乡土民俗、人情风习书写可说是其作品中最精彩的内容之一。

琦君作品描绘了一幅幅瑰丽的瓯海民俗画卷，生动再现了20世纪初商贸名镇瞿溪丰富多彩的民间生活。在《春酒》《喜宴》《桂花雨》《春节忆儿时》《压岁钱》《看戏》《灯景旧情怀》等散文中都详细描写了当地各种年节礼仪庆典、习俗，如春节前喝春酒、喝会酒，腊月二十七八“解冬”（送冬祭祖）、大年夜“点喜灯”、正月初七八的迎灯庙会等，还有元宵节农民们舞龙的场面（《灯景旧情怀》），端午节水上划台阁（《小仙童》），中秋节吃“月光饼”：“每到中秋，家家户户及商店，都用红丝带穿了一个比脸盆还大的月光饼，挂在屋檐下。廊前摆上糖果，点起香烛，和天空的一轮明月，相映成趣。”（《月光饼》）等等。

琦君的许多作品十分真实、细腻、全面地再现了瞿溪乡间日常民俗，如《春节忆儿时》中详细写了人们迎春前后的忙碌，从宰猪、掸尘、捣糖糕、分岁酒到拜年、迎神提灯，一整套年节习俗程序紧凑而又有条不紊，充满了仪式感。琦君作品还写到一些民间日常生活习俗，如《桂花雨》中，当家乡桂花盛开的时候，人们铺篾簟、摇花、拣叶、铺晒，以备日后泡茶、做糕饼。各种饮食也极具地方特色，如《桂花雨》《玉兰酥》《想念荷花》中写到以花入食，还有制作玫瑰露、红豆糕，端午的“灰汤粽”等等花样繁多，传统饮食文化内容丰富。当地的民间歌谣“水神经”“孩儿经”“月光经”等也带有浓郁的地方风情。

除此之外，琦君还写了故乡的婚俗，如《喜宴》《故乡的婚俗》等散文中写到瞿溪嫁女儿当晚的“请辞嫁”习俗，母亲要在女儿出嫁的宴席上亲手做道菜，并且一边抹眼泪一边为新娘说吉利话；新娘子上花轿一出大门就把大门关上，因为害怕新娘带走了娘家的风水；婚礼过程中的“坐筵”习俗等。另外还有一些日常禁忌、人生礼仪等，如故乡的女性每年只七月七洗一次头（《髻》）；还有的篇目中写到某些传统文化中的陈规陋习依然存在于人们的生活中，如《阿荣伯伯》一文中，阿荣伯伯回忆孝子“割股疗亲”的往事：父亲为了给爷爷治病，半夜燃香祷告，甚至“用刀子割下自己手膀上一块肉，熬了汤给爷爷喝”。当地的民间歌谣和习俗都体现出民国时期温州乡村浓厚的传统文化氛围。

民俗是一个地域的历史文化和传统观念的集中体现，是民族精神构成的重要内容，也为文学创作提供了素材。“琦君在她的文学作品里藉涵着丰富的瓯越文化、民俗、风情、物产诸方面地域文化的特色，并以此作为物化审美、生态伦理、情感寄托，表述了深沉的乡愁恋情的感情。”① 怀乡即怀人，思乡之情是对当年故乡生活的人情温暖的记忆。一方水土养一方人，故乡美好的亲情、友情、乡亲邻里之情，更是使作家流连难忘的文化记忆。父母兄弟、异姓姐妹，尊敬的老师，和蔼可亲的乡邻、长工和乞丐等，儿时乡村生活中的各色人等都是琦君怀旧文本中的构成内容。琦君笔下的故乡人亲切、真诚、善良、仁爱，乐观豁达，与故乡的山水相互依存。

母亲是一个传统的贤妻良母形象，《母亲那个时代》《母亲的手艺》《母亲的偏方》《髻》等一系列散文中，共同塑造了家乡的传统旧式女性形象。她们勤俭、宽忍、慈善、温婉贤淑，谨遵传统仪礼、相夫教子。母亲乐善好施，如《粽子里的乡愁》中，母亲精心为乞丐们准备着“富贵粽”；《新春的喜悦》里，母亲倡议家境好的人家设立善款，接济穷人。可以说，母亲是传统女性观的集中代表。琦君笔下的女性也多是恭顺忍让，像母亲形象一样，都往往是温婉柔顺的旧式妇女形象，与强调反叛、独立的现代女性形象截然不同。琦君还写了不少儿时的伙伴儿，如《一对金手镯》中，和“我”同年同月生的阿月是乳娘的女儿，“我”小的时候被托付给三十里外邻村的乳娘抚养，于是两人成了不分彼此的姐妹，虽然后来各自命运不同，但美好友情的回忆一直令琦君念念不忘。如《小小颜色盒》里也写到了作者儿时要好的玩伴儿。此外，作品中还写了淳朴而又慈善好施的乡邻，如《看庙戏》写故乡新年时，阿荣伯的慈善好施和乡民的憨厚朴实，等等。琦君笔下的家乡充满了人情人性之美。

琦君笔下极富地域特色的故乡形象，融入了作家绵长悠远的情思。在长期的空间隔离下，由于乡情的浸染，记忆深处的故乡的一切已不是它原本的面目了，作者自己也很难完全以冷静、理智的心态去面对它。这种跨越时空的地域书写很显然带有想象性因素，尽管如此，这些文本仍是难得的民国时期温州地区的历史文化记忆。

二、传统文化与宗教情感的交错融汇

琦君从小就在传统文化中成长，在其创作中处处渗透着中国传统儒家文化和

① 章方松. 琦君的文学世界 · 自序[Z]. 台北:三民书局,2004:3.

道家精神。作品中无论人物形象还是人伦关系、家庭教育、礼仪习俗等各个方面，都体现出明显的对传统伦理规范等方面的关注。如传统贤妻良母的美好形象，邻里街坊之间的关爱互助，仁义和善、温柔敦厚的社会氛围等。在这些方面，传统儒家文化与佛教、基督教思想情感有很多相通之处。同时，由于琦君的成长过程也深受宗教情感的熏陶，在其作品中，这几种文化内容相互交错融汇，共同构建起了20世纪初故乡形象中独特的儒家、佛教以及基督教文化交错融汇于一体的形象特征，具有较强的传统文化色彩。

首先，琦君的作品表达了对传统伦理道德、礼教观念，以及儒家中庸等思想的认同与传承。

琦君是一位深受中国传统文化思想影响的作家，她对传统文化的热爱，对传统价值观、伦理道德观念的推崇，体现在她的小说、散文中。琦君的作品多是以旧式家庭中的妻妾、儿女、仆婢为书写对象，反映了新旧交替时期温州农村生活及女性命运。其笔下的女性多是恭顺忍让，委曲求全，散发着传统女性的美，并依循传统伦理的规范行事，与强调反叛、独立的现代女性主义观念截然相反。“母亲”是琦君着力刻画的形象，她的一系列作品都是以这个一生没有子嗣而孤独留守的“弃妇”似的女性创作的，“母亲”恪守传统礼仪，从一而终、任劳任怨。可以说，“母亲”是琦君塑造家乡传统女性群像的原型，她的《完整的爱》《菁姐》《失落的梦》《橘子红了》等小说中的家乡女性都体现了这一点。这些作品中对传统婚姻观念持认可的态度，作品中的女性往往践行“贤妻良母”的标准，她们操持家务，管教仆从，保持自身作为女主人的身份与尊严。在琦君描写弃妇、寡妇的小说里，“从一而终”“夫死不嫁”等等礼教观念，不再是来自于外界压力而接受的教化，而往往是女性的自发诉求，如《琴心》《百合羹》《紫罗兰的芬芳》等小说中的女性形象。同时，她们又以牺牲自我成全他人来实现她们心目中所谓的“爱是完整”的思想。这种忍辱负重似的成全注重的是精神和伦理层面的完善，其文化依据明显来自中国传统的道德准则。它与作家对传统文化深刻的认同感紧密相连。也正因此，其作品强调“爱的牺牲”。如《失落的梦》中，慧面对丈夫的出轨，却以“你们志趣相同，你们将因合作而更有希望”来成全他人牺牲自己。小说中的另一个女性朱丽，在得知自己所爱之人已有妻室时，也是甘愿退出甚至交出孩子来成全他人，显然这些女性形象都是深受传统观念的影响。琦君小说《阿玉》中的阿玉、《韦月的哀伤》中的玉姨、《橘子红了》中的秀芬都来源于同一个人。《橘子红了》中大妈为了留住丈夫，收买了家境贫寒的少女秀芬为丈夫做妾，十八岁的少女秀芬成了五十多岁的“老爷”传宗接代的工具。小说是对20世纪初乡村浓厚的传统男权文化氛围的文学记忆与书写，作家在作品中一方面肯定了女性的宽忍付出，另一方面也或多或少地思考了女性自身的传统痼疾。总之，琦君笔下的女性人物，一面带着传统女性的一切优点，一面又在这种传统的包围乃至裹挟中默默承受苦闷、孤独和伤痛。

琦君的作品还蕴含着深厚的儒家中庸思想。儒家中庸思想的核心是讲求和谐统一，主张克己复礼，要求人伦规范合乎礼仪，强调含蓄节制的情感特征。琦君的作品风格较为完整地营造了这样一种温柔敦厚、委婉和谐的整体情境，没有大起大落的激烈情感波动，对家乡故土的一草一木、一人一事娓娓道来，不疾不徐，如缓缓流淌的河水，回味隽永。如《金盒子》中，把对早年失去哥哥和幼弟的痛苦情感寄寓于凝聚了兄妹和姐弟情谊的金盒子上，娓娓道来。她笔下的乡村人物也往往是和蔼亲切、温柔随和的，邻里之间和睦友爱，长工阿荣伯伯、桥头阿公、阿标叔、阿月、阿菊、小阿喜，还有富于幽默感的童仙伯伯等等人物都是如此。在艺术创作中，儒家中庸主要表现为追求中和之美，主张情感的适中与节制。对中和之美的追求，使得琦君的散文、小说温润平和，哀而不伤。总之，琦君的文风或以其善良、淡泊的心性去节制情感；或以风趣幽默的笔调来化解过度的伤感；或者将浓郁的情感投射到某一象征物上，来避免情感的过度抒发，作品读来含蓄蕴藉，情感疏淡自然。在她的笔下，我们看到的是20世纪初温州乡间极富传统文化色彩，又祥和宁静的社会文化风貌。

其次，琦君作品还深受宗教思想，尤其是佛教文化的浸润。

琦君出生在温州市瓯海区泽雅庙后，成长地是瓯海区瞿溪。两地佛教文化氛围都很浓厚。琦君的父母亲都信仰佛教，孩童时期的琦君经常跟父母到这些佛门圣地，祭拜菩萨，祈祷保佑，化善积德。瞿溪美丽山水与寺庙佛教文化也潜移默化地影响了琦君的创作，她笔下的很多人物也都信仰佛教。在《父亲》中，“我”的父亲信佛，他做军人也是一位相当仁慈的军人，治军严明，绝不扰民，是一位儒将。他罢官在家闲居后，手里时常套着佛珠来念经。在《家庭教师》中，作家写到启蒙老师信佛，他经常念佛，终日茹素，每月六天斋期，过午不食。佛教劝善、宽忍、慈悲思想可以说是贯穿在琦君的创作之中的。

佛教认为，人生苦海无边。要想解脱就要做到现世的宽容、忍耐。琦君笔下多次书写的母亲形象，就是这一观念的集中代表。母亲毫不抱怨地忍受了丈夫半生的漠视，默默忍受着她自己辛苦养育的两个儿子相继夭折的悲痛，承受了一般人难以承受的人生磨难、世事无常。在《南海慈航》中，作家写到，母亲信仰观世音菩萨，每当她心烦意乱时，她就跪在经堂里敲木鱼、念心经、大悲咒、白衣咒……以此消除烦恼。她是以拜佛诵经、隐忍退让作为转移忧愁的方法，佛教信仰成了母亲逃避人生苦难的精神安慰。

佛教讲求慈悲为怀、宽恕和施予。慈悲是指同情芸芸众生之痛苦，帮助他们解除烦恼，使之快乐。在琦君作品中处处体现了这种慈悲的思想感情。《母心·佛心》写到母亲爱护生灵，见到牲畜有病痛时，就合掌念往生咒；当亲友有病痛时，她就念白衣咒、大悲咒，希望借此可以使他们脱离苦难；《春酒》中，母亲乐善好施，每到过年喝春酒时，她都自发带头并动员大家捐出家里的粮食、钱财或生活用品，来帮助穷人；《童仙伯伯》中会治病的童仙伯伯自己出钱为穷人买药治病，等等。宽恕和善待他人也是佛教慈悲观的体现。在《外祖父的白胡须》里，“我”的外公抓到小偷并不喊人，而是劝小偷改邪归正；在《秘密》中，一位邻居老太太把女儿偷的“我”家的鸡蛋当作礼物送回来，“我”要揭发，母亲却劝“我”做人要厚道，等等。慈悲之心还包括对世间万物的生命尊重和珍惜。在《诫杀篇》中，看着人们津津有味地吃活闷炝虾、活蒸螃蟹、活剥蛤蜊等，她无比痛心；在《惜生随感》中，作家举出煤油活活烧死小鸡，油炸活鱼、醉活虾等血淋淋的事实，再次痛劝世人要惜生戒杀，否则一定会受到惩罚。琦君甚至在散文中感叹花草树木都有生命，一样要爱护，体现了万物有灵、众生平等的佛教观念。对他人的同情和施予、宽恕，对万物生命的珍惜和关爱，这既是佛教慈悲观念，同时，又与传统儒家文化中的“仁恕”思想相联系，体现了琦君作品中儒释道思想的交融统一。

除了受到佛教思想的影响，琦君的作品也写了20世纪初期基督教的影响。温州是中国最早受基督教思想影响的地区之一，基督教徒人口众多。20世纪初期，基督教在温州乡村广泛传播。琦君曾在基督教教会女校读书，前后有十年之久，上大学是在之江大学，也是一所教会大学，那里的老师很多都信仰基督教。她的家中以佛教信仰为主，但也有人信仰基督教，花匠阿标就是其中之一。在散文《阿标叔》中写了阿标叔每周日都要放下手头工作去教堂做礼拜，十分虔诚。信仰佛教的阿荣伯常讽刺信仰基督教的阿标叔，说他信的是“猪肚教”，由于信仰不同，阿荣伯十分排斥阿标叔，处处为难他。但是当阿荣伯扭伤腰时，阿标叔不计前嫌赶来照顾，令阿荣伯很受感动。这里，作家表达了对基督教博爱精神的赞美。基督教强调爱他人，不但要爱自己的父母兄弟姐妹、友邻，还要爱一切人，甚至是敌人，强调把人们的互爱作为爱上帝的途径与方式。《青灯有味似儿时》里，家乡天主教堂的修女白姑娘常常教导"我"要满怀感恩，把爱回报给父母和社会。感恩之心表达的是对上帝的虔诚态度，是基督教博爱思想的基础之一。琦君的作品在一定程度上也是对早年温州地区基督教思想的传播和影响的文化记忆。

总之，琦君的小说、散文中渗透着中国传统思想和宗教文化的因素。这些文化内容相互交错融汇，无论是儒家的礼仪道德规范、中庸、仁恕思想，还是佛教的慈悲、宽忍，基督教的感恩、博爱，这些思想都有着相同或相似的价值观，即爱与善待他人和众生，含蓄隐忍，谦恭礼让，这些文化特征共同构筑了琦君笔下故乡温州独特的传统而又不失多样性的文化形象。

三、琦君作品对温州形象的审美建构

琦君作品对特定时期温州形象的建构，体现了中国传统文化的美学意蕴。作品将真、善、美、爱融于一体，彰显出独特的地域美学风格。

（一）爱、美统一的美学原则

琦君在《我对散文的看法》一文中说："风格就是文格，也就是作家人格的表现。"一个作家的风格"只有两个字，就是'亲'与'新'，'亲'就是真诚，文章一定要有一份平易近人的亲切感。如同你见到一位态度诚恳，言谈侃侃的人，自然愿与交往"。[①] 在琦君看来，真情实感是写出好作品的第一要义，而真、善、美的统一则体现了我国传统审美观的核心内容。

琦君在远离家乡几十年后，以沉静之思，凭质朴的文笔回顾往事，述说家乡和自己的童年生活，作品传达出爱与美相偕相融、极富传统美学价值的意蕴。楼肇明先生曾这样评价琦君的散文，"在琦君的心目中，人世间的教堂不是别的，童心和童年即是审美的教堂。她已将童年演化和提升为一种鉴别真善美和假丑恶的价值尺度了"。[②] 童心之真与善，是琦君文学创作的根基。作者将自己化身为六岁的小女孩，以童心观察和书写社会人生，使作品传达出真实的力量，才能触动人、感染人。善既包含着对弱者的怜悯、同情和关爱，又有对他者的劝喻，与佛教的慈悲观一致。在《灵感的培养》一文中，琦君谈到"我认为有志从事写作，第一有广大的同情心，时时体验人情，观察物态，然后以温柔敦厚之笔，写出真

---

① 琦君．我对散文的看法[A]．灯景旧情怀[M]．台北：洪范书店，1983：189.

② 楼肇明．谈琦君的散文（代序）[A]．琦君散文[M]．杭州：浙江文艺出版社，1994：3.

善美的文章”。①

散文《外祖父的白胡须》以儿童视角叙写了外祖父的善良。对于前来偷窃的小偷，外祖父装成财神爷送给小偷两块银元，并劝说他去学手艺；明知受骗还要再次施舍给乞丐铜钱；顶风踏雪去给最蹩脚无趣的腊月封门戏捧场递银元等。对于那个给了钱又再来要的女乞丐，外祖父让“我”不要生气：“一枚铜子，在她眼里比斗笠还大，多给她一枚，她多高兴……我有多的，就给他们。也许有一天他们的日子好过了，也会想起从前自己的苦日子，受过人的接济，他就会好好帮助别人了，那么我今天这枚铜元的功效就很大了。”外祖父形象之美并不仅仅表现在他自身能以仁爱之心对待他人，更重要的是在于，他希望通过自身的言行来感化他人，从而使真善美的品质流传扩散，产生更广泛、深远的影响。可以说，真诚善良的品质已经代代相袭地渗透在家乡的山水乡土之中，构成一种地域文化之美。琦君记忆中的温州，正是纯真与仁善之心的聚结。

（二）和谐冲淡的田园审美

前文已述，琦君的怀旧作品往往具有一定的想象性甚至虚构性色彩。由于时空远隔，琦君、林海音等第一代赴台女作家在内外种种因素的综合影响下，她们只能以写作的方式倾诉思乡之情，创作出一批独特的怀旧之作，作品中对故乡的记忆往往有意无意地掺杂了自己的主观想象性的因素。她们笔下的故乡，可以指涉中国传统文化，也可以是空间文化、家族记忆的渗透。作家通过一定的想象，在文本中建构出自己所向往的一个空间，她们在这个空间里以形象化的方式，呈现对家族、文化、社会、意识形态的记忆，并借此在自己的回忆性文本中实现了“回归故乡”的美好愿望。故乡温州瞿溪是作家琦君的情感凝聚地，“故乡，因此不仅仅是一地理上的位置，它更代表了作家所向往的生活意义源头，以及作品叙事力量的启动媒介”。② 不过，这些女作家大多无心营造宏大视野下的家国叙事，但在她们娓娓道来的叙述中，我们同样看到了一个凝固在家国空间上的集体记忆。当集体记忆与个人记忆同时作用于创作过程时，于是，琦君笔下就出现了一个极具中国传统文化意蕴和田园美学风格的故乡形象。

琦君的怀旧作品虽描写的是20世纪初风云动荡背景下的社会时代，但其笔下

---

① 琦君．灵感的培养［A］．红纱灯［M］．台北：三民书局，1981：182.

② 王德威．想象中国的方法：历史·小说·叙事［M］．北京：生活·读书·新知三联书店，1998：225.

的民国江南却如古典田园诗一般，全无剑拔弩张、战火硝烟的气息。毕竟，外界、社会的波澜壮阔只是时间中的一个点，唯有那些饮食男女的平凡悲欢才是生命的原生态。作品中的瞿溪山水秀丽，民风淳朴，邻里相亲相爱、谦和礼让，人们的生活宁静平淡，人与人、人与自然万物和谐相处，宛然一幅田园山水图。这里几乎不存在20世纪初新文学乡土派小说作家笔下的农村社会的愚昧无知和封建陈规陋习，而是文化传统中所蕴藏的人间纯美与至善之境，是传统道德之美与和谐人伦关系交融互渗的理想社会。如果说沈从文的“湘西世界”营造了一个充满人性人情之美的世外桃源般的理想之境，那么琦君则以其真诚善美的文笔建构了一个饱含传统道德、彰显伦理之爱而又极具田园风格的温州形象。

琦君说：“我深感这个世界的暴戾已经太多，为什么不透过文章多多渲染祥和美好的一面呢?”[①] 她倡导以悲悯之心“化人生的烦恼为菩提，化社会的戾气为祥和”，呼吁建立和谐友爱的理想社会，反对暴力和仇恨，提倡用爱和宽容去缓解人与人之间的紧张关系。从这个意义上说，与沈从文为实现自我的文学理想而建构的“湘西世界”不同，琦君笔下所建构的深蕴田园之美的温州形象，不仅是异乡游子的精神家园，寄寓着作家的审美理想，而且在一定意义上，也寄寓着作家的某种社会理想，从而引发了人们对回归传统文化和理想社会形态的思考。

---

① 琦君. 钱塘江畔序 · 细说从头[M]. 台北:尔雅出版社,2004:3.

“她那只金手镯还能戴在手上吗?”

——论琦君《一对金手镯》中的“浙江乡愁”

(李诠林　两岸协创中心福建师范大学两岸文化发展研究中心、

福建师范大学文学院，福建福州，350007)

摘　要: 台湾作家琦君的文学创作素以“怀旧”与“乡愁”主题著称，散文《一对金手镯》是其“浙江乡愁”题材作品的代表。浙江籍作家素有“乡愁叙事”的传统。明末渡台的宁波诗人沈光文，现代作家鲁迅、周作人兄弟，20世纪20年代的浙江籍乡土小说作家，以及台湾光复后赴台的许寿裳等均有成就斐然的“乡愁”诗文创作。琦君以个人记忆起笔，抒写的却是中华民族集体记忆与大众“乡愁”，但其“乡愁”叙事更侧重于纯粹的亲情与友情沟通的“怀旧”，与鲁迅等人笔下有隔膜的“乡愁”有着明显区别。

关键词: 琦君　《一对金手镯》　浙江乡愁　怀旧　台湾

祖籍浙江温州的台湾作家琦君女士的文学创作素以“怀旧”与“乡愁”主题著称，她的散文《一对金手镯》是其典型的“浙江乡愁”题材作品的代表。

一、琦君及其散文《一对金手镯》

琦君（1917—2006），浙江省永嘉县瞿溪乡（今浙江省温州市瓯海区）人，1949年赴台，后曾旅居美国，晚年于2004年返回台湾，居住淡水，在台北去世。琦君的散文《一对金手镯》最初发表于台湾《幼狮文艺》1976年11月号，后收入琦君散文集《桂花雨》一书，于1976年12月25日在台湾尔雅出版社出版。

《一对金手镯》发表以后，被台湾教育部门选定为中学国文教材篇目。在大陆，改革开放以后，进入新时期以来，《一对金手镯》也被选入了大陆的小学教材。《一对金手镯》以"一对金手镯"为叙事线索，运用了传统的"睹物思人""借物抒情"的叙事手法。当然，选入中小学教材的《一对金手镯》，与琦君的《一对金手镯》原著在文字表述上有着很多差异，应该是教材编写者考虑中小学生这一教学对象群体的知识水平、教育程度、年龄、心理等多种因素所做的删节乃至改写。

《一对金手镯》一文曾被著名文学史家夏志清、散文学家楼肇明称赞为"即便列入世界名作之林也无愧色"，夏志清甚至认为，《一对金手镯》"是篇散文杰作，当今英美散文家不可能再有人写出这样真挚朴实的文章来"。楼肇明先生更是进一步指出，"如果拿所写的题材来说，琦君在许多方面与'五四'时期的冰心相似，多半写童年记忆，母女之情，友伴之谊，但是琦君却写出了新水平，她在一个新的散文水准线上营造了一个只属于她的艺术世界。……琦君堪称以真善美的视角写童年故家的圣手，在她笔下，童年不是一般意义上人类个体生存史上的童蒙期，而是'蓦然回首，不复存在的心灵伊甸园'，她是将儿童圣洁的心灵，对童年的一次回忆，当成是涤滤心灵的一次巡礼"。除了在童年叙事上的创新，《一对金手镯》中的"浙江乡愁"叙事在众多浙江籍作家的"乡愁书写"中也深具代表性，同时又个性鲜明而别具风格。

二、浙江作家的"浙江乡愁"

浙江籍作家素有"乡愁叙事"的传统。浏览海峡两岸文学史，沈光文、鲁迅、周作人、许寿裳、浙东作家群、乡土作家群（柔石等），这些文学人物或文学流派的创作中都留有"乡愁"的痕迹。

明末渡台的宁波诗人沈光文在台湾书写了众多思念家乡的诗作。如他的诗作《思归六首・之一》："岁岁思归思不穷，泣歧无路更谁同。蝉鸣吸露高难饱，鹤去凌霄路自空。青海涛奔花浪雪，商飙夜动叶梢风。待看塞雁南飞至，问讯还应过越东。"沈光文因这些思乡之作而被称作"开创了台湾乡愁文学的先河"。沈光文为浙江鄞县（今宁波鄞州区）人，1651年渡台，1688年病逝于台湾。

现代作家鲁迅、周作人兄弟写作了《故乡》《社戏》《乌篷船》等有着浓厚思乡情绪的小说、散文。创造社作家郁达夫小说《沉沦》中的主人公也流露出了浓厚的思国思家的情感。1928年，鲁迅在《中国新文学大系·小说二集》“导言”中提出了“乡土文学”的概念，并在评价1924年的小说的时候说，“蹇先艾的作品是简朴的……虽然简朴，或者如作者所自谦的‘幼稚’，但很少文饰，也足够写出他心曲的哀愁。他所描写的范围是狭小的，几个平常人，一些琐屑事，但如‘水葬’，却对我们展示了‘老远的贵州’的乡间习俗的冷酷，和出于这冷酷中的母性之爱的伟大，——贵州很远，但大家的情形是一样的。……这时——一九二四年——偶然发表作品的还有裴文中和李健吾。前者……那篇《戎马声中》，却拉杂的记下了游学的青年，为了炮火下的故乡和父母而惊魂不定的实感”。“蹇先艾叙述过贵州，裴文中关心着榆关，凡在北京用笔写出他的胸臆来的人们，无论他自称为用主观或客观，其实往往是乡土文学，从北京这方面说，则是侨寓文学的作者。但这又非如勃兰兑斯（G. Brandes）所说的‘侨民文学’，侨寓的只是作者自己，却不是这作者所写的文章，因此也只见隐现着乡愁，很难有异域情调来开拓读者的心胸，或者眩耀他的眼界。许钦文自名他的第一本短篇小说集为‘故乡’，也就是在不知不觉中自招为乡土文学的作者，不过在还未开手来写乡土文学之前，他却已被故乡所放逐，生活驱逐他到异地去了，他只好回忆‘父亲的花园’，而且是已不存在的花园，因为回忆故乡的已不存在的事物，是比明明存在，而只有自己不能接近的事物较为舒适，也更能自慰的”。接着，鲁迅评价了许钦文此种“乡愁”书写的风格：“无可奈何的悲愤，是令人不得不舍弃的，然而作者仍不能舍弃，没有法，就再寻得冷静和诙谐来做悲愤的衣裳；裹起来了，聊且当作‘看破’。并且将这手段用到描写种种人物，尤其是青年人物去。因为故意的冷静，所以也深刻，而终不免带着令人疑虑的嬉笑。‘虽有忮心，不怨飘瓦’，冷静要死静；包着愤激的冷静和诙谐，是被观察和被描写者所不乐受的，他们不承认他是一面无生命，无意见的镜子。于是他也往往被排进讽刺文学作家里面去，尤其是使女士们皱起了眉头。这一种冷静和诙谐，如果滋长起来，对于作者本身其实倒是危险的。”评价王鲁彦的小说时，鲁迅说，“看王鲁彦的一部分的作品的题材和笔致，似乎也是乡土文学的作家，但那心情，和许钦文是极其两样的。许钦文所苦恼的是失去了地上的‘父亲的花园’，他所烦冤的却是离开了天上的自由的乐土。……作者是往往想以诙谐之笔出之的，但也因为太冷静了，就又往往化为冷话，失掉了人间的诙谐”。在评价1925年10月间的台静农小说时，鲁迅说：“在争写着恋爱的悲欢，都会的明暗的那时候，能将乡间的死生，泥土的气息，移在纸上的，也没有更多，更勤于这作者的了。”受鲁迅影响的20世纪20年代的乡土小说作家群在北京、上海等都市间写作发表了大量“乡愁”题材小说，其余脉一直延续至台湾光复后赴台的许寿裳和台静农。查看这些乡土小说作家的籍贯，王鲁彦为浙江镇海人，台静农为安徽六安人，许杰为浙江天台人，许钦文为浙江绍兴人，柔石为浙江定海人，彭家煌为湖南湘阴人，蹇先艾为贵州遵义人，浙江籍作家居半数有余。创作此种“乡土文学”的作家，大多是文学研究会、语丝社、未名社的成员，他们抒发“乡愁”的乡土文学作品大多发表在上海的《小说月报》和北京的《晨报副刊》等刊物。其中的浙江籍作家写作的显然是“浙江乡愁”。

许寿裳1946年6月25日赴台后，在台湾工作期间撰写了大量学术著作，所做著述从一个侧面也体现了他对故乡故人的怀念，如他对同为绍兴人的故友鲁迅的怀念促使他写就了《亡友鲁迅印象记》一书，祖籍浙江绍兴的他赴台以后还曾经写过专文探讨同为浙江人的明末诗人沈光文。许寿裳的日记、书信和文艺创作中也透露出了对于家乡浙江的乡愁。他在1947年4月8日到台北士林园艺试验所赏兰之后，写下了“还忆故乡兰上里，满山吹遍素馨风”的诗句，流露出了思乡之情。许寿裳在台期间来往书信最多的人，除了自己的家人以外，便是鲁迅先生的太太许广平（景宋），而与许寿裳过从最密切的也是他的浙江同乡学者范寿康（允臧），二人交往从许寿裳飞抵台北之后第三天的1946年6月27日“晤范允臧、陈达夫”，到他去世前一天的1948年2月17日“允臧以花雕酒两瓶见赠”，二人往来频繁，交情深厚，“允臧”的名字时时出现在许寿裳的台湾日记之中。他对李慈铭及其著作《越缦堂日记》等的研究，以及对沈光文、鲁迅的研究，也可以看出他的浓浓的浙江乡情。1948年1月29日，许寿裳写成了《李慈铭秋梦乐府本事考》一篇，此前（1948年1月15日），他写成了《沈太仆传》及诗集序寄给了宓汝卓，另一篇论文《三百年前台湾破荒的伟人沈光文》则于1947年12月21日左右交给《和平日报》发表。许寿裳在台去世后，其亲友所写纪念性文章中也印证了这一点。如许寿裳的子女回忆，许寿裳“应当时台湾大学校长陆志鸿先生敦聘，担任中国文学系主任，与同系教授台静农、戴君仁、乔大壮、魏建功诸先生相处甚欢”。“父亲到了台大后，请他题诗留字的事更多了。我又抓时机请他写一扇面。这次父亲录了陆放翁的三首诗，……父亲录放翁诗不是信手拈来，他热爱故乡，热爱剡曲稽山。我甚至觉得他偏爱故乡的学者文人。”台湾本土出生的作家杨云萍的回忆也可作为旁证："寿裳先生受国立台湾大学礼聘，担任中国文学系主任。因先生极力推荐，我也受聘为台大历史学系教授。这对于我后半生，有决定性的影响。他是我的恩人。……一段时期，因考证沈斯庵的事迹，更常见面。他老人家对同乡沈氏的事迹的研讨，特别倾其热情。我谈到我的《鲒埼亭集校勘记》时，他很高兴（全祖望撰，里面有沈斯庵的资料。……）。"

三、文本细读：鲁迅、周作人与琦君笔下不同的"乡愁"叙事

琦君的"乡愁"是一种纯粹的"怀旧"，更侧重于亲情与友情的感情沟通，与鲁迅和乡土小说作家群笔下的有阶级和阶层隔膜的"乡愁"，以及周作人笔下文人优雅气息浓厚、超脱世俗的"乡愁"有着明显区别。鲁迅《故乡》中的闰土在成年后与童年玩伴相见以后，二人除了一声"老爷"，再无其他深入的付诸言语和肢体的情感交流。而琦君的散文《一对金手镯》，在"我"和儿时好友阿月相见后，阿月虽也有"大小姐，多年不见了"的生分话，但二人不止有叙旧长谈，还有与阿月及其两个孩子同床而眠的亲密姊妹情的流露和表达。文中说道："阿月已很疲倦，拍着孩子睡着了。床边菜油灯微弱的光摇曳着，照着阿月手腕上黄澄澄的金手镯。我想起母亲常说的，两个孩子对着灯花把眼睛看斗了的笑话，也想起小时候回故乡，母亲把我手上一只金手镯脱下，套在阿月手上时慈祥的神情，真觉得我和阿月是紧紧扣在一起的。我望着菜油灯灯盏里两根灯草芯，紧紧靠在一起，一同吸着油，燃出一朵灯花，无论多么微小，也是一朵完整的灯花。我觉得和阿月正是那朵灯花，持久地散发着温和的光和热。"无论是文章开篇的"我心中一直有一对手镯，是软软的十足赤金的，一只在我自己手腕上，另一只套在一位异姓姐姐却亲如同胞的手腕上"，还是末尾结语"但是，无论如何，我心中总有一对金手镯，一只套在我自己手上，一只套在阿月手上，那是母亲为我们套上的"，其中所表现出和蕴含着的主题是，虽经岁月沧桑，世事变迁，变的是两人的经济情况、生活状况、阶层身份，但儿时友伴之间的款款深情始终未变。"我"乐意与阿月同床而眠，除了有超乎阶级、阶层的姐妹情谊以外，还有发乎自然的闺蜜情结和有别于男性的性别意识，这也是鲁迅《故乡》中成长为成年男性之后的迅哥与闰土所做不到的。

周作人的《乌篷船》除了使用书信体的形式迥异于琦君《一对金手镯》娓娓道来的第一人称回忆和直叙，其中的士大夫做派，闲逸的姿态，也和琦君扎根于乡谊旧情的情感叙事不同。周作人心目中的故乡，并不止于浙江绍兴，他曾写道："我的故乡不止一个，凡我住过的地方都是故乡。故乡对于我并没有什么特别的情分，只因钓于斯游于斯的关系，朝夕会面，遂成相识，正如乡村里的邻舍一样，虽然不是亲属，别后有时也要想念到他。我在浙东住过十几年，南京东京都住过六年，这都是我的故乡；现在住在北京，于是北京就成了我的家乡了。”还曾写道：“老实说，我的故乡，真正觉得可怀恋的地方，并不是那里。”虽然如此，他对于故乡的回忆仍然以对浙江物事的回忆居多，如《故乡的野菜》（写于1924年2月，见《雨天的书》，北新书局1925年版）、《乌篷船》（写于1926年1月，见《泽泻集》，北新书局1927年版）、《谈酒》（写于1926年6月，见《泽泻集》，北新书局1927年版），因为他“虽是京兆人，却生长在东南的海边”。当然，周作人回忆浙江故乡的散文更突出的特点是基于儿时对故乡事物的认知的知识性。

鲁迅《故乡》小说末尾所署日期为“一九二一年一月”，而《故乡》也确实初发表于1921年《新青年》杂志第九卷第1期，后收入《呐喊》，就文中叙事的背景来看，《故乡》与《一对金手镯》虽然写作的时间相差近60年，但两篇文章中的故事发生的时间差应该不会超过10年。《故乡》中的闰土项上的银圈，以及少年闰土手中的钢叉，给迅哥，也给读者留下了美好的印象，至少在迅哥的心目中对少年闰土有着一种近乎崇拜的喜爱。这与琦君笔下的“我”对于少年阿月的看法有着显著不同，阿月自从在文中出现时就与“我”有着贫富的悬殊、阶层的差异感，“金手镯”也是母亲赠送给阿月的。闰土项上的银圈是不是迅哥家赠送的？《故乡》文中并没有说明，既然没有说明，那么可以说是闰土自己家的，而且从少年闰土俊气、快乐的劳动生活来看，似乎少年闰土家的生活应该是衣食无忧的。至少，少年闰土在迅哥面前并没有表现出尊卑之别，甚至迅哥反而羡慕少年闰土那种无忧无虑的小渔民生活，有着尊卑之感的，是中年“迅哥”（即文中第一人称叙事者“我”）、中年闰土和闰土的儿子。《故乡》所强调的人生的变化，以及儿时玩伴成年后因阶级、阶层而产生的相互之间的感情隔膜，在琦君的《一对金手镯》中不是叙事的重点。琦君强调的是“乡愁”和“怀旧”。阿月的生活似乎并不像闰土那么大起大落，她走的是乡间女孩子一般所走的路，平淡、素朴、贫穷、生儿育女，谈不上十分幸福，但却没有痛苦，至少阿月在谈论起丈夫时是有幸福感的，是有爱的。《一对金手镯》中没有悲悯与苦痛，只有爱怜与回忆。

少年闰土在迅哥的心目中，一直是“小英雄”的形象。试看小说《故乡》中对“小英雄”形象的描述：“这时候，我的脑里忽然闪出一幅神异的图画来：深蓝的天空中挂着一轮金黄的圆月，下面是海边的沙地，都种着一望无际的碧绿的西瓜，其间有一个十一二岁的少年，项带银圈，手捏一柄钢叉，向一匹猹尽力的刺去，那猹却将身一扭，反从他的胯下逃走了。”这是迅哥回到阔别二十年后的故乡的第二天，在母亲告知“还有闰土，他每到我家来时，总问起你，很想见你一回面。我已经将你到家的大约日期通知他，他也许就要来了”之后对于少年闰土形象的回忆。见到中年闰土之后，闰土的形象是这样的：“这来的便是闰土。虽然我一见便知道是闰土，但又不是我这记忆上的闰土了。他身材增加了一倍；先前的紫色的圆脸，已经变作灰黄，而且加上了很深的皱纹；眼睛也像他父亲一样，周围都肿得通红，这我知道，在海边种地的人，终日吹着海风，大抵是这样的。他头上是一顶破毡帽，身上只一件极薄的棉衣，浑身瑟缩着；手里提着一个纸包和一支长烟管，那手也不是我所记得的红活圆实的手，却又粗又笨而且开裂，像是松树皮了。”之后发生的事情，便是众位看官所熟知的闰土称呼迅哥“老爷”等疏离表现了。这里要着重指出的是，鲁迅在小说末尾的几段议论：“老屋离我愈远了；故乡的山水也都渐渐远离了我，但我却并不感到怎样的留恋。我只觉得我四面有看不见的高墙，将我隔成孤身，使我非常气闷；那西瓜地上的银项圈的小英雄的影像，我本来十分清楚，现在却忽地模糊了，又使我非常的悲哀。”作者再次提到少年闰土的“银项圈”，值得注意。“我躺着，听船底潺潺的水声，知道我在走我的路。我想：我竟与闰土隔绝到这地步了，但我们的后辈还是一气，宏儿不是正在想念水生么。我希望他们不再像我，又大家隔膜起来……然而我又不愿意他们因为要一气，都如我的辛苦辗转而生活，也不愿意他们都如闰土的辛苦麻木而生活，也不愿意都如别人的辛苦恣睢而生活。他们应该有新的生活，为我们所未经生活过的。”“我想到希望，忽然害怕起来了。闰土要香炉和烛台的时候，我还暗地里笑他，以为他总是崇拜偶像，什么时候都不忘却。现在我所谓希望，不也是我自己手制的偶像么？只是他的愿望切近，我的愿望茫远罢了。”“我在朦胧中，眼前展开一片海边碧绿的沙地来，上面深蓝的天空中挂着一轮金黄的圆月。我想：希望是本无所谓有，无所谓无的。这正如地上的路；其实地上本没有路，走的人多了，也便成了路。”

再看琦君《一对金手镯》，文章开篇点题：“我心中一直有一对手镯，是软软的十足赤金的，一只在我自己手腕上，另一只套在一位异姓姐姐却亲如同胞的手腕上。”接着解释“阿月”名字以及金手镯的由来：“她是我乳娘的女儿阿月，和我同年同月生，她是月半，我是月底，所以她就取名阿月。……周岁前后，这一对‘双胞胎’就被拥抱在同一位慈母怀中，……一岁半以后，伯母坚持把我抱回来，于是就随母亲被接到杭州。这一对‘双胞姊妹’就此分了手。临行时，母亲把舅母送我的一对金手镯取出来，一只套在阿月手上，一只套在我手上，母亲说：‘两姊妹都长命百岁。’”接下来，作者与阿月并非如迅哥和闰土相隔二十年才相见，“七岁时，母亲带我回家乡，第一件事就是去看阿月”，金手镯也再次在文中出现：“母亲把她和我都拉到怀里，捏捏阿月的胖手，她手上戴的是一只银镯子，我戴的是一对金手镯，母亲从我手上脱下一只，套在阿月手上说：‘你们是亲姊妹，这对金手镯，还是一人一只。’我当然已经不记得第一对金手镯了。乳娘说：‘以前那只金手镯，我收起来等她出嫁时给她戴。’阿月低下头，摸摸金手镯，它撞着银手镯叮叮作响，乳娘从蓝衫里掏了半天，掏出一个黑布包，打开取出一块亮晃晃的银元，递给我说：‘小春，乳娘给你买糖吃。’我接在手心里，还是暖烘烘的，眼睛看着阿月，阿月忽然笑了。我好开心。两个人再手牵手出去玩，我再也不敢提‘两个人被抱错’那句话了。”这里需要注意的是，乳娘不舍得给阿月戴金手镯、“母亲”再赠金手镯、乳娘不白拿金手镯而是以送给小春一块银元的方式回赠。以及阿月与小春仍然亲密无间“手牵手出去玩”，可见“母亲”、小春对阿月的厚待，也可看出乳娘“人穷志不穷”的气节和高尚品格。接着，“我在家待到十二岁才再去杭州，但和阿月却并不能时常在一起玩。一来因为路远，二来她要帮妈妈种田、砍柴、挑水、喂猪，做好多好多的事，而我天天要背古文、《论语》《孟子》，不能自由自在地跑去找阿月玩。不过逢年过节，不是她来就是我去。我们两个肚子都吃得鼓鼓的跟蜜蜂似的，彼此互赠了好多礼物……两个人难得在一起，真是玩不厌的玩，说不完的说。可是我一回到杭州以后，彼此就断了音信。她不认得字，不会写信。我有了新同学也就很少想到她。……但每当整理抽屉，看见阿月送我的那些小玩意时，心里就有点怅怅惘惘的。年纪一天天长大，尤其自己没有年龄接近的姊妹，就不由得时时想起她来”。再相见时便是六年后两人并肩而眠的情节了：“我十八岁重回故乡，母亲双鬓已斑。乳娘更显得白发苍颜。……阿月早已远嫁，正值农忙，不能马上来看我。十多天后，我才见到渴望中的阿月。她背上背着一个孩子，怀中抱着一个孩子，一袭花布衫裤，像泥鳅似的辫子已经翘翘的盘在后脑。原来十八岁的女孩已经是两个孩子的母亲了。我一眼看见她左手腕戴着那只金手镯，而我却嫌土气没有戴，心里很惭愧。她竟喊了我一声：‘大小姐，多年不见了。’我连忙说：‘我们是姊妹，你怎么喊我大小姐？’乳娘说：‘长大了要有规矩。’我说：‘我们不一样，我们是吃您奶长大的。’乳娘说：‘阿月的命没你好，她十四岁就做了养媳妇，如今都是两个女儿的娘了。只巴望她肚子争气，快快生个儿子。’我听了心里好难过，不知怎么回答才好。”这里值得注意的是：阿月竟然也如闰土再见迅哥时叫“老爷”一般叫小春一声“大小姐”！但这种隔阂似乎在两人的彻夜长谈中烟消云散，“当晚我和阿月并肩躺在床上，把两个孩子放在当中。我们一面拍着孩子，一面琐琐屑屑地聊着别后的情形。”但言谈之中仍显距离感：“她讲起婆婆嫌她只会生女儿就掉眼泪，讲起丈夫，倒露出一脸含情脉脉的娇羞，真祝愿她婚姻美满，我也讲学校里一些有趣顽皮的故事给她听，她有时咯咯地笑，有时眨着一双大眼睛出神，好像没听进去。我忽然觉得我们虽然靠得那么近，却完全生活在两个世界里。我们不可能再像我第一次回家乡时那样一同玩乐了。我跟她说话的时候，都得想一些比较普通，不那么文绉绉的字眼来说，不能像跟同学一样，嘻嘻哈哈，说什么马上就懂。”金手镯呢？“我呆呆地看着她的金手镯，在橙黄的菜油灯光里微微闪着亮光。她爱惜地摸了下手镯，自言自语着：‘这只手镯，是你小时回来那次，太太给我的。周岁给的那只已经卖掉了。因为爸爸生病，没钱买药。’她说的太太指的是我母亲。我听她这样称呼，觉得我们之间的距离又远了，只是呆呆地望着她没作声。”可见乳娘曾说善意的谎言，但“母亲”第二次赠给的金手镯确乎在阿月出嫁时做陪嫁了。反倒是小春没有戴她的那只金手镯：“过了一会儿，她睁开眼来，看看我的手说：‘你的那只金手镯呢？为什么不戴？’我有点愧赧，讪讪地说：‘收着呢，因为上学不能戴，也就不戴了。’”阿月问起小春的金手镯，可见她心中一直记着这一对象征姐妹深情的金手镯。“我”也只好说着善意的谎言。此处有一段文字非常值得注意：“婴儿啼哭了，阿月把她抱在怀里，解开大襟给她喂奶。她用手轻轻拍着，全神贯注地注视着婴儿，一脸满足的样子。我真难以相信，眼前这个只比我大半个月的女孩子已经是一位成熟的母亲了。而我呢？除了啃书本，就只会跟母亲闹别扭，跟自己生气，我感到满心惭愧。”以此“满心惭愧”的心情与《故乡》相比，不难看出，在小春的眼中至少成年后的阿月并不如中年闰土般一无是处。下文作者再次点出金手镯的意义：“阿月已很疲倦，拍着孩子睡着了，乡下没有电灯，屋子里暗洞洞的，只有床边菜油灯微弱的光花摇曳着，照着阿月手腕上黄澄澄的金手镯。我想起母亲常常说的，两个孩子对着灯花把眼睛看斗了的笑话，也想起小时回故乡，母亲把我手上一只金手镯脱下，套在阿月手上时慈祥的神情，真觉得我和阿月是紧紧扣在一起的。”作者在文章末尾夹叙夹议，继续深化了这对金手镯的情感寄托物的象征内涵：“我再回到杭州以后，就不时取出金手镯，套在手臂上对着镜子看一回，又取下来收在盒子里。这时候，金手镯对我来说，已不仅仅是一件纪念物，而是紧紧扣住我和阿月这一对‘双胞姊妹’的一样摸得着、看得见的东西。我怎么能不宝爱它呢?”作者也曾从金手镯的失去联想到人生，“可是战时肄业大学，学费无着，以及毕业后的转徙流离，为了生活，万不得已中，金手镯竟被我一分分、一钱钱地剪去变卖，化作金钱救急。到台湾之初，我花去了金手镯的最后一钱，记得当我拿到银楼去换现款的时候，竟是一点感触也没有，难道是离乱丧亡，已使此心麻木不仁了?”虽然其中更多是对个人生活状态和心理变化的描述和自责，但也从侧面反映了战乱和社会的动荡不安对普通民众的不良影响。“与阿月一别已将半个世纪，母亲去世已三十五年，乳娘想亦不在人间，金手镯也化为乌有了。可是年光老去，忘不掉的是滴点旧事，忘不掉的是梦寐中的亲人。阿月，她现在究竟在哪里？她过的是什么样的日子呢？她的孩子又怎样了呢？她那只金手镯还戴在手上吗?”“但是，无论如何，我心中总有一对金手镯，一只套在我自己手上，一只套在阿月手上，那是母亲为我们套上的。”

然而这一切，都在与中年闰土相见之后幻灭了。由此生发出“世上本没有路”的感慨。鲁迅一直救国救民的救赎意识，有一种居高临下的拯救感，是一种知识分子的责任感，淡然也有着左翼思想者的阶级意识，但与工农从一开始便有着隔阂，这隔阂并不是自成为知识分子以来便存在的。同时还有着城乡的差别。少年闰土以及后来的水生，初到迅哥家中时，都有着乡下人进城的新鲜感。迅哥对于少年闰土的崇拜实际也源自他对乡下生活的好奇和神秘感，他心目中的少年闰土，实际一直是“想象”中的少年闰土，“银项圈”所具有的驱邪镇灾的功能也给闰土形象增添了神秘感，或者说乡间的信俗与风俗对于迅哥有着充满神秘的吸引力。鲁迅将少年闰土与中年闰土的变化归结为战乱、苛政、治乱等所导致的生活的艰辛，而这种社会的压迫才触发了中年闰土的那一声对昔日玩伴迅哥喊出的“老爷”。《一对金手镯》中琦君笔下少年的“我”则看不出对于阿月的乡下生活的崇拜与向往，更没有那种神秘感，因此阿月项上也没有明晃晃的银项圈，这应该与作者的生活经历相关。琦君自幼在农村出生，后因丧父丧母而跟随伯父生活，以“散文情节不可虚构”或“散文情节一般是写实的”这一较为普遍得到认可的文学观来看，《一对金手镯》中的母亲，实际是琦君的伯母。而鲁迅自幼出生成长于城镇，而且出身官宦之家（虽然已然没落，但仍属大户），因此幼时的鲁迅对于乡村的生活仍然是陌生的，他即使回到乡村，落脚之地也往往是小城镇，因此他笔下的迅哥才有着对于海边渔村生活的陌生感、疏离感以及由此而产生的神秘感。

《一对金手镯》中主要的感情基调是思念，是“我”在无法与儿时玩伴相见的状态下的思念。而《故乡》中的感情出发点以及主要叙事手法则是对比——少年闰土与中年闰土的对比、闰土和迅哥之间称呼的前后对比、中年闰土和中年迅哥的关系之于水生和宏儿的关系的对比等。闰土前后的变化主要在于，少年闰土是健康活泼、英俊秀拔、健谈好动、有活力的，中年闰土则是麻木不仁、唯唯诺诺、迂腐嗫嚅、低声下气、死气沉沉的。可以做一个有意思的假想：如果有机会，《一对金手镯》中的“我”一定愿意再次与阿月相聚，而《故乡》中迅哥呢？恐怕再也不想见到闰土，至少不可能再与闰土畅谈叙旧。鲁迅想到的是如何找出一条“希望的路”，用此路引领闰土们走出“麻木”的阴暗生活，琦君只是怀旧和感叹，并没有寻找道路的意识，这也正是读者可以从鲁迅的作品中得到形而上的思想启迪，从琦君的作品里找到形而下的人情温暖和感情慰藉的原因之一。

四、怀旧、记忆与乡愁

美国社会学家弗雷德·戴维斯（Fred Davis）在其著作《渴望昨天：对怀旧的社会学分析》（“*Yearning for Yesterday*：*A Sociology of Nostalgia*”）中曾将怀旧（Nostalgia）书写划分为“单纯的怀旧”（Simple Nostalgia）、“内省的怀旧”（Reflexive Nostalgia）及“阐释的怀旧”（Interpreted Nostalgia）等三种类型。南京大学刘俊教授认为，弗雷德·戴维斯（Fred Davis）是把“怀旧”“分为三个不断深入的层面：第一层为‘单纯的怀旧’（Simple Nostalgia），主体以一种积极的姿态对待过去，过去总是美好的，而现在却是不如意的；第二层为‘内省的怀旧’（Reflexive Nostalgia），主体感伤过去而责备现在；第三层为‘阐释的怀旧’（Interpreted Nostalgia），主体会对怀旧的现象、过程和效果进行阐释和反思”。以此对照，琦君的怀旧书写与鲁迅等左翼作家的怀旧书写相比，是一种更为纯真，纯粹的怀旧。鲁迅的《故乡》则是“内省的怀旧”和“阐释的怀旧”。

弗雷德·戴维斯认为，“对于过去自我中显得‘古怪和与众不同’的层面的怀旧，恰恰成为我们加深与他人感情纽带的基础，同时也让我们相信我们根本就不是那么‘奇怪’，这种貌似怀旧的分享交流，加强了我们自己状态正常的感觉，而这是青少年和年轻成年人特别需要的感觉，因为他们正经受着巨大的社会断裂和认同紧张”。琦君笔下的“怀旧”书写，是一种大“乡愁”，不是简单意义上的乡土书写，或者说乡村叙事。琦君以个人记忆起笔，抒写的却是家国流离背景下的中华民族集体记忆与大众“乡愁”，因而能够引起读者的广泛共鸣。台静农笔下的乔大壮所体现出来的乡愁虽与此类似，也是由追述一个人物的境遇来描绘整个时代，但更为侧重于知识分子的家国忧思，是一种有着家国情怀和政治因素的社会书写，与琦君注重追忆个人友情私谊的小品文仍有风格方面的差别。

正如弗雷德·戴维斯在《渴望昨天：对怀旧的社会学分析》（“*Yearning for Yesterday*: *A Sociology of Nostalgia*”）一书中指出的，“怀旧是我们用来不断地建构、维系和重建我们的认同的手段之一”。琦君在台湾写作的怀念家乡、回忆大陆生活的散文，是一种“单纯的怀旧”，“作品中的人物都是通过对过去某一（些）方面的肯定来反衬现时的不如意”。这种不如意不是物质生活水平方面的不如意，而是表现在精神方面的失落，表达的是隔岸回望，有家不能回、逝者不可追的遗憾。“‘怀旧’原本是为了宣泄由变动（时间、空间）而造成的身份认同混乱而进行的自我调适，因此，在‘怀旧’中，‘时间’‘空间’与‘认同’是构成其核心内容的三个维度。”琦君的怀旧散文恰恰是立足于时间变迁、空间移转两个维度，透过自己的真实经历，揭示给读者一个台湾作家对于温州故乡、浙江故乡、大陆故乡的身份认同和情感认同。“她那只金手镯还能戴在手上吗?”——一个看似平淡无奇的问句，道出了琦君心头对于故乡故人的几多牵挂，道出了她的浓浓的温州乡愁、浙江乡愁，乃至祖国大陆乡愁。

另附2018年11月25日赴琦君故居及庙后（庙益）村琦君纪念馆采风后所作歌词一首（《庙后的歌》）：

庙后的歌

——写给琦君故乡温州市瓯海区庙后村

李诠林

（福建师范大学文学院）

云雾飘啊飘，飘到漫水桥。走过小学校，漫水到桥头。
桥头在庙后，小庙在桥头。庙后的小戏台，乡音唱悠悠。
溪水流啊流，流过石蹬桥，流向小村口。
将军马，作家笔，天尽头。
红豆杉，枫杨树，还站在庙后桥头小村口。
红豆杉，枫杨树，带给我三更的梦，安慰我思乡的愁。
飘啊飘，流啊流，想那庙后我的家，橘子红了的时候。

2018年11月26日

乡土文学的新向度：女性意识的觉醒与时代印记

（【韩】薛熹祯　北京大学外国语学院，北京　100871）

摘　要：还乡是人类普遍的情感，这种情感会随着时间和现实的更迭而变得愈发强烈，甚至转化为一种对生命的执着。对于那些生于大陆，失去家园而流寓台湾的作家，其对当代文学中的“乡愁”叙述，不但扩展了文学研究的视野，还在更多层面上表现出一种对“现代性”的反思。其中，以琦君为代表的女性作家最为突出。她们通过新旧观念和价值标准之间的对立冲突，以女性特有的细腻而丰富的情感，叙写了离家漂流的困境，还原了她们自身的生活信仰。

关键词：鲁迅　琦君　乡愁　异变　女性视角

一、情感的纠缠：创作者对乡土世界的现代性建构

费孝通曾说：“从基层上看去，中国社会是乡土性的。那是因为我考虑到从这基层上曾长出一层比较上和乡土基层不完全相同的社会，而且在近百年来更在东西方接触边缘上发生了一种很特殊的社会。”[1]“乡土”，一个对于大多数文学实践者都充满情感的话题，是他们情感与灵感的家园。在那个特殊的年代，普通人在异国他乡的成长经历，总伴随着些不平、疏离和无可奈何。于是，对童年生

活的回忆、对故乡风土的怀念，与各种情感相互混合，便产生了广泛存在于人们内心的朴素的乡土感情。

需要注意的是，1910 年，“乡土文学”一语最先引入中国文坛始于周作人。他在 1910 年翻译匈牙利作家育凯摩尔的《黄蔷薇》中写道：“描写乡村生活，自然景物，虽运用理想，而不离现实，实为近世乡土文学之杰作。”[2]然而，最先把“乡土文学”作为一个文学流派看待的，则是始于鲁迅。1935 年，鲁迅在《中国新文学大系·小说二集》的导言中对“乡土文学”及部分作家做过相关论述：

> 蹇先艾叙述过贵州，裴文中关心着榆关，凡在北京用笔写出他的胸臆来的人们，无论他自称为用主观或客观，其实往往是“乡土”文学，从北京这方面说，则是侨寓文学的作者。但这又非如勃兰兑斯（G. Brandes）所说的“侨民文学”，侨寓的只是作者自己，却不是这作者所写的文章，因此也只见隐现着乡愁，很难有异域情调来开拓读者的心胸，或者眩耀他的眼界。许钦文自名他的第一本短篇小说集为《故乡》，也就是在不知不觉中，自招为“乡土”文学的作者，不过在还未开手来写“乡土”文学之前，他却已被故乡所放逐，生活驱逐他到异地去了，他只好回忆“父亲的花园”，而且是已不存在的花园，因为回忆故乡的已不存在的事物，是比明明存在，而只有自己不能接近的事物较为舒适，也更能自慰的。[3]

在这段论述中，鲁迅并没有详细解释“乡土文学”的定义。但是，这些文学实践者多是在 20 世纪 20 年代，来北京求学或者迫于生计来京谋生的知识分子。他们的创作，客观上推动了中国现当代文学的发展，描绘了时代大潮下的社会民情，并借此体现了作者对国民性的自觉探索。在“五四”精神的感召下，许钦文、王鲁彦、沈从文、废名、台静农等都曾在北京大学读书或旁听。他们以启蒙主义的乡土思想，借由对故乡深深的怀念，书写着自己的家国情怀。

情感的纠缠，源于往昔与今日的巨大反差。与清末民初的小说相比，“五四”时期的作家更加突出现代主体性视野。特别是，在各种文学的想象中，对乡土中国的想象无疑是最能体现现代性话语实践的特征。鲁迅、郭沫若、茅盾、废名、沈从文、老舍、赵树理、孙犁等，都深刻地书写乡土中国的现代性困境，或者进一步探索乡土世界进入现代性历史的各种可能性。在鲁迅的《故乡》中，叙述者“我”以知识者的身份回到故乡，并通过叙述故乡而获得了主体性的地位。首先，“我”以一个启蒙主义者的眼光观察、评价故乡。文中的“我”不单单是一个纯粹的观察者，更是一个位于客观角度的认知者，因此“我”发现的故乡是一个令人窒息的、静止的、现代之外的不同世界。在小说中，鲁迅描写闰土月夜手捏一把钢叉刺猹的场面，表现他的聪明伶俐的一面。然而，随着帝国主义的侵略，中国沦为半殖民地半封建社会，农村社会日益破败，闰土的生活也变得贫乏困顿。多年后，“我”童年时伙伴闰土不仅不能用“平等”的态度与“我”建立关系，也失去了表述自我价值的能力。受“五四”精神影响的文学实践者们，内心深知“回到过去”早已成为一种奢望，他们唯有通过描述、批判、反思等方式重构内心的乡土世界，并在此过程中确立自己的启蒙主体身份，找寻内心的平衡与慰藉。

《故乡》本来是一篇具有悲剧品格的小说，因为它表现的是故乡的衰败与西瓜土地上银项圈小英雄的毁灭——毁灭于木偶人般的中年农民形象之中。如果说闰土由少年英雄向木偶人的转变是个悲剧，那么由木偶人向小偷的转变则是更深意义上的悲剧。也许正是因为有这个更深意义上的悲剧存在，“我”离开故乡的时候才那样决绝、悲凉：“故乡的山水也都渐渐远离了我，但我却并不感到怎样的留恋。”[4]

情感纠缠，根植于理想与现实的分离。在文学创作者眼中，“乡土”往往与诗意的生命体验联系在一起。但是物质和诗意的分离，必然导致现实生活与诗意的分离。于是，现代化背景下的生存，似乎变成了一个被迫远离诗意的过程，即在创作者迫于种种原因选择离开时，“乡土”似乎成为必须舍去的东西，其赋予人的诗意化的生命体验也将无可挽救地沦为越来越遥远而模糊的记忆。文学实践者对都市的描写，经常谈到的问题一是对都市生活的向往与批判，二是对“乡土”经历的留恋与否定。两者孰轻孰重，在他们内心斗争得更为剧烈。作为联系着自然、个人、社会三个轴心之上的纽带，他们的乡土意识也发生变化。新事物对旧有价值的无情冲刷，使他们必须更细致地去处理传统家园与新生活的矛盾。但是，问题显然不会如此简单，因为片面对比城乡观念是表面而武断的。人们通常思考和追问的，其实是“乡土”能否成为普通人逃避都市生活桎梏的救赎之所。不难看出，“五四”时期的作家，似乎更能揭示“乡土情结”这种令人留恋并产生悲剧情怀的现代特征与时代风气。他们在反感和批判现代都市文明的同时，也在一定程度上依靠自己的童年和少年经验虚构了一个“乡土”的世界。在这样的环境里，乡土文学是一种新形式，负载着作家的内心冲突，反映着“异变”中的乡土世界。“恋乡”—“厌乡”—“归乡”—“弃乡”也代表心理层面上远离和趋近乡土。由此观之，鲁迅的“离乡”与“还乡”，其实是伴随着作者内心的距离和陌生感，他转而以一个初见者的身份，观察、描述那些曾十分熟悉的乡土事物，重新使自我与乡土世界建立一个互相对话的关系。

综上所述，鲁迅多站在启蒙立场以批判的眼光打量故乡，但却不缺乏依恋故土的情怀。鲁迅的“乡愁”意识是一种精神寄托，即为理想不能实现的人生价值寻找心灵归宿，以及更深层次地审视人的本质意义及终极目的。他从文学与社会人生关系的角度突出了乡土社会的危机，这与家园、民族、国家和人类命运都有密切联系。换言之，当鲁迅的思想状态和现实生活不相协调时，所谓“乌托邦”是绝大多数情况下，一种不能实现的思想世界。然而，鲁迅把他的痛苦与他人的喜怒哀乐及现存的社会秩序紧密联系起来，在自己生活的框架中显示出来所有不可实现的思想的乌托邦。[5]那么，也可以说，鲁迅笔下的“乡愁”更倾向于精神层面。

二、“乡愁”的温暖：对普通人生存状态的关怀

作家的情感世界、人际关系、物质生活，同乡土、家园不同分割，这使作家对乡土更容易建立完整的价值观念。[6]以台湾的女性文学创作者观之，20 世纪 50 年代活跃于文坛的台湾女作家，多是在 40 年代末赴台的。当时台湾经济衰败，民生凋敝，依靠写作是无法为生的。因此，这些大陆籍文人都为生计而操劳，从事其他行业。虽然未完全弃笔，但是大部分作家视写作为副业。[7]可见，台湾对这些女作家来说是一个陌生的孤岛。她们多数人是在大陆受教育，有些在大学时代就已经开始写作、发表文章。赴台后，她们身上普遍存在怀旧情感，正好借笔倾吐惆怅的心情，进而创作了大量品质较高的乡愁诗歌、乡愁小说、乡愁散文，成为“台湾文学大宗”。在经历外敌侵略、生死离别之后，她们对故乡的美好事物、童年生活的印象变得格外敏感。其作品取材熟悉的“故乡”，聚焦于对大陆风土人情的追忆和对逝去的岁月的怀念，使之成为“乡愁文学”创作的重要资源。苏雪林、谢冰莹、张秀亚、琦君、林海音等女性作家都著有一系列怀乡作品，开启了台湾现代女性书写的崭新的时代主题。从这个意义上来说，对“乡愁”的叙述，不但扩展了文学研究的视野，而且从“超越”的视角去描写一种“个人化”的“乡土”记忆，进而体现出作者对“现代性”的反思。

从一般意义上讲，“故乡”是一个人究竟来自何方、血脉亲情系于何处的根源体现。对于那些生于大陆的台湾女作家而言，由于“根”不在台湾，她们便以“外省人”的身份，将对“现代性”的态度放置在城市与故土的框架内加以反思。通过两者之间的对立冲突和两者所代表的不同价值观的差异，以女性特有的细腻而丰富的感性来抒发离家漂流的困境，逼真地呈现了她们自身的生活信仰。其笔下的所谓“乡愁情结”在游子思想的基础上，还折射出一种离别故土的重重忧患，以及面对迁入地复杂人情世故的未知的恐慌。这在中国古代表现于“田园诗”“离乱文学”等，在现代则表现于“海外文学”“华文文学”“留学生文学”等新的领域之中。虽然“乡愁文学”的母体是“乡土”文学，但是这些故事不一定都发生在乡间社会，也不局限于农村这一特定的生存空间。它也可能发生在都市，所以“乡愁”的定义其实已经变异，升华为超越国界、民族、意识形态与阶级，表达了对普通人，特别是对弱势群体表示温暖的关怀。

每每谈到台湾女作家，笔者总是想到一个名字——琦君。就“乡愁”的抒写来说，琦君笔下故乡风土人情虽不新颖，但表现出的却是纯正的中国式的情感。她从大陆、台湾、美国三地生活过的亲身体验中发现人生的酸甜苦辣，悲欢离合及城乡之间的隔阂。如此情况下，最要命的是，她在两种文化、两种思想的对比中，发现人们看不出各自的丑陋和优美之处，却产生了彷徨、矛盾与痛苦。于是，心甘情愿夹杂在两种主流文化的中间。而且这种“消极”与“堕落”，只能使她们永在无家可归的荒凉之中。因此，“乡愁文学”虽源于“乡土”题材，但最终分离而出，为大众广泛接受并成为一种潮流，从某种意义上说，也是时代发展和受众内心寻求的必然体现：

当代台湾乡愁文学的勃兴正是在这种文化背景下，由于现实的因素刺激的结果。1949 年 200 多万大陆军民被国民党政权挟往孤岛。这些人背井离乡，痛别亲朋，流落到陌生而不安的南国一隅。本来，他们忽忽而来，并无长期定居的思想准备，而当朝鲜战争结束后，国民党“光复大陆”的神话又彻底破产。这样，他们梦寐以求的重回故乡的希望也随之幻灭。“老家回去不了”，“身在异乡为异客”的“无限”的焦灼，使他们普遍患了“怀乡病”。这样乡愁文学便应运而生。它是台湾同胞渴望回归故里，思念落叶归根的强韧观念的一种反应。这种文学对我们了解台湾同胞的心理和困境有重要价值。[8]

过去，人们的关注点大部分停留在作者热情叙事的怀旧情绪和文化认同，但是对作者叙事中包含的女性意识却被忽略了。仔细分析起来，琦君始终以回忆的笔调书写温州的故事，也可以代表从大陆赴台无数人的乡恋情怀。虽然这一类文学的主题大多是带着感伤情调和悲剧色彩，但是琦君则将“乡土”中国的人伦道德作为反思现代性的思想动力。这种叙述已不再是简单地倾诉与宣泄，与此相反，更多包含了社会文化、社会阶层与个体身份的转移，以及社会改革所带来的心理认同与排斥等诸多可能性。琦君身处于工业化的台湾工商社会，她目睹了新思想、新道德包括新的人际关系深刻地影响着人性的变异。引人注目的是，她在作品中亦努力表达出了女性自己的人生。面对历史的新陈代谢，琦君看到女性的悲剧常常被女性误解。为了反映这种思想，作者借助于新旧“女性”的视角来侧面叙述故事，常常由眼前的景联系到故乡的情。琦君作为一个人类命运的探索者，以投入故事的方式凸显出女性主体的声音，进而加强了叙述的真实度，而且使得其创作更增添了许多温情色彩。

在那段特殊的历史条件下，以琦君为代表的台湾女作家，她们虽然没有生活于高度个性化的时代，但她们以敏感而多思的个体，从日常生活的体验出发，进一步探讨传统文化语境中女性“尴尬”的处境与生活的艰难，从而反思在一切权力由男性主宰的社会里，女性被扭曲和践踏的社会根源，凸显了对女性命运与人生的深切关怀。

三、“女性意识”的觉醒：基于性别经验的时代书写

乡土文学创作中，女性作家颇受关注。她们借助女性独有的视角，书写了中国传统女性所经历的种种不公、歧视与苦痛，折射出乡土世界中女性地位的变迁，使其作品拥有了厚重的历史文化价值。在中国封建宗法社会中，“三纲五常”“节烈”“孝道”是早已被制度化的。这在现实生活中给女性带来了极大痛苦，甚至剥夺了无数妇女的生命。纵观鲁迅的作品，从其留学归国后发表的第一篇作品《我之节烈观》起，便表现出对女性问题的关注。此后的《随感录》系列二十五、四十、四十九以及《我们现在怎样做父亲》《娜拉走后怎样》《寡妇主义》《记念刘和珍君》《以脚报国》《关于女人》《关于妇女解放》《上海的少女》《男人的进化》《病后杂谈》《病后杂谈之余》等杂文，其对女性问题有着越来越深入的探讨。创作中，鲁迅聚焦现实人生中女性的受难与死亡，他用血与泪的笔墨再现了女性的悲惨命运，塑造了旧中国的女性形象。《祝福》的祥林嫂、《明天》的单四嫂子、《离婚》的爱姑等，鲁迅笔下的旧中国女性大多丧失了自我独立的思考能力，安宁于现实。“是一个性别压迫的漫长的社会化过程，致使妇女渐渐丧失了思考和表达的能力，当这种压迫经过若干代演化最终成为心灵上的桎梏之后，女性精神与心理的畸形，也就不可避免了。”[9]然而在现实中，随着现代化语境的不断延伸，女性作家们开始强调性别平等，表面上亦不再将女性当作“第二性”，但是男权社会下的性别歧视毕竟难以从根源上消除，性别差异本身便是客观事实，它对每名女性的正常生活，甚至命运都有或多或少的影响。

琦君早年经历过的家庭变故与战争带来的伤痛，其将奶奶、母亲甚至妻妾们的故事写入自己的作品中。她们虽然对性别的不平意识始终提出疑问，但是无法处理爱情、婚姻等事务，那是一种孤立的抵抗。怨恨归于怨恨，最终还是依附于这种不合理的体制。从“五四”到现在，追求妇女解放、女权主义和自由的爱情被视为一种自我独立人格的完成。正如黄子平所言，当异性间的爱情承担着向礼教宣战的重大责任时，它便是“信念、旗帜、屏障，是射入黑暗王国的一线光明，是社会和政治进化乌托邦的情感对应物”[10]，唯独不是爱情本身。于是书写者尽管站在女性的立场，但是并没有把男性改为“他者”的写作意识。

琦君在《橘子红了》的一书中，捕捉到了女性的价值标准的混乱。作品以十六岁的秀娟为视角，讲述了在城里做大官的大伯娶了交际花为二房，从此大妈在乡下守活寡的故事。因为大伯娶的二房无子，一向作为贤妻良母的大妈，自作主张替大伯再娶了比他小 18 岁的贫家女秀芬作为生育工具。大伯回乡匆匆与秀芬圆房之后，又赶回城里，从此以后秀芬就成了弃妇。最后，秀芬在哀愁与恐慌中小产而死。鲁迅也在“几乎无事的悲剧”中塑造了一系列被侮辱的女性形象。在《男人的进化》中进一步指出了父权社会对男女两性设计的不同道德标准：

父母之命媒妁之言的旧式婚姻，却要比嫖妓更高明。这制度之下，男人得到永久的终身的活财产。当新妇被人放到新郎的床上的时候，她只有义务，她连讲价钱的自由也没有，何况恋爱。不管你爱不爱，在周公孔圣人的名义之下，你得从一而终，你得守贞操。男人可以随时使用她，而她却要遵守圣贤的礼教，即使“只在心里动了恶念，也要算犯奸淫”的。[11]

她们一直认为想尽办法照料丈夫、孩子是女人最大的本分。因此一再忍受丈夫的冷暴力，然而并没有提出离婚，还劝说与她们相同遭遇的妇女们好好固守着传统美德。这种混乱的价值标准不仅表明传统观念在当代生活中复杂呈现，也印证了女性的宿命。

为了颠覆男性视角的权力话语，建立女性自己的发声方式，作者将清醒后的痛苦与混沌时的安好进行了深刻比对。在琦君笔下，爱情是人生的要义，透过爱情看人生，爱情便不再可靠，也正是在这些琐碎的日常生活里，作者挖掘出了女性命运的不幸：

女人家的命就是捏在男人手里，嫁个有良心的男人，命就好，嫁个坏良心的，命就苦。我想你们大户人家的男人总是好的，做小有什么要紧？……因此我只好一心一意地生孩子，等他回来，等孩子长大了过平平安安的日子。哪里想到胎会掉，他也不再理我了！[12]

受博爱观念的影响，琦君的作品投射出人道主义价值取向和女性特有的感知经验。对此，徐学曾给予肯定："琦君不是哲学家，也没有系统地阐述过她的人生观，在从童年到青年的成长期中，她受到过中国传统道德的熏陶，也刻下了佛家、基督教'爱'的哲学的印记。无论她所接受的这些思想是进步或落后的，在她只是一种信仰，其作用只是用来支持一种人生态度和价值立场，维系一种对人性完美发展的方式追求她的思想资源。"[13]纵观琦君的作品，其女性角色在经历各种风雨之后，明白了所谓的爱情和人生，最终都不过是一场空。所谓情战的胜利，其结果多是沉沦于人生的苦海，淹没了自己的目标与志向，满足了男性的利己心。对此，鲁迅曾说道："女人的天性中有母性，有女儿性，无妻性。妻性是逼成的，只是母性和女儿性的混合。"[14]女人的这种"三性"是被迫的，绝非她们自由意志的选择。对于男女平等和女性解放问题，中外许多有识之士进行过深入的研究。在《第二性》中，波伏瓦也说："女人不是天生的，而是后天形成的。"[15]

新思潮风起云涌的时代，现实中的女性，面对着生育、家务、劳动、礼教等方面的专制束缚，往往处于自我压抑之中，这意味着女性生命之痛的开始。女性，异己的身体，历来是男性行使幻想暴力和构思社会问题的宝贝清单。[16]无论在文学创作还是现实生活中，受传统礼教压迫的中国女性总处在纠葛与压抑之中。作为社会个体，她们往往成为单纯的个人化的、欲望化的对象。正因如此，她们的命运更显得悲凉。然而她们却把自己受到的不公平和伤痛的责任归于女人本身，并把痛苦不断转移，代代相传，或许这才是琦君所表达的更深层悲剧。[17]

以女性的视角来观察社会，反思乡土世界，是女性作家对现当代文学的重要贡献。在唤醒普通妇女女性意识的同时，作者把视角转移到对男权社会的批判，揭露男性中心意识给女性精神、肉体上带来的伤害。与此同时，借助对乡土社会中男权主义的反向“探索”，她们努力构建新的两性关系。在社会变革的大背景下，女性创作中对自我的认同与人道关怀成为其写作的重点所在。对比男权主义为中心的乡土世界，作者对男权的合法性提出了质疑，通过“主体/他者”与“中心/边缘”相互转换的叙述模式，为乡土、乡愁、乡恋引入了新的情感体验，成为记录一个时代的重要组成部分。

参考文献

［1］费孝通:《乡土中国》，上海人民出版社2007年版，第6页。

［2］周作人在1910年翻译匈牙利作家育凯摩尔的《黄蔷薇》序：“描写乡村生活，自然景物，虽运用理想，而不离现实，实为近世乡土文学之杰作。”周作人从风俗与文学的关系入手，探析了他的乡土文学观念。《黄蔷薇·序》是迄今为止中国文学史上第一次出现“乡土文学”这一概念的文章。参见周作人:《苦雨斋序跋文》，河北教育出版社2002年版，第12页。

［3］鲁迅:《且介亭杂文二集·〈中国新文学大系〉小说二集序》，《鲁迅全集》第6卷，人民文学出版社2005年版，第255页。

［4］董炳月:《鲁迅〈故乡〉阅读史——近代中国的文学空间》，新世界出版社2002年版，第211—212页。

［5］卡尔·曼海姆:《意识形态与乌托邦》，姚仁译，九州出版社2007年版，第395页。

［6］陈德锦:《中国现代乡土散文史论》，中国社会科学出版社2004年版，第56页。

［7］公仲、汪义生:《台湾新文学史初编》，江西人民出版社1989年版，第76页。

［8］白少帆、王玉斌等编著:《现代台湾文学史》，辽宁大学出版社1989年版，第267—268页。

［9］冯奇:《服从与献身——鲁迅对中国女性身份的批判性考察》，《鲁迅研究月刊》1997年第10期。

[10] 黄子平:《“灰阑”中的叙述》,上海文艺出版社2001年版,第146页。

[11] 鲁迅:《准风月谈·男人的进化》,《鲁迅全集》第5卷,人民文学出版社2005年版,第301页。

[12] 琦君:《琦君作品精选》,长江文艺出版社2017年版,第155页。

[13] 徐学曾:《以爱心洞悉忧患人生——浅谈琦君散文》,《台湾文学选刊》1988年第4期,第84—85页。

[14] 鲁迅:《而已集·小杂感》,《鲁迅全集》第3卷,人民文学出版社2005年版,第555页。

[15]【法】西蒙娜·德·波伏瓦(Simone de Beauvoir):《第二性》,郑克鲁译,上海译文出版社2011年版,第9页。

[16] 荒林:《两性对话——20世纪中国女性与文学》,中国文联出版社2001年版,第2页。

[17] 孙良好等著:《文学的温州:温籍现当代作家作品与研究》,浙江大学出版社2012年版,第199页。

美学的“归置”

——琦君在文学史编纂之间

（祁玥　北京大学中国语言文学系，北京　100871）

摘　要：以往针对作家琦君的研究多根据作品内容展开，论文试图调整“焦距”，将琦君作为移动的焦点，关注其如何在两个文学场域（Literary Field）的文学史建构中，得到差异分明且颇具意味的论述，进而从文学史的内容触及对文学史编纂本身的反思。探索琦君如何作为一种“美学范畴”的代表，被文学史的场域结构与书写逻辑归置，在大陆论述中被视为古典与“五四”传统的继承者，赋予文艺美学的中心位置，在台湾论述中被视为背离官方的抵抗者，赋予反中心主义的边缘位置，并从各自角度获得了“文学正当性”。最后，试图揭示作为“知识话语”的文学史书写中一种“脱离—送回”的往复运动，以此观照时间—历史意识下两岸殊途同归的书写逻辑。进而，纳入“空间”的横向视野，通过“复写”与“重写”的关系来探索另一种书写可能，希望引发更多关于统合性论述的思考。

关键词：琦君　文学史　场域　美学位置　空间意识

著名女作家琦君，自有作品问世以来，从20世纪50年代中期至今，相关的文学评论与研究者从各个层面进行了细致的整理与探索，其中大多以散文为中心，围绕作者个人经历、古典修养、抒情风格、“爱”的感悟等方面展开具体分析。本文仍以琦君为关注对象，但试图调整焦距，将其作为移动的焦点，放置在两条不同序列的文本论述中，来以此观照琦君作为一种“美学范畴”的代表，其“角色”定位与“功能”变化如何被归置在统合性建构中，并试图结合文学场域整体来探讨文学史书写的逻辑更替问题。

一、“归置”：在文学史之中

本文选取在大陆编写的台湾文学史代表作《现代台湾文学史》《台湾文学史》与《简明台湾文学史》，与在台湾出版的两部文学史著作《台湾文学史纲》与《台湾新文学史》①，来展开具体的对比分析。有必要厘清的是，正如研究者指出的，“事实上，台湾岛内的叙述立场同样存在很大差异，有的和大陆文本并无明显区别”[1]158。为避免以偏概全，遮蔽台湾文学场域内部文学史论述复杂多样的事实，也为了避免过度抽象，将多重理论建构关系简单化，为此，针对本文的问题意识，仅将所选的两部台湾文本作为岛内“众声喧哗”中的其中一种“声音”来进行具体讨论。由此，总结上述文学史中琦君相关的部分，主要集中在以下两个维度：

（一）琦君与大陆的“关系”

1. 琦君对大陆传统的“承继”

文学史中涉及个别作家的论述，一般都从生平及作品简介开始，琦君则也不例外，其中必然提及她于1949年赴台的经历，由此大陆的几部文本都在后文的进一步分析中，“自然地”由此段经历过渡到了其主题、风格与传统的一种“承继关系”。

主题上，主要从“忆旧怀乡”的故乡人事书写角度展开论述。古继堂主编的《简明台湾文学史》第21章“台湾散文创作的繁荣”[2]346第1节“台湾散文创作的走向”中，总结概括道，“50年代，怀乡忆旧成为散文梦魂萦绕的主旋律，远离故土，痛别亲朋，流落孤岛，对故国家园和骨肉同胞的强烈‘乡愁’，执着地

---

① 《现代台湾文学史》由白少帆、王玉斌、张恒春、武治纯主编，《台湾文学史》由刘登翰、庄明萱、黄重添，林承璜主编，《简明台湾文学史》由古继堂主编，《台湾文学史纲》为叶石涛著，《台湾新文学史》为陈芳明著。

表现在作家笔下”[2]346。具体到作家作品时，他指出，“第二代有琦君、张秀亚、胡品清、林海音等，承继‘五四’散文传统，描写温馨的回忆，琐记亲人故友，语言讲究精粹沉潜”[2]347，而在《现代台湾文学史》中，论及散文的发展历程，也同样将琦君置于“忆旧怀念的散文”类别之中。第 29 章第 3 节专述“琦君的散文”，除生平及著作简介外，也将“童年忆旧和怀乡思亲”[3]714-716总结为其散文的主要题材。此处对“忆旧怀乡”主题的强调，其实暗含了琦君与大陆两个层面的联系。首先是情感上，“忆”与“怀”展现了漂泊主体与故乡亲友一脉相承、血脉相连的关系，只是空间上产生了横的播散；其次是文学上，通过分析“忆”与“怀”的方式、“旧”与“乡”的内容，指出琦君散文的艺术特色并非无源之水，而是上承“五四”，是对传统在时间上（如划分代际的做法）纵的继承。因而大陆文学史文本中对于琦君散文主题状似中正的陈述，实则已从情感与文学两方面，将琦君与大陆紧紧相连。

风格上，大陆的文学史主要从“古典修养”与“抒情传统”两方面，来论证琦君散文的“中国味儿”特点。古继堂主编的《简明台湾文学史》，重点即落脚于这两处：琦君散文的“中国味儿”“来自她深厚的中国古典文学修养”；“抒情怀旧多在童年生活、故土风情、亲人师友间，在自我经历和经验的方寸田园中精心耕耘”，“她突出‘爱’与‘美’的主题，满蕴着对生活的挚爱和对人的真诚、宽容，表达出温柔敦厚的风范”[2]352。《现代台湾文学史》相较于《简明台湾文学史》，附加了琦君散文创作特点的总结，分别为“特点之一：忆旧怀人，笔墨细腻”“特点之二：见微知著，感悟人生”“特点之三：描绘习俗，点染风光”“特点之四：淡雅素朴，温柔敦厚”[3]714-716。这在《台湾文学史》中被还原和归功于传统文化的教育与熏陶：“琦君自幼受严师督促苦习古文，大学时又得江南名师指导，主修中国古典诗词……扎实的古典文学修养使她能领略和化解古诗词的意境和人文精神于自己的散文创作中，在极细小的生活琐事上，随处寻觅温暖，记述温暖，散播温暖……”[4]724，并进一步将上述创作特点总结为一种“东方式”的“古典风范”：“她的表现手法和题材都有比较多的传统闺秀气”[4]725“表现出一种东方式的澄静淡泊”[4]724“平淡中求真情，失落中又自我慰勉的古典风范。”[4]725

不难看出，同主题方面强调的内容类似，在风格的阐释上，大陆的文学史文本也将琦君解读为中国传统文化性格的延续，继而将其安置在中国传统美学继承者的位置上。加之空间上的迁移经历，成了“主流－支流”理念构想的典型。

2. 内容与“在地”的“脱节”

在“与大陆的关系”这一问题上，反观本文所选的两部台湾出版的文学史文本，上述紧密的承继关系在其论述中，都反向成了与台湾当地“脱节”的表征，即身处异乡抒发的“乡愁”，被视为一种“别的国度里的风花雪月”[5]89。

首倡台湾“乡土文学史”，突出本省籍作家作品独特价值的叶石涛，在其《台湾文学史纲》中评论道，外省籍的作家“实际上他们生活的根还留在大陆……像这样的怀旧，把白日梦当作生活现实中所产生的文学，乃压根儿跟此地民众扯不上关系的怀乡文学。……这和本地民众现实上的困苦生活脱节，读起来好像是别的国度里的风花雪月了”[5]88-89。在此可以看到一种强烈的“在地”视角，外省籍作家的书写及生活经验成了“外来”的“他者”，与在地的异质因素被放大强调。在后续章节中，他继续说道，“六〇年代的散文有一部分作家承继三〇、四〇、五〇年代的传统继续写作。虽然五〇年代显著的怀乡情绪已逐渐淡去，但仍有古典散文的风花雪月的格调”[5]124。琦君亦在此时期的“女散文家”之列。虽然叶石涛在这里肯定了这时写作与30年代以来“中国”的、古典的、传统的联系，但却在后半句话通过“风花雪月”消解了其在地的现实合法性，将其放置在了“台湾”的、当下的、“在地”的对立面，而这一点更体现在，借助台湾话文论争的场域，对“白话文”，特别是其来台后的发展论述上，通过一种“转折”话语，表达了清晰的在地主体立场。

来台后的五四白话文在论述中被表现为一种逐渐“衰落”的态势。叶石涛在《台湾文学史纲》中说道，“五〇年代也可以说是散文盛行的时代……然而大多数散文皆为写‘风花雪月’的作品，怀乡情绪的忧郁与伤感充塞于中，只提供民众茶余酒后的一时消遣。不以‘风花雪月’为题材的散文，主张‘战斗性’，使散文走上反共八股，千篇一律，令人生厌”[5]100（琦君在此处“较有成就”之列）。陈芳明的《台湾新文学史》也强调，“白话文的疲态，在反共文学时期已经呈露出来。那种淡如水的文体，虽然一度为文学革命者胡适推崇过。但是，包括胡适在内的白话文书写，终于也沦于肤浅、腐败的命运”[6]461。

两部所选文学史的论述重点继而落在这种“衰颓”后的转折与新生上，并在陈芳明的笔下表现为，借用两性关系，将始于大陆的白话文书写作为“父权”结构的象征，将琦君的“母性”特质书写放置在结构内部的边缘批判位置；在后续论述中，干脆将台湾女性散文家作为与“五四/男性中心思维”相比肩抗衡的“女性”书写的象征。由此，白话文的转折与新生、主体精神特质的建构，都落在了“女性”书写内部的起承转合上。

（二）“女性”的显隐与功能

对“女性”这一性别特征的显隐处理在对比之下颇具意味。大陆的几部文本都没有刻意从性别角度对琦君及其书写进行阐释。如《简明台湾文学史》第3节专述“第二代”女性散文作家（琦君也位列在此），仅仅将几位并列，并未强调和赋予性别特殊的位置与功能；《现代台湾文学史》以作家编目，第29章以“梁实秋、琦君、张秀亚的散文”为题，甚至把琦君直接和男性散文家归入一章。“女性”在大陆文本中并不指向某种权力关系，亦不承担结构中的特定功能，只是作为基本属性予以提及，但在所选的两部台湾出版的文学史中，如前简述，白话文的转折与新生，美学价值的颠倒，以及主体精神特质的彰显，正暗合在“女性”书写对“男性”象征的颠覆逻辑之中。

陈芳明在《台湾新文学史》中说道，“白话文在台湾能够继续保持活泼的生命力，主要应归功于散文家不懈地予以反复炼铸。台湾女性散文家在一九五〇年大规模诞生，对于白话文的试验与提升具有不容低估的贡献。女性散文家在台湾的‘在地化’与‘现代化’，重新振作了白话文的生命”[6]461。他在论述艾雯时就强调“值得注意……她的在地化书写……偏离官方文艺政策所推崇的以中国为中心的思维方式”[6]462。由此他强调一种不同于男性、官方、中国中心思维方式的“女性思维”，“女性作者的努力营造，可能并未意识到她们追求的方向已渐渐与文艺政策悖离。然而，也正是通过这种无意识的开发，才使得女性散文能够在男性思维之外另辟全新的美感”[6]464。在论及张秀亚时则特别点出，其散文中的忆旧成分，应从“政治无意识”（political unconscious）的角度来理解，“是在政治大环境中被压抑下来的”[6]463，并继而转入对琦君的论述，“在记忆建构方面的另一位高手，当推琦君”[6]463。

琦君由此被放置在上述“女性”思维下的“母性”书写一路中。琦君“是一九五〇年代以来最富有母性的散文家”[6]463。但他同时提出，“在某种意义上，母性的特质也许未能脱离父权文化的论述。也就是说，她们扮演的角色正是传统文化规范出来的”[6]464。母性书写虽然以生活“细节政治的刻画”，使他们“与男性大叙述拉开距离”[6]464，但在陈芳明看来仍然“不够彻底”，琦君有着丰厚的故乡经验，并书写了大量兼具传统风貌与古典精神的怀乡文本，与大陆有着割不断的联系，其“母性书写”仍然内在于“父权文化”体制内，无法获得独立逻辑。因此在后文，他通过“论述”“母性”（内在于“父权”）向“女性”（对立于“男性”）的发展，进一步建构彰显在地主体性的二元对立模式，而这种发展与转变，则是通过现代主义“横的移植”、继而“加速远离五四的影响圈”来完成的，被表述为对“一种权威的抗拒”，对“传统的背叛”，“更是一种文化的批判”[6]468。“从前散文中流露的母性，有很大程度是借由父权文化来界定的”，而如今“女性作家已经开始意识到如何重新为自己定义命名”[6]471，“女性散文建立起来的美学就再也不是男性尺码可以轻易衡量的”[6]476。由此，论述底层的逻辑产生了更替，“台湾”之于“中国”，在象征关系上不再是内在于父权结构的“母性”书写，而是抵抗男性中心的“女性”书写。

二、“编纂”：在文学史之间

（一）“文学史”转向“文学史编纂”问题

琦君相关论述之间的差异提醒人们，对于文学史论述本身作为意图建构之表象的事实要有足够的警惕。由此，问题也由文学史所述内容的差异过渡到“编纂”这一行为自身。这一过程正如法国学者皮埃尔·诺拉所描述的，“当人们质问一种传统，不管它多么令人崇敬，便意味着他不再认为它是唯一的传承者……追寻传统的物质和概念工具、传统产生的过程及赖以传播的社会媒介、传统自身的构建，这就让整个‘历史学’走进了‘历史编纂学’时代，并会终结历史与记忆的身份同一”。[7]7-8

文学史由此成了“时间之镜”，将其重新放回到历史之流中，作为特定文学场域和历史意识的产品具体定位，那么这面“镜子”的功能，就不仅是“反映”所谓事物的“原来面目”，更是作为“非我之镜”折射出多重的“现实处境”[7]18-19，其中既能看出书写者对历史的观照视野、叙述立场、阐释角度，亦能解读出书写者自身的时空背景、现实焦虑与对话对象。因此，任何论断和语气都需要加以质疑和还原，任何概念的引用都并非不言自明、毫无顾忌。对于此类全景式的历史呈现能够主动保持足够的“距离感”，有助于探查更为复杂的现实关怀，而要想对文学史的编纂进行反思，对“时间之镜”进行解读，一条有效的路径便是从最基础的“时间意识”入手，一种“历史”与“想象”混合的动力。

“历史书写”与“历史”本身存在着共生关系，而“文学史”与“国家史”之间更是密不可分，“书写文学史就是一种对于国家身份认同，对于文学主体和政治主体之间的呼应”[8]11。文学史作为政治主体的“成长叙事”，这样的逻辑在陈芳明的《台湾新文学史》书写中清晰可见。要想对“成长”的过程予以路径清晰的讲述，不仅要求立足当下，对过去的“历史”进行辨析与扬弃，更为重要的，甚至是面向未来及有关的“想象”，来进行“纠偏”、选择与建构。正如学者王德威所说，“处理文本时的虚构能量……是激发我们面对生存境遇时的对话方法”，“当这样一种以虚构为基准的文学空间介入到实际历史情境里，必然会产生碰撞，产生以虚击实，或者以虚寄实的对话关系”[8]119。这提醒着人们，文学史与现实乃至未来的对话关系，可能成为异于上述“文学－历史”的新的共生关系。因为它不仅生于历史，更要面对不同时空的政治策略与环境、文化市场与传播机制、经济社会未来发展乃至国家兴亡。由此“历史”与“想象”不再泾渭分明，甚至合二为一即“历史想象”，“其根本意义在于对既往叙述的再定义和再处理，以符合叙述者当下的需要并重塑文本……起决定作用的则是叙述者的动机和立场”[1]157。

当“历史想象”与权力结合在一起，借助福柯意义上特定“场地”（l’emplacement）所提供给语言文字的象征性权力，便使历史想象可能作为“知识”，被赋予重新认识、阐释与建构的权力。而当被赋予了权力的“历史想象”如滚雪球一般与特定的“时间”观念结合在一起时，文学史作为一种“知识话语”的动力就产生了。作为线性历史的底层逻辑，一种最为根本的“时间”观念即为“现代性”。不论文学史被冠以“中华民族成长史”，抑或“在地主体成长史”，“现代性”都作为基底，近现代“民族”和“国家”的论述都作为统合性概念建立在此之上。由此，现代主体的建立也就自然地和民族国家的建立联系在了一起，打通了内在的自我认同和社会化民族国家认同之间的通路，文学史作为这种“历史认知”的重要一环，承担着表层的叙事功能，通过时间的“分期”和一套“发展”“衰颓”“转折”“新生”的话语，将混沌冗杂的历史整合，服务于相应的“文化主体”建构。

从最深层的现代性思想方法，到浅层的民族国家意识形态，再到最表层的文学史生产与写作，由此可以对近年来书写意图逐渐激进化、以及“台湾文学”在一些学者心目中象征地位的逐渐提升，做进一步的理解和思考。

（二）美学范畴在文学体制中的位置问题

厘清文本史书写的基底，可为人们进一步探究琦君相关论述在不同序列文本之间的“变动”提供内在逻辑，而从文学史书写的内容到编纂的逻辑继续深入，便可以从文本整体生成的角度来进行观照。美国学者张诵圣曾借用何恒达的“文学体制”与布迪厄的“场域观”概念，来试图建构一种从整体上把握文学史生成的方法①。这对于理解琦君在文学史结构中的位置及功能变动问题，提供了可借

① 详见《“文学体制”“场域观”“文学生态”——台湾文学史书写的几个新观念架构》，为2002年11月24日在台湾成功大学主办的“书写台湾文学史国际研讨会”上宣读的文章，后发表于香港《现代中文文学学报》(2005年第6卷第2期及第7卷第1期)，参见：张诵圣. 当代台湾文学场域[M]. 镇江：江苏大学出版社. 2015：221－232。

鉴的方法论。

关于当代台湾的“文学体制”，何恒达将其分为抽象和实体两个层面，“前者……即为社会上大多数人体验、界定、欣赏及品鉴文学所依据的美学范畴。后者，实体层面的文学体制，则指的是‘将文学观念、典律、规范传播于社会大众的具体、物质性的机构或组织。’”“探讨抽象性文学体制时，我们处理的对象不是个别的文本或作家，而是一个美学范畴”[9]224。本文对琦君的讨论也借鉴了这种视角，即并不限于对个别文本内容做特征赏析，而是将作家、作品作为一种“美学范畴”，放置在台湾文学史的整体生产场域中来看待其位置和功能——正如张诵圣在文中提示的——只有将抽象和实体两个层面一起考察，才能凸显“美学观念的社会实践”这个重要的问题。而“场域”的概念则提示我们，在一定结构中，每个主体所占的位置不仅立足于自身属性，更取决于和结构中他者的关系，“‘都结构性地依赖其他的位置而存在’①”[9]227。上述“美学范畴”所占据的“美学位置”（artistic position），也须放置在“关系网”中进行观照。由此人们可以理解，琦君的文学书写之所以在陈芳明笔下被强调“母性”特质，是因为场域与结构中的他者是占据“中心”位置、象征“男性”“官方/主导”的话语力量，因而琦君的“母性书写”因其对话对象的预设，而被放置在了结构中的“边缘”位置，象征“女性”“反抗”的话语力量②。

这种场域内部美学位置互为对立他者的思维方式，被岛内一部分学者纳入了论述逻辑，从而试图摆脱“主流-支流”说所建构的继承、包含关系。以“边缘的立场”，对某种“中心意识”[10]和大叙述进行解构，这种论述路径从1949年后的现实话语边缘状态，透过20世纪七八十年代逐渐明晰和公开的自主意识，历经乡土文学论战③，随着现实形势的变化，在整个社会场域的变化中呈现了上升的

---

① 参见：Peter Uwe Hohendahl. Building a National Literature: The Case of Germany 1830—1870[M]. Cornell University Press, 1989. Page29-30。

② 这种二元对立关系的产生也是现代性的产物，并从属于其思维逻辑。

③ 这里要对“乡土”与“本土”意识的区分有清醒地认识，从历史方面来梳理二者发展脉络中的纠缠与逐渐增大的差异。正如张诵圣所总结：“70年代的乡土派和80年代的本土派在当时都占有反对文化形构的结构位置，尽管两者对主导文化的挑战侧重在不同面向——乡土派的左翼批判主导文化的右翼意识形态，勠力挞伐以此发展出的政治迫害；而本土派主要从不同民族主义的角度，抗议主导文化的基石——具有强大族群歧视性的‘中国中心意识’（Sinocentrism）。”（参见：张诵圣. 当代台湾文学场域[M]. 镇江：江苏大学出版社. 2015：230。）“乡土”与“本土”意识的纠合又在以叶石涛为代表的台湾知识分子个体身上呈现出了随着时代不断变化、发展的状态，因此不仅是概念之间，时间上前期与后期的差异与发展也不能模糊边界，一概而论。

趋势，而文学史论述作为话语在变动不居的现实过程中，正如布迪厄提示的，面临着不断的“文化再生产”，而这种文化再生产过程背后真正的动力是社会权力的再分配。因而琦君的相关论述，也生成在权力争夺和再分配的过程中，才会被“拿来”“拿去”，在大陆与台湾出现叙述重点的差异与美学位置的游移。

（三）美学位置的“文学正当性”获得

如上所述，结构中的美学位置总是相对于他者、在对立关系中存在，因而彼此间势必会产生布迪厄所谓的“文学正当性原则”（externally derived principle of legitimacy）下的“竞争关系”，即“占有不同位置的文学活动参与者不断地彼此角逐界定正当性文学论述的主导权”[9]227。那么这种“正当性”从何而来，又从何种角度进行评判呢？

张诵圣曾总结道，“现当代中国尤其是中国台湾地区的文学场域里，决定文学正当性论述的外在因素，属于政治性的远远超过属于经济性的。”[9]226以上论断虽然提示着人们，政治性可能在一定时空场域内相对于经济性占据了上风，但当其需要和文学结合进入实践阶段时，就势必会产生和文学自身正当性的冲突与争夺。因而看待文学场域内部各类文学现象时，从“文化意义上的正当性”（cultural legitimacy）和“政治意义上的正当性”（political legitimacy）两个角度，在现象内部或时间脉络上来观照其此消彼长的互动状况，可能更有助于深化人们对于问题的理解与思考。

由此回到本文讨论的几部文学史文本，将其各自彰显和自我阐释的“正当性”放在一起横加比照，更能看出“政治”“文学”之间的互动与互用——一些文学论述以政治主体的发展脉络为暗线，而意识形态通过文学史观与各类体制建构自我合法性。例如古继堂的《简明台湾文学史》，其鲜明的意识从目录就可见一斑。前言分为四节，其中“一、正本清源，理清脉络”中就突出强调，“台湾是中国的一部分，台湾文学是中国文学的一部分。这是事实，这是足迹，这是历史”，可以“一目了然地看到大陆的文学和台湾文学的母子关系”[2]2。第三部分“摒除社会分期，建立时空架构”中则直接点明意图，即“体现出台湾文学与大陆文学的内在关系”。[2]5绪论下属四节，分别为“一、台湾是中国人用血和汗写成的一部历史”“二、台湾原住民文化和中原文化一脉相承”“三、台湾社会分期和两岸文学的历史沿革”“四、撰写《简明台湾文学史》的动机和原则”。从标题可以看出鲜明的观点意图，在第四节“动机和原则”部分，还特别指明对话对象，即陈芳明《台湾新文学史》中“歪曲历史”的“谎言”“堕落”与“错误的理论”[2]1。反观陈芳明，在文章《从台湾文学的局限与延长——与彭瑞金对谈台湾文学史的撰写》中说道，“有许多人在谈到台湾新文学的时候，总是刻意强调它和中国的关系，例如陈少廷的《台湾新文学运动简史》便是，他们认为台湾文学从中国文学来。我觉得看文学不能这样，从自己感官上的乐趣来解释历史。”① 彭瑞金也在对谈中强调，要站在主体的立场、建立体现“台湾史观”的文学史论述，否认“主流－支流”的理论建构。一种民族内部想象的边界经过不断增长的“疏离”（de－familiarization），“外省”与“在地”的内部冲突，最终被指认为更大范围内的主体与他者之间的对立。

由上文两岸文学史书写意图的具体对照可见，大陆文学史论述的正当性在于“中华民族共同体”的建构与维护；而在陈芳明为代表的论述中，琦君所代表的“边缘”的“细节政治”在被压抑后获得“复归”，成为其正当性的重要因素，如同前文所分析的白话文，经过“转折”，在“本土”得到了“新生”。

三、“复写”与“重写”：时间的往复与空间的探索

（一）“复写”：现代性角色的获得

使被压抑者“复归”不仅是旧事重提，更是在新的结构中所占位置与角色功能的重新赋权。正如琦君身上的“母性”，只有被纳入台湾主体建构框架下的叙事脉络中，才获得了重提的必要，即占据相对于父权中心的边缘话语位置，行对立反抗之实。

这种位置与角色的再获得，在笔者看来是一种“复写”行为的产物：那些曾经“脱离”历史运动的片段，如今在“复写”中又被“送回”到历史中[7]11。这样意图鲜明的、旨在锻造生成台湾主体的论述，其实更具“宏大叙事”的特征——虽然这正是本文所选台湾出版的两部文学史的书写者们大加挞伐并试图予以瓦解的——以打捞钩沉的姿态试图重建主体脉络，何尝不是又一层的覆盖、涂抹、遗忘与忽略，错置、解散与再错置，最终无法避免地重复了批判对象的路径，不断的复写成了不断的“替代”，只不过用一条线性脉络替代了另一条。标榜发现边缘价值的论述，并未真正站在《西方正典》所谓的“审美自主性”立场，仍然在“憎恨学派”的逻辑里构建生产着对抗式批评。那么一种面向未来、更为现实的问题出现了，如何摆脱像烙饼一样“翻来覆去”的往复运动，避免宏

① 转引自：古继堂主编．简明台湾文学史［M］．北京：时事出版社，2002：10。原载《文学界》第24期，1987年11月。

大叙事的单一逻辑，同时又不失纵观全局的视野？本文借此试图探索一种“空间”向度的书写可能。

（二）“重写”：空间向度的探索

学者汪晖曾在文章中谈到前文论及的历史书写与“时间意识”的关系：“从方法论的角度说，无论是民族史（national history），还是族群史（ethnical history）、地方史（local history）都不可能离开这一纵向的和差异的时间概念……均质的时间只是塑造一个主体，即民族—国家史中的‘民族主体’，或现代化理论框架下的‘世界历史’”[11]306。正如前文分析的，文学史书写的最底层乃是以均质时间作为基底的现代性逻辑，由此构建的历史只能是服务于相应意图的一元主体和单一线性脉络。

要想寻找另一种书写的可能，就要对最基础、最根本的“均质”提出质疑。如汪晖提出“异质但同样纵向的时间概念”，可以提供一种“多元主体的历史”[11]306，即“将时间从纵向的关系中解放出来，置于一种多重横向的运动中，才有可能找到区域这一空间概念的时间维度，其目的是将重叠性、模糊性、流动性与并置性置于历史思考的中心”。[11]312破除单一线性脉络和一元主体的神话，“从横向时间的角度观察一个社会……将接触、混杂、联结、融合、分离、消亡等过程置于描述中心，不是通过纵向时间轴上的主体化，而是通过横向关系，理解一个社会的形成”[11]314-315。

除了对于时间意识本身进行别样可能性的探索（“横向时间”），另有研究者直接从空间地理角度进行了构想（“地图”）。爱德华·苏贾在《后现代地理学》的“前言”和“后记”中就曾提出“空间阐释学”并进行了阐释，他认为传统的、“以序列方式展开的叙事”“易使读者以‘历史’的方式思维”，但若将文本看作“一幅‘地图’——通过空间逻辑而不是时间逻辑扭结在一起的具有诸种同存性（simultaneity）关系和同存性意义的地理”，则可以将历史叙事空间化，赋予持续的时间以一种“经久不衰的批判人文地理学的视野”[12]1。

学者王德威也曾借助本雅明的“星座图”（constellation）[8]20概念来探讨类似的书写方式，其特点是由非线性的点阵，以辐射、连缀、分散、聚合、透视等多样方式呈现关系，最后达到“解构和重构刻板的历史叙事……摆脱……历史决定论的羁绊……以便对诸种同时发生的时间和侧面图绘作偶然性的描述……建立更具批判性的说明问题的方式，观察时间和空间、历史与地理、时段与区域、序列与同存性等的结合体”[12]2。

面对本文所讨论的多部文学史著作以及琦君自身相关的论述，除了在“复写”中获得一种结构中的相对位置与角色功能，是否还有可能在“重写”构建中国文学认知地图的空间向度上，获得自己的独特性解读？童年记忆中的温州，成年后生活的异乡，甚至后来作为完全“他者”进入的美国，是否在地理空间上与其写作和思考有着更深层次的联系？文本与特定时段空间场域的勾连是否还有更具延展性的阐释空间？这些都需要人们在对两岸主体建构脉络保持反省的同时，结合上述“异质时间”与“地理空间”所提示的同在、重叠、流动等可能状态，结合作品进行新的探索。

参考文献

[1] 计璧瑞. 台湾文学史写作中的想象构成 [C] //计璧瑞语言 · 文学史 · 文化记忆：计璧瑞选集. 广州：花城出版社，2016.

[2] 古继堂. 简明台湾文学史 [M]. 北京：时事出版社，2002.

[3] 白少帆，王玉斌，张恒春，等. 现代台湾文学史 [M]. 沈阳：辽宁大学出版社，1987.

[4] 刘登翰，庄明萱，黄重添，等. 台湾文学史 [M]. 北京：现代教育出版社，2007.

[5] 叶石涛. 台湾文学史纲 [M]. 高雄：文学界杂志社，春晖出版社，1991.

[6] 陈芳明. 台湾新文学史 [M]. 联经出版事业股份有限公司，2011.

[7] 皮埃尔 · 诺拉. 记忆之场：法国国民意识的文化社会史 [M]. 南京：南京大学出版社，2015.

[8] 王德威. 现当代文学新论：义理伦理地理 [M]. 北京：生活 · 读书 · 新知三联书店，2014.

[9] 张诵圣. 当代台湾文学场域 [M]. 镇江：江苏大学出版社，2015.

[10] 魏可风. 站在边缘的观察者：陈芳明谈《台湾新文学史》[J]. 联合文学，1999 (10)：160 - 161.

[11] 汪晖. 亚洲视野：中国历史的叙述 [M]. 牛津大学出版社，2010.

[12] 爱德华 · 苏贾. 后现代地理学：重申批判社会理论中的空间 [M]. 王文斌，译. 北京：商务印书馆，2004.

“摇摆不定”的妾形象

——以琦君散文中的二姨太描写为中心

（神户大学　郑　洲）

摘　要：本文以台湾女作家琦君的散文作品的“二姨太”形象特征为中心，对其摇摆不定的形象特征背后所隐含的作者对于自己童年记忆创伤的思考进行考察。学界对于琦君的研究往往集中在其自传体小说中所展现的创伤记忆或是“温柔敦厚”的母性主题上，对于具有相对真实性的散文创作及其所书写的“二姨太”形象缺少足够的关注。本文认为，在五四以来的“妾”被污名化的社会背景下，女作家们往往对于“妾”的问题或是有意回避，或是语焉不详，但琦君却在自己的散文中留下了“二姨太”的形象。更重要的是，琦君笔下所呈现的“二姨太”的摇摆不定的形象特征，突破了当时对于“妾”的“怜悯/憎恶”的一般结构。本文通过对散文文本中的几个“二姨太”形象进行系统的梳理，从中总结出琦君创作中的转变，进而将“二姨太”放置在父亲、母亲这样一个三角关系中进行考察，探析二姨太形象摇摆不定的原因。本文认为，其主要原因包括：一、“二姨太”作为童年创伤的中心人物，她成了琦君在对童年创伤进行思考时所无法回避的形象；二、散文中易被忽视的“二姨太”的“摩登女郎”“长辈”的出现也分别隐含着作为现代女性的琦君对于自我身份的认同以及“二姨太”从妾身份中的解放；三、“二姨太”摇摆不定的形象特征背后，是琦君对于童年创伤记忆追寻的结果，也正是这种摇摆不定的形象特征，恰好地反映出了琦君在对于创伤记忆思考时所产生的焦虑和对过去的难以克服性。

关键词：琦君　创伤记忆　二姨太　摇摆不定　焦虑

一、序论

本文旨在通过对台湾女性作家琦君[1]（1917—2006）作品中的二姨太形象的分析，考察琦君对自己童年创伤记忆的思考路径。琦君与林海音、张秀亚、潘人木等外省籍作家并列于20世纪五六十年台湾怀乡文学代表作家之列。其50年代的创作以短篇小说为主，但进入60年代以后，随着《烟愁》《红纱灯》等散文集的陆续获奖，她作为散文名家的身份也被读者所熟知。从创作主题来看，她的散文创作基本可以分为怀旧文、生活杂感、美国见闻等，其中以怀旧文为最佳。琦君在这些怀旧散文中，以孩童“我”的目光书写记忆中曾生活在故乡的家人、好友、恩师，其中以母亲为描写对象的作品最为人所称道。因此，在歌颂母爱的主旨上也有人将琦君与谢冰心做比较[2]，人们也更愿意以“温柔敦厚”来评价琦君的作品风格。[3]

学界目前对于琦君的研究更多地集中在她对“母性”的书写问题上。但值得注意的是，虽然琦君在她的怀旧散文中创作了大量正面、积极的人物形象，但对于二姨太的描写却呈现出摇摆不定的特征。夏志清曾指出，琦君的怀旧散文是一部带有自传性质的、爱恨交织的“巨型回忆录”，并注意到在散文中形象相对负面的父亲以及二姨太，但他仅仅通过对父亲形象的探讨，对琦君的创作与由家长制度带来的创伤之间的关系进行了考察。[4]此外，庄宜文针对以《橘子红了》为首的一系列讲述纳妾生子故事的自传性质小说进行考察，指出琦君“固着于复杂家庭背景带来的创伤经验，却难以在散文中吐实，仅能依靠小说虚构的帷幕，衍生为题材相近的文本，以较安全的形式探勘不可言说的真实经验，在反复书写的过程中进行自我治疗与救赎，并为无法回返的过去和自己寻求出路”。[5]虽然两个研究都注意到了琦君的创伤记忆与书写之间的关系，但对与创伤记忆紧密相关的二姨太却鲜有深入的考察。[6]同时，相对于五四以来女作家们对妾的问题的回避，琦君笔下呈现出多面向性格的二姨太的形象尤为值得关注。那么值得追问的是，对于琦君来说，二姨太究竟是怎样的存在？对于二姨太的书写是否有其必然性的原因？在对妾的摇摆不定的特征的描写的背后，又渗透出作者怎样的思考路径？

本文以上述问题意识为中心，明确在对民国以来的妾制度的特征及当时社会中对“妾”的讨论方式，并通过对琦君家庭环境和文本中二姨太形象的具体呈现方式的考察，对其摇摆不定的特点及形成原因进行讨论。同时，本文通过对历史背景的梳理，试图对琦君作品中的“妾”的形象的超越性做出解读。

二、民国时代关于妾的论说

通过对先行研究和资料的考察可以发现，“妾”的“污名”自古便存在于中国的社会论述之中。通过整理可以发现，其原因主要包括以下两点。一是与“妾”的社会身份、家庭地位的低下有关。赵凤喈以古代文献与民国法律为材料，对“妾”的法律地位进行考察，并引用《礼记》的内容对媵、妾的区别进行界定，指出通过买卖或者私奔等行为处于非正式婚姻关系中的女性被视为妾。此外，纳妾的目的在于延续家族、保障后嗣的存在。[7]即是说，“妾”被视为卑贱的且具有商品性的“产子工具”。二是妾一方面虽然维系着传统家族制度，但是另一方面她也被视为对妻的地位及现有等级制度具有威胁的存在。通过对同时期法律、族谱的考察可以发现，即便在不得已的情况下迎娶妾室，当时的文献对妻妾的嫡庶的身份做出了严格的规定。[8]通过这些规定，我们可以从侧面发现人们对于妾秉持一种消极的态度。但是，妾虽然被视为一个污名的存在，纳妾制却依然作为维系中国传统家族制度的重要一环而得以存续下来。

五四以后，西方新思想、新道德传入中国，激烈地冲撞着传统的旧思想、旧道德，纳妾与缠足、吸食鸦片等同时被视为中国的陋习，受到强烈的批判。在传教士、知识分子率先高举废妾大旗之后，废妾声浪日渐高涨。随后，政府针对妾的法律做过几次修正，在1930年公布的《民法·亲属编》中，纳妾制虽然从制度的层面消失了，但在另一层面上却给民国时期纳妾制的存续提供了一定的空间。[9]自此，妾虽然在法律层面失去了其合法性，但另一方面也使得原先对妾的约束失去了效力。在北洋政府时期，军阀、官僚、商人等富裕阶层为夸耀自己的财势，依然普遍纳妾。[10]特别是进入20世纪30年代以后，由于农村经济萧条，大量农村女性被买卖，因此造成妾的价格下滑，纳妾阶层也扩大到了中间阶层。[11]也就是说，妾不仅并未从社会上消失，反而大量存在，成了十分暧昧的存在。

如果对当时的报刊进行考察，会发现人们在讨论妾时往往集中在怜悯或憎恶的两个面向上。如《虐妾致毙》《又是一个逃妾》《女子不敢作妾》《悍妾刃伤正室》等新闻，《大妇虐妾之惨状》《逼妾卖淫之巡士》《纳妓为妾者鉴》《纳妾奇祸》等画报，其共同展现了妾作为受虐的弱者以及造成家庭不和的恶人两个面向，从中也能窥见世人对于妾的异样的看法。《妓妾与非妓妾》一文指出，“为妾之苦况不在妓而在小家碧玉。妓女嫁人，虽亦有遭虐待者，然而妓女识见多，智谋狡，三十六着，走为上着。惟小家碧玉，虽受凌虐而忍气吞声，状如无脚之蟹。因此郁郁自戕其生者，不知凡几也”。[12]即妾的出身被自然地分为了妓女与非妓女两类。在《妾的问题》中，作者提到两个故事。三位娼妓、女戏子出身的姨太太在气死正妻后，勾引外男，导致家庭名誉受辱，家主最后也郁郁而终。在另一个故事中，家主因无子嗣而先后将两个婢女纳为妾，两人在怀孕时因受到正妻虐待导致一个流产致死，另一个与人逃跑，[13]作者通过这两个例子指出了纳妾带给家庭的不幸。虽然时人对于妾的言说方式也呈现出“怜悯/憎恶”的构造特征，但极少看到对妾的问题保持积极评价的态度。

五四以后，随着传统氏族制度渐趋崩坏，以血缘为继的传承关系的基底被削弱，因此，以“性”为手段确保自己地位的妾在倍受批判的同时，那些纳妾者也被认为在道德上是有污点的。仅仅出于肉欲目的的纳妾，被视为满足自己欲望的行为。梁启超虽然主张一夫一妻、男女平等，但却正室之外还有一个妾室王桂荃，这一点也成为他为人争相攻讦的一个原因。[14]

通过对社会背景的梳理，是否可以说五四以来女作家对“妾”的书写的回避与社会舆论影响之间有着某种关联性。林海音的父亲在与其母黄爱珍结婚之前，原本有一正妻，而林海音对此事只字不提。这件事只在她的女儿夏祖丽撰写的传记中出现过。[15]凌叔华虽然在其英文自传体小说中提及母亲的妾的身份，但却将其看作是不得已而为之的事情。[16]这种类似的表达还可以在聂华苓的自传中看到，文中虽未明确说母亲是妾，但写到了父亲除了母亲以外，在别的地方另有一个妻子和家庭。[17]女作家们各自情况虽然不尽相同，但在对于母亲妾的身份或父亲纳妾的书写上却呈现出一致的规避或暧昧的态度，其原因似乎也与当时社会对于妾的污名化的看法息息相关。

反观琦君，她在自己的散文中并没有刻意规避。笔者认为，琦君之所以会书写姨娘，与她童年的家庭环境紧密相关。与其他女作家不同，琦君作为养女成长于一个独特的家庭环境，她送走的最后一个亲人就是二姨太。上一代的恩怨在造成了她的创伤的同时，也成了她创作的源泉。

三、错综复杂的家庭环境

与凌叔华相同，琦君自童年起，便有着与母亲及其他女性共同生活的经验，这种旧时代的一夫一妻多妾家庭对于成长于新时代的她们来说，不可避免地成为了童年记忆的一部分。尤其是琦君，姨太太们给琦君造成了深刻的创伤的同时，也深刻地影响了她的创作。笔者拟通过对琦君家庭关系的梳理，以厘清二姨太与琦君的创作之间的紧密联系。

通过对相关资料的考察，笔者对琦君的家族构成情况进行了整理：

姓名	生年月日	亲属关系	备考
潘希真（笔名：琦君）	1917—2006	本人	
潘国康	1886—1918	生父	琦君一岁时逝世
卓氏	1892—1921	生母	琦君四岁时逝世
潘长春	1914—1927	亲哥哥	随大伯潘鉴宗、二姨太在北平生活，却在北平突然夭逝。琦君在台湾的第一篇作品《金盒子》就是悼念亡兄的
潘国纲（字鉴宗）	1882—1938	大伯	原为浙系军阀，后退伍。虽然似乎并没有正式过继琦君为养女，但实则相当于养父。散文中一直写作“父亲”
叶孟兰	1881—1941	大妈	相当于琦君的养母，是一位传统意义上贤良淑德的女性。散文中称其为“母亲”，是琦君最常写到的人物
王雪因	1896—1955	二姨太	出生于杭县，出入社交场合的摩登女郎。 与琦君共同赴台，在台湾度过余生。 散文中唯一出现的妾
王珍（增）芝	1911—2002	三姨太	出生于琦君的故乡永嘉（现瓯海区）瞿溪附近。 未曾在琦君作品中出现
贾月华	1917—?	四姨太	同样出生于琦君故乡附近。 虽然没有出现在散文中，却经常以主人公的形象出现在小说里。 与琦君年龄相仿，小说中常描写二人的姐妹情谊
潘小挺	1927—1940	族弟	大妈晚年收养族中男孩为养子。 13 岁夭逝。也出现在《金盒子》中
潘树珍	1933—	妹	大伯潘鉴宗与三姨太之女。与琦君、二姨太共同赴台

由上表可知，琦君成长在一个极为复杂的一夫一妻多妾的旧式家庭。琦君自幼年丧父丧母后，“大妈”担负起了抚养她和哥哥的职责。大伯大妈为旧式婚姻，

关系并不融洽。自记事起，大伯就纳了二姨太进门，唯一的哥哥被大伯和二姨太带往北平，不久病逝于北平。大伯与二姨太在北平、杭州生活时，童年的琦君与大妈在故乡乡下相依为命。因二姨太也未能生育，故父亲又纳了三姨太与四姨太。但直至大伯逝世，也未有可继承后嗣的男丁出生，大妈收养的养子，也不幸早夭。国共内战接近尾声的时候，大妈已经逝世，琦君留下部分财产后与二姨太、妹妹前往台湾，与二姨太共同生活，并照顾其直至离世。

可以说，琦君在大陆的时光特别童年时期是不幸的。除了生父母、亲生哥哥的逝世之外，童年时期由于二姨太、三姨太让大妈受了很多委屈，这让将大妈视若生母的琦君有很多不愉快的记忆。琦君作为养女，在这样复杂的家庭环境中大有寄人篱下之感，也时常因此而苦恼不已。据琦君就学于之江大学时的老师夏承焘日记中的内容所示，伯父潘鉴宗逝世后，因并未给琦君留下只言片语，使得琦君在家中更觉处境尴尬，[18]琦君也时常造访夏承焘处哭诉家中复杂的人际关系以及自己的境况。如在1946年1月26日的日记中，夏承焘写道：

午后希真与列荪先后来。希真诉家庭郁伊，语次泣下。予与列荪、心叔皆劝其不可长此屈伏于不道德之积威。对小人一味巽顺，于人己皆无益处。[19]

日记中虽并未明言“不道德之积威”“小人”指涉何人，但是在琦君晚年写给他人的书信中可以看到，琦君当年因受到二姨太[20]、三姨太[21]的压迫而吐露的抑郁之情，由此，可以推测夏承焘日记中所记载的“小人”的指涉对象，正是二姨太和三姨太。进一步来说，家族中复杂的人际关系和由此带来的创伤记忆对于琦君来说是难以磨灭的，而姨太太们也正是这些创伤的缔造者。

但是，值得令人深思的是，琦君对于讲述家族、自己的身世问题十分谨慎。在1998年琦君最后一本散文集《永是有情人》的序言中，琦君才首次向读者们公开，“数十年来，我笔下的母亲，其实是对我有天高地厚之爱的伯母”，并且在大妈生前也未曾喊过她“妈妈”。[22]此外，伯父虽然有三房姨太太，琦君散文中却只写了二姨太王雪因。涉及妹妹潘树珍的文章极少，而三姨太的身影只在思念妹妹的文章《春草池塘——思妹篇》中，以“她娘娘”这一称呼短暂出现。[23]四姨太的形象在散文中则没有出现过。但是，在琦君的小说中，二姨太之外的姨太太形象也出现过。对于琦君来说，她对于散文和小说的区分有着自己的标准，她认为小说“确确实实是一种隐藏的艺术”，[24]因此可以推测，琦君对于很多难以言明的纠葛常会借助于小说进行表达。但事实上，如果细读琦君的散文作品，会发现其中也存在着大量虚构的成分。本文认为，其原因与琦君的创作心态有着某种关联性。她在书信中曾表示，自己很想写一部自传，但是因害怕伤害到族中亲人，这一愿望最终也未能实现。[25]即便是以一夫一妻多妾制的旧式家庭为背景的小说《橘子红了》，[26]也因与自己的家族背景相似，而使得琦君十分担忧。[27]也即是说，琦君在写作中愈是试图接近创伤中心，自己就会愈发感到不安。作为相对真实的散文文体而言，其对某些问题的刻意回避，反倒凸显了作者纠结的创作心态。散文中摇摆不定的“二姨太”形象，为考察作者创作心态的变化以及对创伤记忆的思考提供了有效的素材。

庄宜文曾通过对琦君自传体小说的分析指出，琦君作品“温柔敦厚”的特征，其实是“正因经历阴暗而朝向光明，曾郁积憎厌而提升为悲怜同情”的结果。[28]庄宜文所指出的琦君的创作特点正反映在了二姨太的身上。琦君虽然对二姨太并不抱有好感，但确是最后与自己共同赴台的两位亲人之一。二姨太对于琦君的创作来说是非常重要的人物。琦君对二姨太的感情极为复杂，正如琦君自己所说，“我如果不是深深体会姨娘的凶悍，对于母亲的慈爱，大概也无法充分感受吧！但我更愿意表现的是母亲的慈爱和对姨娘心境的理解”。[29]九歌出版社的编辑陈素芳长年与琦君通信，她在回忆文中提到，晚年的琦君还是会提起自己宛如母亲一般的伯母以及很凶但也是可怜人的二姨太，[30]可以说母亲和二姨太几乎贯穿了琦君的日常生活和创作之中。同时需要注意的是，二姨太在琦君的创伤经验中是一个无法忽视的人物，因此，琦君为了逼迫自己对“创伤”进行反思时，对二姨太的书写也是不可避免的。

四、“摇摆不定”的二姨太形象

在琦君的怀旧散文中，除了父亲、母亲之外[31]，外公、长工阿荣伯、家庭教师、肫肝叔、六叔这些人物在不同的散文作品中，往往被作者以一种温暖的笔触被描写，其称谓几乎没有发生过变化。然而，“二姨太”的形象在散文中却具有“庶母”“娘娘”“姨娘”“二妈”“二姨太”“二娘”“二姨”“长辈”等几个称呼，不同称呼下的“二姨太”形象也都呈现着微妙的差异。以1969年为界，其后的作品中，“二姨太”常作为“二妈”出现在作品中。特别需要指出的是，1990年再版发行的《三更有梦书当枕》（第五版）与1975年发行的初版相比，其同名散文作品在内容未发生明显变动的情况下，琦君却将对二姨太的称呼由“二姨太”改为“二妈”，也即是说，琦君对于称呼的使用有着自己的思考。

在涉及“二姨太”形象的众多研究中，论者往往将琦君对于作恶多端的二姨太的宽宥，视为琦君的温柔敦厚的一面而给予很高的评价。但事实上，从涉及二姨太时的多个称呼情况来看，其是否可以在某种程度上也反映了琦君对二姨太的一种复杂心理状态。[32]如果以时间为轴心对散文中二姨太形象的变迁进行整理的话，可以发现“二姨太”的形象由一个被怨恨的对象变得逐渐丰富。但是，与其说这一形象变得正面，不如说是琦君为了克服“二姨太”带来的童年创伤，而不断从不同的立场、角度反复对童年记忆进行书写，试图寻求一个合理的解释。也正因此，散文中的“二姨太”的形象才会呈现出摇摆不定的特征。

本节中，笔者试图通过对不同称呼的梳理，厘清“二姨太”这一形象的多面性特征。同时，本文试图通过“父亲/母亲/二姨太”这一三角构造，来考察二姨太形象摇摆不定的原因。

1. 作为父亲的妾的“庶母”“娘娘”“姨娘”

在早期的作品中，二姨太有“庶母”“娘娘”“姨娘”等称呼。这三个称呼中，“庶母”为间接描写，“娘娘”这一称呼下的二姨太则重点表现了她的可怕，而“姨娘”的形象与这两个称呼下相对表层形象相比，可以说是最全面的一个形象。

“庶母”这一称呼出现在《杨梅》和《云居书屋》这两篇作品中。两篇都是间接描写。散文《杨梅》以故乡的“杨梅”为线索，讲述了“我”与母亲、父亲之间的几个小故事，并借“杨梅”表现了母亲对父亲的关心。在描写父亲临终的场景中，庶母的形象是站在母亲的对立面的。庶母因相信算命先生所说的“父母冲克”，而让母亲不要见父亲。临终前，父亲想要见母亲，但当母亲赶到时，父亲只是望着母亲，一句话都没有来得及讲就与世长辞了。在这里，庶母“已旁放声大哭”，而母亲却是“掩着嘴忍住了哭”，并让众人不要扰乱他的精神，不要哭，跪下来念经。这一场景在琦君的记忆中留下了很深的记忆，她写道：“母亲的语音似古寺钟磬，使我于神志昏乱中略微清醒过来”[33]，表现了母亲在悲伤之余显现了作为正妻的威严。值得注意的是，与“母亲”的在场不同，有关“庶母”的描写全部通过叙述者完成，即“庶母”的形象在某种程度上是被转述的，也是相对单薄的。但也可由此推测出作者对其并未抱有多少好感。

在另一篇散文《小瓶子》中，二姨太的形象则完全成了一个坏人。“我”童年时期有收集小瓶子的爱好，十岁的“我”在病床上醒过来时，看见“娘娘”“一张阴沉的长脸对着我”并拿走所有玩具，又大声斥责父亲不应该买这么贵的东西给“我”，“我把头缩在被窝里，眼泪不断地流，却不敢哭出声来”。[34]此外，当我一个人在房间里玩耍时，“那位‘娘娘’”突然出现，指着地上的武侠小说，“她那对亮得透明的眼睛望了我好半天，咧了下雪白牙齿问我：‘你在看这本小说吗？’”[35]文中用“那位‘娘娘’”这样疏远的称呼，以及外貌描写表现了作为孩子的“我”对她毫无亲近感，甚至是十分的恐惧的情感。

“姨娘”这一称呼可以在《鲜牛奶的故事》《髻》等文章中看到。《鲜牛奶的故事》中的“姨娘”也具有“娘娘”可怕的一面。但是《髻》中的姨娘却呈现了与以往散文中的姨娘全然不同的形象。在《髻》中，父亲纳了姨娘以后，对母亲冷淡。相比不断换着时髦发髻的姨娘，完全不懂得如何打扮的母亲越来越郁郁寡欢。但在父亲逝世后，母亲与姨娘相互扶持，“我”也与姨娘和解。[36]在这个故事中，姨娘可怕的一面已经看不到了。在《髻》的结尾，“我”看到年老的姨娘时，开始理解她，并决心照顾她的晚年。

类似的内容在《鲜牛奶的故事》中也有提及。但是比较两篇文章可以发现，《髻》中的描写更具有亲和性。如对于老去的容貌的描写，《鲜牛奶的故事》中写道“松松的双下巴像火鸡似的荡下来”，[37]强调了老去的丑态，但是《髻》中则是“当年如云的青丝，如今也渐渐落去，只剩了一小把，且已夹有丝丝白发”，[38]从中可以窥见“我”对姨娘的怜悯。同样是不再恨姨娘，怜悯姨娘的部分，《鲜牛奶的故事》中是带有一丝冷嘲的意味的“她才真正尝到了大家庭没落的悲哀”，而在《髻》中则是“她随着父亲享受了近二十年的富贵荣华，一朝失去了依傍，她的空虚落寞之感，将更甚于我母亲吧”，表现了自己对姨娘的理解。此外，在决心照顾姨娘的部分中，《鲜牛奶的故事》里是一种消极的、为父母尽人子的责任的态度，相反地，《髻》中的“我”则是主动要去为姨娘梳头。从这两部作品中针对姨娘的一些表达上的微妙差异可以看到作者在态度上所发生的转变。从“庶母”到“娘娘”“姨娘”的称呼变迁来看，“二姨太”在文章中呈现出越来越丰富的形象特征的同时，其形象也摆脱了单一的恶人形象。

2. 作为摩登女郎的“二妈”

在已有的研究中，被称为“二妈”的二姨太所展现出的“摩登女郎”的一面没有得到充分的重视，但这一形象却是在考察“二姨太”形象多面性时是不可忽视的。

《衣不如故》围绕有关衣服的少女时期的记忆，塑造了母亲朴素的形象和二妈时髦的形象。在这里，二妈不仅时髦而且亲切，“我”十分喜欢二妈给“我”

做的亮晶晶的旗袍。[39]在一篇回顾“我”的读书经历的文章《三更有梦书当枕》中，则写到了“我”因与二妈读书兴趣相近而对她抱持好感。二妈经常一面抱怨《茶花女》和卢隐的《象牙戒指》等新派小说十分啰唆，一面却还常常来借，“有时还看得眼圈儿红红的。在看小说上，我们倒成了朋友”。[40]在《“代书”岁月》中，琦君又以温暖的笔触描写了二妈与父亲之间的亲密关系。“二妈”很友好地拜托“我”给父亲写信，“我”对于她自己明明认字却拜托“我”写感到很奇怪，内心感到十分复杂。最后才得知二妈是有不会写的字，于是要等到夜深人静时再誊抄一遍“我”写的书信。当“我”了解到二妈对父亲的良苦用心，“我”对二人的感情恩爱稍有感慨。[41]此外，在讲述女星胡蝶的《胡蝶迷》中，提到了同是胡蝶迷的二妈有时会带“我”去看电影的故事。[42]琦君在多篇文章中，都表现出对这个穿着时髦的衣服、看小说、看电影的，具有新时代摩登女郎特质的“二妈”的亲近感。

然而，值得注意的是，在这一类比中，衣着朴素的母亲成了二妈的对照项。母亲是一个穿着朴素，不识字，电影也一部都没有看过的老派女性，“我”对二妈的感情，也因受到母亲视线的左右而感到困惑不已。如在《三更有梦书当枕》中，听到“我”与“二妈”在读书上十分投契的消息时，母亲露出落寞的神色，“我”既同情母亲也怜悯二妈。

我把这话告诉母亲，母亲深陷的眼神定定的看着我半晌说：“你们彼此能谈得来，我也放心不少。”母亲脸上表情很复杂，好像欣慰，又好像失落了什么。我心里很难过，我觉得圣贤书和罗曼蒂克的爱情至上主义很难协调，因此我把《红楼梦》看了又看，觉得书中人个个值得同情。对自己的家庭，我也作如是观。因此我一时豁达，一时矛盾，一时同情母亲，一时同情二姨太。[43]

“圣贤书和罗曼蒂克的爱情至上主义”恐怕分别指的是对母亲的奉孝以及与二妈的亲近两种感情吧。从这段文字中，可以看到母亲和二妈之间形成了“传统/现代”“旧/新”的对立关系，琦君在面对这种无法调和的矛盾时所感受到的苦恼。类似的情况也可在《衣不如故》中看到，“我”虽然很喜欢二妈给“我”新做的旗袍，但是母亲却不大高兴的样子，于是“我”也就不大穿了。这里的描写让人联想到张爱玲《童言无忌》中“我”收到姨太太做的长裙时的场景。当姨太太问“我”喜欢她还是母亲时，“我”说“喜欢你”，随即张爱玲便又写道“因为这次并没有说谎，想起来更觉耿耿于心了”。[44]“我”在这里所感受到的不安恐怕是由于觉得自己背叛了母亲的缘故吧。张爱玲在《童言无忌》中，自然而然地再现了当时的场景，最后的反省也以一种看似理所当然的语气淡淡地讲来。张爱玲的反省所体现的正是，自己对母亲以外的女性，特别在母亲与姨太太之间，选择了姨太太这件事的愧疚之情。从张爱玲对母亲的愧疚中，可以看到女性作家与其母亲之间强韧的连结。琦君在收录在她1954年的作品集中的《小玩意》一文，也表现了女儿站在母亲的立场思考问题像是一种“本能式”的选择。文章讲述了二姨太进入“我”家来的始末。对于二姨太的到来，“我”最初是十分欢喜的，但是知道由于二姨太的到来“爸不跟妈好了”，母亲变得忧郁，“我”也站在了母亲的立场，开始描写对姨娘不悦的神情。[45]也即是说，女性作家们在以少女的目光讲述童年时，站在母亲的立场似乎是一种本能式的选择。相比较这种与母亲立场捆绑的思维方式，琦君的反应是“我心里很难过”“因此我一时豁达，一时矛盾”。琦君似乎并不像张爱玲那样有愧疚之情，而是将母亲与二妈的关系比喻作“圣贤书和罗曼蒂克的爱情至上主义”，以一种更为客观的方式俯瞰二人的关系。

本文认为，琦君这样的选择方式，或许与自己作为新时代的女性的身份密切相关，也因此对作为摩登女郎的二妈有一种出于当事者的惺惺相惜。虽然琦君也本能地站在母亲立场看问题，想要厌弃作为母亲敌人的二妈，但是却在服装、电影和喜欢的小说中与二妈投契，对二妈积极主动地向父亲表达自己感情的行为也颇为赞赏。从琦君对作为摩登女郎的“二妈”的描写中可以发现，作为一个正面的、形象丰满的“二姨太”形象被呈现出来。

3.“长辈”与持续摇摆的二姨太形象

二姨太曾是琦君怨恨的对象，但是在琦君不断改换称呼书写的过程中，二姨太的形象也开始摆脱原来间接描写下的片面形象，而渐渐变得丰满起来。从“二妈”这一称呼开始，琦君已经开始有意识地脱离开母亲视角，开始以相对客观的态度看待二姨太，因此，二姨太相对正面的形象开始浮出水面。与“摩登女郎”的形象类似的是，散文中所浮现的对于作为“长辈”的二姨太的形象描写也往往被研究者所忽视，但从这一形象中却更能看到琦君对二姨太的复杂的情感。

《看戏》是一部有时移世易的沧桑之感的作品，文章整理了“我”从孩童时期直至来到台湾以后的经历，以与戏曲息息相关的经历为线索，追忆了人生中重要的人和事，在回忆的过程中，自己的人生中那些重要的人也都一一远去，直到送走最后一位“长辈”，有关戏曲的回忆也由此结束。“长辈”原是晚辈对高于自己辈分人的称呼，并非特指实际生活中的某个人，但是琦君却在这里刻意用了“一位长辈”这样的表达方式。长辈是荀慧生的戏迷，住院时看到荀慧生也老了而感慨不已。另外一个片段是来到台湾以后，“我”与长辈同去看顾正秋的越剧，当看到董小宛从多情的顺治帝怀中，又哭倒在冒辟疆身上的戏份时，“长辈”不停啜泣。“长辈”作为琦君的最后一个亲人，在她逝世后，琦君写下“相依多年的唯一长辈逝世以后，想想她一生绚灿，终趋寂灭，我的心情也似乎随之同归寂灭，即使坐在闹哄哄的戏院里，总有一份‘笙歌归院落，灯火下楼台’的曲终人散之感，所以就宁愿不去看戏了”[46]的回忆。由于与琦君一起前往台湾的只有二姨太和妹妹，所以这里的“长辈”其实指涉的就是二姨太。文中在长辈啜泣时，写道“想想长辈也许是为剧中人而哭，也许是为想起当年在北平的荣华岁月，如今物换星移而哭”，[47]通过“在北平的荣华岁月”“一生绚灿”等描写，结合其回忆性文章也可以看出这里的“长辈”其实就是二姨太。有趣的是，作为童年时期怨恨对象的“二姨太”，在此处竟然成了自己身边的最后一个“长辈”。从《看戏》中也全然看不出琦君对二姨太有类似怨恨的负面感情色彩，反而有一种挥之不去的寂寥之感。但为何琦君不直接言明其身份，而是略带暧昧地称其为“长辈”。笔者认为，首先，在长辈们纷纷一一离去后，二姨太是最后一位长辈，琦君将长辈逝去时寂寥之感都寄托在了她的身上。其次，也可以说，“长辈”这一称呼是将二姨太从父亲的妾这一身份中解放出来，也即是说，对于琦君而言，二姨太在某种程度上由父亲的妾变为了与母亲同享长辈身份的形象。

至此，二姨太的形象似乎慢慢变得丰满起来，但是这一形象并不是呈现出向好的方面的单向性的变化，而是在其中依旧可以看到摇摆不定的特征。其中最典型的例子是1987年发表的《读禅话偶感》与1990年发表的《餐桌上的无声》两部作品，在涉及“我”与“父亲”“二妈”三人一起在餐桌上吃饭的经历时，前者提到“我”对二妈当时的行为表示感激，“我”试图理解或许其中有让“我”要珍惜粮食的深意。[48]而到了《餐桌上的无声》中，“我”却强调当时的食不知味、提心吊胆，给“我”留下了永远难忘的记忆。[49]

4. 家族关系中的二姨太形象

如前所述，“二姨太”的形象在琦君的散文中呈现出摇摆不定的特征，那么值得追问的是，二姨太的形象为何会不断发生摇摆，笔者试图结合“二姨太”与“父亲”“母亲”的关系对这一原因进行讨论。

二姨太往往出现在与父亲、母亲相关的脉络下。《杨梅》《小瓶子》重点讲述了父亲对母亲的关怀以及悔恨。《鲜牛奶的故事》描写了二姨太在家中颐指气使的形象，“我”与佣人们都惧怕她，也正因此，使得父亲的脸上有一层还是孩童的“我”所难以理解的忧郁。[50]在这些文本中，“二姨太”成了一个恶人的形象，父亲也是不偏袒她的。但是在《髻》中，琦君暗示了让母亲伤心的不仅仅是二姨太，还有父亲。当全家人搬到杭州以后，在招待客人时，父亲因不满意母亲的发型，让她换一个新的发型，但是最终换的“鲍鱼头”发型却让父亲更加不悦了。[51]文中还写到母亲因父亲迷恋二姨太而郁郁寡欢的场面。

父亲坐在木榻床上，端着水烟筒噗噗地抽着，不时偏过头看她，眼神里全是笑。……我手中捏着母亲的头发，一绺绺地梳理，可是我已懂得，一把小小黄杨木梳，再也理不清母亲心中的愁绪。因为在走廊的那一边，不时飘来父亲和姨娘琅琅的笑语声。[52]

在《髻》这篇文章中，透露出了“我”对父亲让母亲伤心的行为的不满的态度。我们从琦君的这些描写三人关系的作品中，可以看到琦君在不断地尝试从父亲、二姨太身上找到母亲悲剧的原因。在《髻》之前的作品中，父母往往作为相互关怀的形象出现，二姨太是作为“介入者”的形象出现。在琦君自我的思考方式下，与当时女作家的创作风格似乎也有共同性。如郑明娳指出，女作家特别是琦君这一代的女作家们在写父亲的时候往往有意识无意识地受到一些掣肘，她这样解释道，“在中国的人文环境里，父亲的社会地位决定他整个生命的价值。是以女作家面对世人陈述父亲的时候，必然感到父亲的声名比自己重要，保护父亲的社会形象成为写作的一大压力”。[53]因此，美化父亲的形象对于当时的女作家来说，似乎是比较普遍的共识。

但在琦君的创作中，我们看到父亲作为“严父”以及“慈父”的两个面向。琦君在作品中对父亲的美化，既有她依从父权意识的一面，似乎也包含着对作为养父的伯父的感恩之情。或许正是因为如此，琦君没办法坦率地承认父亲才是母亲悲剧的始作俑者。然而，即便如此，在《髻》中可以发现，一旦“二姨太”丧失了作为“恶人”的身份，那么就很难为母亲的悲剧找到一个合理的原因，也正因此开始出现对于父亲指责的描写。在《髻》以前的琦君的散文中，母亲与二姨太往往是势如水火，但当父亲不在时却可以和平相处。有趣的是，在凌叔华的《鬼的故事》[54]中，可以看到类似的表达方式。作品描绘了姨太太们暂时住在天津公寓时的情景，当父亲不在的时候，姨太太们可以和谐地共处。这与琦君在

《髻》中的最后所写相似，即“自从父亲去世以后，母亲和姨娘反而成了患难相依的伴侣，母亲早已不恨她了”。[55]那么，是否可以说琦君和凌叔华所想要暗示的，正是引起女人们纷争的原因即是父亲呢。即，从另一个角度表明，旧时代女性的不幸或不融洽，与其说是女性本身的缘故，不如说是一夫一妻多妾制所造成的结果。

琦君曾在1983年的一篇题为《八十八分》的文章里，提到被善良的老师误会作弊的事情，当老师知道她误会我之后很郑重地跟我道了歉。琦君在这里这样吐露自己对家事的烦恼。

“我知道她心里也很难过，究竟是我太疏忽所致。由于这一场误会，引我想起在家中，母亲和我多次所受的委屈，常使我恼恨困惑，究竟错在何人。”[56]“究竟错在何人”这一问题一直自童年时期就困扰着琦君。对于这一问题的探寻，就是对母亲的悲剧、“我”的创伤的根源的探寻。如前所述，对于琦君来说，“二姨太”无疑是她最初设想的敌人。但是，在不断调整距离的过程中，琦君注意到除了母亲之外，二姨太也是受害人之一。于是，父亲也进入到了琦君的视野之中，作品中父亲的形象也随之发生了新的变化，对于二姨太怨恨的心情也逐渐淡化。本文认为，这样的变化不单单是由于“温柔敦厚”的写作风格所导致的，而是琦君在不断审视父亲、母亲、二姨太三人关系过程中，对“父亲”所产生的新的认识所导致的结果。当然，琦君对于二姨太的态度似乎与母亲的态度也密不可分，如她在给编辑陈素芳的信件中提到，“我们母女受尽了苦，我当年切齿说要做个强人报仇，伯母（也即母亲）说，不要做强人，要做弱者，弱者才能坚忍到底，我要你报恩，不是报仇。我问她如何以恩回报仇人呢？她定定地说：‘对人好，宽容原谅，自己不再苦，别人也快乐’。”[57]母亲这种“爱的教育”，使得琦君常处于爱与恨交织的混沌状态。

琦君在作品中所不断描写的童年的乌托邦、母爱的伟大，在某种程度上可以看作是她试图以“爱”来遮蔽童年创伤记忆的努力。而散文中所呈现的“二姨太”的摇摆不定的形象特征，似乎也与琦君的这一努力有着关联性。琦君对“二姨太”不断地书写，也是在拉开一定视角距离的基础上，尝试去理解自己童年时期畏惧和怨恨的二姨太。即便琦君在“父亲/母亲/二姨太”这样的三角关系中对自己的童年创伤有了新的认识，但由二姨太造成的她童年时期的创伤却是难以磨灭的，这种创伤仍旧像幽灵一般不断闪现出来。琦君尝试用母亲所倡导的“爱的教育”来对抗这种创伤，但对于琦君来说，这两种情感的无限交织，恐怕更像是两个十字架一般沉重。

五、结语

本文分别对清末民初的妾制度的特征、社会舆论、琦君的家庭背景及文本中所展现的“二姨太”这一摇摆不定的形象特征及其背后的原因进行了考察。五四以来，“妾”作为被怜悯、被憎恶的方式进入社会讨论空间之中。由于“妾”的污名化及其可能给家族带来的不好的影响，同时期的女作家们对于“妾”的问题多是采取暧昧或回避的态度。但对于琦君来说，作为养女的她在复杂家庭环境中，与姨太太们共同的生活经历给她留下了很深的创伤记忆，因此琦君在对自己进行审视的过程中，对“妾”的书写成了不可避免的问题。但是，在她的作品中，“妾”的形象不同于以往将妾的形象划分为“怜悯/憎恶”的一般结构，反而呈现出了摇摆不定的特征，这可以说是琦君在她的散文中所塑造的一个突破这一结构的姨娘形象。通过对文本的细读可以发现，摇摆不定的二姨太形象的背后所隐含的，也正是琦君对于童年创伤记忆的思考。在琦君那里，对于“二姨太”情感的复杂性不仅包含着自己对于过去的思考，其中还糅杂着来自于母亲的“爱的教育”的延续性影响。这种延续性的影响也即是说，一方面是挥之不去的童年阴影，另一方面是由这种“爱的教育”所衍生出的对于过去包容的焦虑。正是这种复杂情感的不断交织，才使得琦君散文中的二姨太形象呈现出摇摆不定的形象特征。

参考文献：

［1］琦君（1917—2006），原名潘希真，出生于浙江省永嘉瞿溪乡（今属瓯海区）。1949年5月前往台湾，同年在苏雪林与谢冰莹的鼓励下在《中央副刊》刊载散文《金盒子》，开始创作。1964年，出版散文集《烟愁》，1999年入选“台湾文学经典”。2001年，中篇小说《橘子红了》改编为电视剧，在大陆和台湾引起轰动。2006年6月7日，在台北逝世。出版作品主要有散文集30册，除短篇小说集外，也有部分翻译作品。

［2］台湾方面，陈芳明评价琦君是“1950年代以来最富有母性的散文家”。（《台湾新文学史》，联经出版社，2011年10月，第463页）大陆方面，有学者李今评价“琦君与冰心的散文世界都可称得上是爱的世界，理想的世界”。（参见《善与美的象征——论琦君散文》，《台湾现当代作家研究资料汇编12 琦君（一九一七—二〇〇六）》，台南市：台湾文学馆，2011年3月，第340页）

［3］杨牧：《序》，收入琦君：《留予他年说梦痕》，洪范书店有限公司，1988年4月，第十二版，序第六页。

［4］夏志清：《母女连心忍痛楚 琦君回忆录评赏》，《中央日报》第九版，1991年11月8—10日。

［5］庄宜文：《从个人伤痕到集体记忆——〈橘子红了〉小说改写与影剧改变的衍义历程》，《永恒的温柔——琦君及其同辈女作家学术研讨会论文集》，“中央大学”中文系琦君研究中心，2006年，第415页。

［6］其他研究虽也有牵涉二姨太的问题，却均未详细展开。如，郑明娳：《琦君论》，《现代散文纵横论》，台北市：大安出版社，1997；庄明珠：《母亲在琦君散文中的形象及其影响研究》，台南大学硕士论文，2009年；黄佩芬：《琦君散文中的儿童视角研究》，私立东吴大学硕士论文，2012年。

［7］赵凤喈：《中国妇女在法律上之地位》，商务印书馆，1928年，第80—95页。

［8］仙石知子：《族谱からみた明清小说に描かれた妻妾》（24）《大东文化大学中国学论集》，大东文化大学大学院中国文学科，2006年，第21—52页。

［9］程郁：《民国时期妾的法律地位及其变迁》，《史林》，2002年第2期，第79—83页；西田真之：《近代中国における妾の法的诸问题をめぐる考察》，《东洋文化研究所纪要》第166期，2014年，第184—136页。

［10］王翔：《如夫人的烦恼：中国二十世纪早期有关纳妾的记忆、叙事与现实》，首都师范大学学位论文，2012年，第63页。

［11］白水纪子：《民国时期の蓄妾制》，《中国女性の20世纪——近现代家父长制研究》，明石书店，2001年，第109页。

［12］定子：《妓妾与非妓妾》，《星期》第41期，1922年，第3页。

［13］苍：《妾的问题》，《华北日报妇女周刊》第4期，1929年，第1—2页。

［14］王翔：《如夫人的烦恼：中国二十世纪早期有关纳妾的记忆、叙事与现实》，首都师范大学学位论文，2012年，第63页。

［15］夏祖丽：《林海音传——从城南走来》，北京：生活·读书·新知三联书店，2013年3月，第60页。原文：“那次她和林芙美子合照了一张照片，后来寄给当时嫁到日本鹿儿岛的同父异母姐姐清凤。”

［16］凌叔华：《古韵》，天津人民出版社，2011年9月。

[17] 聂华苓：《三生三世》，台北市：皇冠出版，2004年，第19页。原文："我说：姆妈，你不像孟丽君，你是孙太太，还有一个张太太，又都姓聂。我们住在汉口，她们住武昌。"

[18] 夏承焘：《天风阁学词日记（二）》，《夏承焘集》第六册，浙江古籍出版社，1997年，第31页。原文："闻希真哭其伯父，晕厥数次。晚往视之，知其曾饮洋墨水自杀，幸无恙。希真父母兄弟皆早逝，孑然一身，依其伯父，鉴老以为己女，而临终无一遗嘱，后日不知如何处置。潘家惟此女可望有成，而身世如此，可哀也。"

[19] 夏承焘：《天风阁学词日记（二）》，《夏承焘集》第六册，浙江古籍出版社，1997年，第628页。

[20] 琦君：《1999年11月15日致韩秀》，《琦君书信集》，台南市：台湾文学馆，2007年8月，第489页。原文："我自幼受二姨太的压迫太多，反而要从另一面来看人生，原谅别人，其实是不可能的，真有点高调。"

[21] 琦君：《1994年4月9日致韩秀》，《琦君书信集》，台南市：台湾文学馆，2007年8月，第470页。原文："因为使我母亲受苦受难，使我童年吃尽苦头的就是她的生母（笔者注：三姨太）。"

[22] 琦君：《大妈妈敬祝您在天堂里生日快乐——代序》，《永是有情人》，台北市：九歌出版社，1998年初版，第5页。

[23] 琦君：《春草池塘——思妹篇》，《千里怀人月在峰》，尔雅出版社，1993年新一版，第176页。

[24] 琦君：《我对散文的看法》，《灯景旧情怀》，台北市：洪范出版社，1983年，第191页。

[25] 琦君：《2002年4月29日致尤今》，《琦君书信集》，台南市：台湾文学馆，2007年8月，第28页。

[26] 琦君：《橘子红了》，《联合文学》第32期，联合文学出版社，1987年6月，第14—43页。

[27] 琦君：《1983年9月2日致叶步荣》，《琦君书信集》，台南市：台湾文学馆，2007年8月，第267页。

[28] 庄宜文：《从个人伤痕到集体记忆——〈橘子红了〉小说改写与影剧改变的衍义历程》，《永恒的温柔——琦君及其同辈女作家学术研讨会论文集》，中央大学中文系琦君研究中心，2006年，第416页。

［29］宇文正：《永远的童话——琦君传》，台北市：三民书局，2007年，第87页。

［30］陈素芳：《渐行渐远还深——二十年书信往返念琦君》，《文讯》第249期，2006年7月7日，第33—36页。

［31］琦君散文中几乎很少涉及亲生父母的内容，在散文中伯父母往往被称之为父母亲，因此本文中也据琦君散文习惯称之为父母亲。

［32］参见：郑明娳：《琦君论》，《现代散文纵横论》，台北市：大安出版社，1997年，第74页。庄明珠：《母亲在琦君散文中的形象及其影响研究》，台南大学硕士论文，2009年，第94页。

［33］琦君：《杨梅》，《烟愁》，台北书评书目出版社，1963年初版，第37页。

［34］琦君：《小瓶子》，《烟愁》，台北书评书目出版社，1963年初版，第187—188页。

［35］琦君：《小瓶子》，《烟愁》，台北书评书目出版社，1963年初版，第188页。

［36］琦君：《鲜牛奶的故事》，《烟愁》，台北书评书目出版社，1963年初版，第54—59页。

［37］琦君：《鲜牛奶的故事》，《烟愁》，台北书评书目出版社，1963年初版，第58—59页。

［38］琦君：《髻》，《红纱灯》，台北：三民书局，1969年11月，第35—36页。

［39］琦君：《衣不如故》，《三更有梦书当枕》，尔雅出版社，1975年初版，第19—27页。

［40］琦君：《三更有梦书当枕》，《三更有梦书当枕》，尔雅出版社，1990年新五版，第206页。

［41］琦君：《“代书”岁月》，《此处有仙桃》，九歌出版社，1985年初版，第35页。

［42］初载为1988年12月8日《联合报》副刊。此处参考琦君：《胡蝶迷》，《青灯有味似儿时》，九歌出版社，2004年第二版，第58—66页。

［43］琦君：《三更有梦书当枕》，《三更有梦书当枕》，尔雅出版社，1990年新五版，第206—207页。

［44］张爱玲：《童言无忌》，《流言》，上海书店，1987年3月第一版，第9页。

[45] 琦君：《小玩意》，《琴心》，尔雅出版社，1981年1月16日第三版，第69—75页。

[46] 琦君：《看戏》，《桂花雨》，尔雅出版社，1976年，第219页。

[47] 琦君：《看戏》，《桂花雨》，尔雅出版社，1976年，第218—219页。

[48] 初载为1987年9月17日《中央日报》副刊。此处参考琦君：《读禅话偶感》，《青灯有味似儿时》，九歌出版社，2004年第二版，第138—141页。

[49] 初载为1990年7月16日《联合报·联合副刊》。此处参考琦君：《餐桌上的无声》，《母心·佛心》，台北市：九歌出版社，1990年初版，第111—115页。

[50] 琦君：《鲜牛奶的故事》，《烟愁》，台北书评书目出版社，1963年初版，第57页。

[51] 琦君：《髻》，《红纱灯》，台北：三民书局，1969年11月，第32—33页。

[52] 琦君：《髻》，《红纱灯》，台北：三民书局，1969年11月，第33—34页。

[53] 郑明娳：《台湾现代散文女作家笔下的父亲形象》，《现代散文现象论》，大安出版社，2001年，第118页。

[54] 凌叔华著，傅光明译：《鬼的故事》，《古韵》，天津人民出版社，2011年9月，第78—81页。

[55] 琦君：《髻》，《红纱灯》，台北：三民书局，1969年11月，第35页。

[56] 琦君：《八十八分》，《灯景旧情怀》，洪范书店：1994年，第60—61页。

[57] 琦君：《1997年2月24日致陈素芳》，《琦君书信集》，台南市：台湾文学馆，2007年8月，第205页。

临渊，深照——“琦君之爱”的生命心路

（彭小燕　汕头大学文学院　教授）

摘　要：琦君世界的（博）“爱”是研究者以及读者都不陌生的，然而，有所忽略的是，这份“爱”怎样生成？源生何处？其关键的生成时机、引领人物是存在的么？琦君世界的“爱”其实是临照于冷清、荒凉、空落，直至虚无、孤寂之旁，来得并不容易。可以见出的是，其否定性的人生体验在高中后期、大学期间及卒业之后渐至高峰，琦君多番历经精神的悲苦，经亲友及高中国文老师的提点、激发，特别是大学期间的恩师夏承焘先生的精深警示，琦君毅然越过人生的否定渊面，飞心而入人生的肯定境域，心携人间大爱，置身其一生不离不弃、执着守持的明光大成之间。

关键词：琦君　散文　爱　心路

无论台湾，还是大陆，都不陌生琦君世界所孜孜传递的“爱”情（这在琦君的文本里实在十分显然，可谓无处不在）。人们不陌生的还有，对于琦君，这份“爱”情不仅朝向人间苍生，同时也朝向宇宙间的万千生灵，各式大小动物，诸般巨细植物。这里，留下深度探讨空间的一个问题是，在琦君的人生路上，她其

实自幼就所遇常悲，且生性亦十分敏感忧戚。那么，在持续的多难岁月之后，她是如何最终沐浴自己、也沐浴她/他/它于明光大成之间，以“爱”为旗，兀立于风雨之间离乱之世的呢？她的心路之旅，她的精神熬炼究竟是怎样的？探索这个问题，对于生长、求索于难免不易之生活风浪中的今人当是有益的吧？这也符合琦君的写作本意：

就我个人来说，我就只会写自己：自己的童年与故乡、自己的亲人师友、自己的悲欢离合，自己在这动荡的大时代里如何挣扎奋勉。尽管在写自己，却仍觉得在写和我同时成长、同时受苦受难、同时努力奋斗的所有的朋友们。因此我也就没有放弃这支写自己的笔。① （琦君《青灯有味似儿时》之《“有我”与“无我”》）

这种借写自己的世界而体验、而成就人间生命的相互关爱、共担苦难、共向美好境遇奋进的写作思路，是文学之为文学的最美思路之一吧——这不就是文学中横穿亘古的人道主义元素，生命大爱的元素，是多少文学经典的题中之义。

记得自幼教我读书的老师，在出家前曾语重心长地诲谕我说：“佛理固然艰深难于领会，你只要牢记最简单的八个字，就够你一生受用不尽。那就是‘大慈大悲，广大灵感’。”但“我”的意义，可提升到最高境界，扩充到无边无际。像佛家的“我不入地狱，谁入地狱”，基督的“爱人如己”，儒家的“尽己之谓忠，推己及人之谓恕”，都是先肯定了我的价值，由我出发而亲亲而仁民而爱物、爱世界全人类。（琦君《青灯有味似儿时》之《南海慈航》）

文学的路是一条康庄大道，却是永无止境。莫泊桑说：“天才的成就，是由于恒久的耐心。”我永远记得恩师当年诲谕我们的话：“不必强求做诗人，却必须培养一颗诗心。不必是一个宗教信徒，却必须要有一颗虔诚的心。”你一定知道“诗心”就是“灵心”，也是对万物的爱心。（琦君《青灯有味似儿时》之《“有我”与“无我”》）

……对人生体会愈深，心情会愈温厚愈包容，也愈能写出荡气回肠的文章。

---

① 琦君《青灯有味似儿时》（国际文化出版公司，2014年，本文所引该书均据此版，下不另注）

不要担忧技巧不够，技巧是为了表达丰富的内涵而逐渐历练出来的。更不必为五花八门的文体而困扰分心。只顾写你想写的，正如你信中说的："不管写作的内容是快乐或悲伤，美丽或丑恶，都应指向一个光明高华的方向。"希望你千万不要动摇这个信念。(《周芬伶〈千里怀人月在峰〉——与琦君越洋笔谈》)

爱亲人，爱众生，爱万物，爱世界全人类，类似的这种爱，是雨果文学里浓重持有的，是狄更斯孜孜表达过的，也是列夫·托尔斯泰、陀思妥耶夫斯基的文学深深眷恋的，这正是世界一流文学里存有的明光大成式元素！那么，多难的琦君是如何抵达此境的呢？

琦君，1岁，生父病故，4岁，生母病故，从此由如同父亲母亲的伯父伯母收养，琦君也直呼伯父伯母为父亲、母亲。11岁，自幼一起玩乐的哥哥又病故，琦君已经会写《祭兄文》《哭哥哥》[①] 这样的文字了。21岁，琦君再失亲人，这次是哥哥病故后，母亲再度收养的一个弟弟。

恍惚又是一场噩耗，一个电报告诉我弟弟突患肠热病，只两天就不省人事，在一个凄凉的七月十五深夜，他去世了！在临死时，他忽然清醒起来，问姊姊可曾回家。我不能不怨恨残忍的天心，在十年前夺去了我的哥哥，十年后竟又要夺去我的弟弟，我不忍回想这接二连三的不幸事件，我是连眼泪也枯干了。(《金盒子》)

琦君的不幸还远未结束，仅21岁，情同父亲的伯父病逝，四年后，灾难再降，亲如母亲的伯母病逝。而此时，琦君才25岁，几乎所有的至亲都离世了。在这样的人生遭际里，琦君或多或少地对人间、对世界生出某些不满，某些怨怼，某些悲观、绝望，某些人生无常、生命无凭的阴郁心绪来的吧！

几年后，年迈的双亲，都相继去世了，暗淡的人间，茫茫的世路，就只丢下我踽踽独行。(《金盒子》)

---

① 参见琦君《一袭青衫万缕情——我的中学生活回忆》(台北，尔雅出版有限公司，1991年)之《琦君写作年表》

何况，即使在母亲、父亲活着的时候，小小琦君对于人生的无常、无奈，直至空落，也已经眼见心历。因二妈在父亲心中的强势地位，因父亲对母亲的冷落，幼小的琦君已经饱尝人生的苦涩：

……我也常常和她并排儿跪着，有口无心地跟着背……我念着念着，觉得屋子里空空洞洞的，好冷清。心头忽然浮起一阵凄凄凉凉的感觉。好像整个世界，就只剩下母亲和我两个人。亲爱的父亲和哥哥，离我们千重山万重水。喊他们没有回音，想他们，却在信里总说不明白。(《青灯有味似儿时》之《南海慈航》)

我家乡有句俗话说："这桩事若是做得成功，菜篮都可以挑水了。"是比喻徒劳无功的意思。最记得母亲当年常自言自语："我就是拿菜篮挑水的人，都挑一辈子啰!"(《青灯有味似儿时》之《菜篮挑水》)

如此这般，我们不妨一探琦君文本中临人生而感空寂的那些处所，追寻其间的深度、广度，以及琦君大抵是如何意识到生命必须直面人生的诸般空寂、阴郁而有所精进，有所飞跃，并得以置身心于明光大成之"爱"(美)境，而超离人间的怨恨(丑恶)之域。

想想小猫被我压死了，五叔婆不喜欢我，妈妈又狠狠地打了我一巴掌，连外公都说我错了。我这样做人还有什么意思，真恨不得掉头就跑，跑到后山的尼姑庵里躲起来……我和外公靠在谷仓边的稻草墙坐着，后门开在那里，深秋的寒风从门外阵阵地吹进来，院子里枯黄的树叶在地上沙沙地卷来卷去。太阳偏西了，蛋黄色的光照着外公满是白胡须的苍老容颜。我忽然觉得这个世界好荒凉、好冷清……①(《母亲的金手表》之《猫债》)

这是琦君追忆中所写幼年琦君因自己一时的冲动、过失，以及随之而来的受罚而萌生的人生无趣、世界荒芜之感。

小书房曾一度被父亲命令拆除，阿荣伯再为建造。我那时还不到十岁，因母亲的忧郁感染了我，常使我觉得做人好苦，而萌逃世之念。(《青灯有味似儿时》

① 见《母亲的金手表》(人民文学出版社,2011年,本文所引该书均据此版,不再另注)

之《自己的书法》）

这段情况，至今已六十多年，却总是刻骨铭心，时时想起。现在想想，我那位二妈，也仿佛是开示我的禅师，她左不是右不是地打着哑谜，无非要我悟一个道理，那就是“饿”字。可怜我小小年纪，哪里懂得？只气愤地要与母亲一同去出家。难道已体认到尘世凡俗，原是苦海无边吗？（《青灯有味似儿时》之《读禅话偶感》）

这是因亲人（母亲）的受苦以及自己也随之而受苦而萌生的，人生最初的拒世、弃世之念，出语轻淡却令人惊心，小小年纪而弃世之思路却颇为彻底、决绝。

“我气你，叔婆也气你，我外公和妈都要不喜欢你了，你老做坏事情。”他坐在台阶上，从泥地上捡起一片烂叶子说：“我就是这片烂叶子，飘掉了，树上也看不出少了一片叶子。”

“我终究是一片烂叶子，谁也没法把它粘回到树上去了。”① （《琦君自选集》之《压岁钱》）

这是幼年琦君以自身本然未悟的童真心思怒目人性之低劣、之恶丑，期望亲友（这位被“气”的堂叔既是亲人，亦是与琦君年龄相差不太多的密友）的幡然自救，但幼年的，以及少年的琦君都落空了；而跌入其中的乏力自救者，还自有其不乏诡辩力量的“智悟”陈辞：瞧那树上的败叶子吧，多一片人不知多，少一片人不知少，它存在着本来就并无意义啊，正毋需因之“气气”呢？

箫琴公逝世好几年了，阿庵小叔不肯上进，年纪轻轻的，竟然也染上了大烟瘾。最痛心的是哥哥去北平才一年就生病去世了。我痛失手足，想起阿庵小叔的那句话：“什么都只是过眼云烟。”心情不免黯然。（《母亲的金手表》之《箫琴公》）

这里，人力、人性的有限（不肯上进、自救乏力而诡辩有“悟”）和命运的无端无凭、无以可抗（生老病死之病与死吧）都在敲击着幼小琦君的心扉，她何

① 《琦君自选集》（台北，黎明文化事业股份有限公司，1975 年，本文所引该书均据此版，不再另注）

以承受？生命在成长，世事在涌现，人世更显出它的广大无边，少小琦君（当然是成年琦君文本中以回忆呈现的少小琦君）的情感、心思亦渐趋深微。

提灯的人散去以后，我忽然感到一阵清冷，心里想着最热闹的年快过完了，随便怎样开心的事儿，总归都要过去的。我一会儿望台上的花旦，一会儿望她。觉得这个花花绿绿的世界，却没有我的份。心里萌起一股凄凉之感。(《琦君自选集》之《衣不如故》)

尤其听到楼下练琴间里传来叮叮冬冬的钢琴声，明明是非常悦耳的，但那声音使我又想起冷面人曹老师，而感到自己的低能与落寞。我就索性蒙着头，在被子里哼起金妈教的绍兴戏《珍珠塔》来，一遍又一遍地唱。我心里在想：难道人生真个渺渺如梦中吗？难道真个天也空来地也空吗？我小小的心灵有如已饱经忧患。(《青灯有味似儿时》之《难忘的歌》)

这已是无端之间、恍然一悟的“悟空”“悟无”“悟我”了吧，何物能够温暖、充实这样的人生之悟呢？另一方面，人间世界在自身之苦、亲友之苦外，还大有人人（她/他人）之苦在：

只记得她（家中女佣金妈——笔者）最爱唱的《珍珠塔》，只要有点不开心，她就唱起来：

天也空来地也空，人生渺渺在梦中。
南无，南无阿弥陀，啊……佛。
人生好比一张弓，朝朝夕夕称英雄。
南无，南无阿弥陀，啊……佛。
夫妻本是同林鸟，大难临头各西东，
南无，南无阿弥陀，啊……佛！
（《青灯有味似儿时》之《难忘的歌》）

这位金妈婚姻不幸，就从家里出来作佣工，与琦君的母亲同病相怜，小琦君对于她歌谣中的“天也空来地也空，人生渺渺在梦中”已有真切感受。能够看到琦君文本中不同年龄段的“琦君式悟空”，虽出语各个不一，但意旨大抵指向人生的空落暗淡、无所依凭，而琦君最终越过了这种多难遭际、阴郁体验而断然置身于对人生的肯定、对“人间大爱”的信念，她的心路其实不易，其间借助的生命营养虽各式各样，但最为关键的羽化时间、最为关键的助力人物则是可以大抵确认的。进入少年、青年时期的琦君，其空落之感随着生活空间的拓展继续在呈现，其中的“文化—精神”含量愈来愈浓，感受与智悟相融，渐趋理性，渐离幼小时段的本能式、情绪式境状。

母亲来信说她患了风湿病……连最简单的螺蛳髻儿都盘不成样，只好把稀稀疏疏的几根短发剪去了，我捧着信，坐在寄宿舍窗口凄淡的月光里，寂寞地掉着眼泪。深秋的夜风吹来，我有点冷……她脸上脂粉不施，显得十分哀戚，我对她不禁起了无限怜悯。因为她不像我母亲是个自甘淡泊的女性，她随着父亲享受了二十多年的富贵荣华，一朝失去了依傍，她的空落寂寞之感，将更甚于我母亲吧。(《琦君自选集》之《髻》)

母亲说我四岁才会说话，四岁以前，见到谁都喊“呶呶”，大人们都说我笨得跟猪一样。现在看着这条活泼可爱的小猪，就格外有一份亲切感。但是想到它终究要被宰，心里也格外难过。我暗暗念着：“猪呀，你慢慢长吧，长大了就要被宰了。”可是它还是长得好快，愈长大也就愈不活泼了，它就是这么无聊寂寞地活着，一天天长大，一天天等待死亡。(《母亲的金手表》之《猪年感怀》)

由具体的人我之空落，而至某种“向死而生”的空之彻悟：在终结一切，归向无有，并且注定降临的死亡之前，亦不过是“无聊寂寞地活”。从琦君基于回忆的文本里看，她这种空落、消极的感受，哲学地说，其实是对生存虚无的反复体验。此种消极性体验，随着琦君年岁的增长愈益剧烈，但也同时遇到了最深刻、最具理性的积极引领，琦君最终能够走向对生的肯定，对人间之爱、万物之爱的明光执着，她的人文老师们的助力极为重要，特别是，夏承焘先生在她大学期间及其卒业后的引领尤为关键。此中心路，在琦君的文本里是可以寻见的。能够看到，从高中阶段，至大学，直至大学卒业不久，琦君的消极性人生体验渐趋高峰，其间，她尝试跟多人交流此种人生感受，可以看出，不同的人返回给她的引导信息是并不相同的。

念着《离骚》和《九歌》时……觉得人生会少离多，十分悲苦。心中脑中一团乱丝理不清楚，我写信给故乡的二叔和胞肝叔，他们的回信各不相同。二叔劝我读唐宋诗词……他说诗词是图画的、音乐的、哲学的，多读了对一切自能融会贯通。肫肝叔却叫我读《庄子》，读佛经，他介绍我看《景德传灯录》《佛说四十二章经》《心经浅说》。那阵子，我变得痴痴呆呆的，无限虚无感、孤独感，觉得自己是个哲人。没有人了解我。王老师发现我在钻牛角尖，叫我暂时放下所有的书本，连小说也别看，撒开的玩。他时时带我们作湖滨散步，西湖风光四时不同。每处景物都有历史掌故，他风趣的讲解和爽朗的笑声，使我心胸开朗了不少。他说，读书、交朋友、游山玩水三者应融为一体，才是完整的人生。所谓人生哲学当在日常生活中去体会寻求，不要为空洞的理论所困扰。他说“三更有梦书当枕，千里怀人月在峰”就是三者合一的境界。(《琦君自选集》之《三更有梦书当枕——我的读书回忆》)

这里提到的二叔和肫肝叔各以自己的方式，为琦君提供着“自救”的读书路径，但是，看得出来，这二位的意见（大抵是建议读中式古书的路子）作用不大。而高中国文老师王先生的法子有所作用，但也仅仅是令琦君“开朗了不少”，还没有实质性地对问题生成解决之法——的确，仅仅在“读书、交朋友、游山玩水”之间“漫行”的话，有一时的缓解、调剂作用，但毕竟不是正面、直接的对于琦君已是相当深度的否定性、消极性人生体验的应对。真正有效的飞越人生之否定性渊深暗影的路径，恐怕还需探寻。

卒业后避乱穷乡，举目无亲，心情孤寂，幸居近省立联高，就向图书馆借来西洋哲学书及翻译小说多种阅读。我写信给夏老师报告读书心得，也诉了一些内心的悲苦。他来信告诉我说：“近读狄更斯《块肉余生》一书，反复沉醉，哀乐不能自主。自惟平生过目万卷，总不及是书感人之深。若有英文原本，甚盼汝重温数遍，定能益汝神智，富汝心灵，不仅文字之娱而已。”他也正在读歌德书。每节录其中警语相勉：“人生各在烦恼中过活，但必须极端肯定人生，乃能承受一切幻灭转变，不为所动，随时赋予环境以新意义，新追求，超脱命运，不为命运所玩侮。”他又说“若无烦恼便无禅，望你以微笑之智慧，化烦恼为菩提，以磨刮出心性之光辉”。他指示我读西洋哲学之余，应当回过来再读《老子》。篇幅不多，反复读之，自能背诵。《老子》卒业后再读《庄子》，并命于万有文库中找出《西塞罗文录》来读其中说老一篇，颇多佳喻。(《琦君自选集》之《三更有梦书当枕——我的读书回忆》)

这真是于今、古、西、中文化之间的一番大指引啊！没错，这位夏先生正是一位自觉地要在中西古今之间进行精神化合，以求学养、精神之精进的学人、师者：

……旁系以及别校同学，都常来旁听他的课。他见到外文系同学，请他们介绍西洋名著给他阅读，也启发他们以研究西方文学的分析技巧，来欣赏我国古典文学。……他常引西洋小说，与《史记》《红楼梦》等作比较，可见他早已有东西文学比较的新观念了。他自叹早岁对新文学运动未太注意，故得赶紧补读，以期对古典文学有更深领会。他就是如此的学不厌、诲不倦。（《青灯有味似儿时》之《三十年点滴念师恩》）

必须承认琦君的幸运，这位自觉融通古今中西之文化经典的夏承焘先生，所言“必须极端肯定人生，乃能承受一切幻灭转变，不为所动，随时赋予环境以新意义，新追求，超脱命运，不为命运所玩侮”的话，以及“若无烦恼便无禅，望你以微笑之智慧，化烦恼为菩提，以磨刮出心性之光辉”的话，真乃人间至悟、至道啊——要于极端否定的人生体验中（由此可以想见，直到大学卒业之后，琦君依然未能从某种否定性的、消极性的人生体验中走出来）锻冶出生命里钻石般的肯定之光辉；所谓至情至性，所谓透彻、彻底的生存体认，在最深刻的意义上，也正是如此的。

谈到作诗，夏老师也另有一番诲谕，他劝我不必强求做诗人，却必须有一颗诗心。正如不必一定信奉什么宗教，却必须有一颗虔诚的心。“诗心”就是“灵心”，虔诚的心就是爱心，佛家的慈悲心，儒家的“仁”，孔子说：“能近取譬，可谓仁之方也已。”就是将心比心，推己及人，“时时体验人情，观察物态，对人要有儒家怜悯心肠，不可着一分憎恨”。这几句话我几十年来永铭肺腑，也使我于写作中领悟更深的爱，交了更多的真心朋友。袁子才说：“吟诗好比成仙骨，骨里无诗莫浪吟。”我想所谓的“仙骨”，也非天生，完全是由于对人间世相以爱体认而培养出来的。我不求成仙，只要做个快快乐乐的凡人，与人分享快乐，分

担忧患，则天堂自在心中，此心比神仙还快乐了。①（《母心·佛心》之《长风不断任吹衣》）

似乎正是夏承焘先生在人生的最深处、最关键处唤起了琦君“必须极端肯定人生”，赋予人生以意义，以精进、追求的生命意志，并进而十分明光大成地（恍如佛祖与耶稣啊）将这种“必须极端肯定人生”的意义之路，敲击为虔诚的“爱心，佛家的慈悲心，儒家的‘仁’”，对人一定要有“怜悯心肠，不可着一份憎恨”。幸运的是，经夏先生昭明的此种大美至道，青年琦君也的确一一吸纳，直至真的踏上了这堂堂大道：“我想所谓的‘仙骨’，也非天生，完全是由于对人间世相以爱体认而培养出来的。”琦君并且这样说，夏老师信里的“每一句话都像名山古刹中的木鱼清磬之音，时时敲击心头，助我领悟人生至理”。② 从高中的王老师到大学的夏老师，琦君也这样联想过：

他说世间有许多人之所以斤斤较量，心胸狭窄，猜忌仇恨，都是由于不读书，不与古今中外之作者交朋友，这样的人，岂只是面目可憎，言语无味而已。王老师的话，在当时听来觉得太迂阔，也太深奥，但年事渐长以后，愈来愈体会到他的豁达与对莘莘学子的期望、爱心。高中三年，沐浴于王老师的春风化雨之中，使我原本忧郁多感的心，渐渐开展，懂得于哀愁、苦难、挫折中自我砥砺，自我提升。这也就是后来大学的夏承焘恩师所说的：“任何生活都可以过，但求不迷失自我。”（《母心·佛心》之《长风不断任吹衣》）

“于哀愁、苦难、挫折中自我砥砺，自我提升”，我以为，这就是一度“无限虚无感”，十分“孤寂”“悲苦”的琦君“飞心跃入”的生命至境。人的一生，无非是活一个真正觉悟了的“自我”。更珍贵的是，如前文所见，琦君炼化出的“自我”“真我”，更是一种“由于对人间世相以爱体认而培养出来的”“仙骨”和“天堂之心”——“人间大爱”。真的，这堪称生命存在的明光大成、堂堂至道。在这样的心路之间，再读琦君记忆中的如下名段：

---

① 《母心·佛心》(湖北人民出版社,2006年,本文所引该书均据此版,下不另注)。

② 《琦君自选集》之《三更有梦书当枕——我的读书回忆》。

他说人生固然短暂，但生命却是壮美的。生涯中的一花一木，一喜一悲，都当以温存的心，细细体味。哪怕当时是痛苦与烦恼，而过后思量，将可以化痛苦为信念，化烦恼为菩提。使你有更多的智慧与勇气，面对现实。(《琦君自选集》之《写作回顾〈代序〉》)

是不是在“生命”“壮美”、花木荣华，而人却需坚毅自处的同时，更意味着临芸芸苍生而以“爱”相联，处无端烦恼、痛苦，而依旧相依人间大爱的至善、至美之信义？

抗战期中，“我”尝尽了生离死别之痛，避乱穷乡，又经历了许多惊险，……“我”渐渐地长成了，“我”懂得，人要挣扎着生活下去是多么不容易，却是多么值得赞美。“我”也懂得如何以温存的心，体味生涯中的一花一木所给予我的一喜一悲。(《琦君自选集》之《写作回顾〈代序〉》)

那么，琦君自我生命的大成，约略是在其大学卒业之后的抗战时期“出世”的，可谓既成于个体生命的极端低谷（“无限虚无”）时，亦成于民族国人的大难期间，于个人、于民族国人，都可谓大悲之后的大愉悦、大难之后的大幸运！

2019 年 1 月 9 日，改定于汕头

桂花雨读书会暨琦君文化进校园活动

第一期活动

时间地点：2018 年 7 月 13 日（周五）上午，在瓯海中学举行。

嘉宾介绍：鲍尔吉·原野，蒙古族。中国作协会员，辽宁省作协副主席，编审。现居沈阳。在大陆和台湾出版《掌心化雪》《现代文学典藏——鲍尔吉·原野散文集》等多种散文集。作品收入大学、高中、初中和小学课本以及试卷。曾获中国少数民族文学奖，人民文学杂志散文奖，蒲松龄短篇小说奖，第十六届百花文学奖，内蒙古自治区文艺特殊贡献奖及金质奖章，琦君散文奖等。王鼎钧将其作品誉为“玉散文”。台湾商务印书馆考评鲍尔吉·原野的散文“语言功力令人称奇，纵横开合、灵光四现。将细腻豪放、洗练优美冶于一炉，毫无困难且诗意斐然。最吸引人的是他把自己纯朴的人格与悲悯的爱心跃然纸上，让读者回味不已”。

鲍尔吉·原野瓯海中学演讲实录

瓯海中学现在是喜事临门。我今天来到了瓯海中学，这儿都是大喜事，到这里坐一坐，我觉得就是到大门口转一转，仰面看见“浙江省瓯海中学”这几个大字都是沾沾喜气。喜气就是吉祥气，就是上进气，这世界没有比进步更喜气的，这得感谢我们老师、校长。这个不是客套话，是我的一个感想，来到瓯海中学的感想。

我今年出了一本散文集，叫《流水似的走马》。我想我可能不是像其他作者一样，就是说这本书多么多么的好，因为我听过很多人介绍自己的书是最好的，我的矛是最坚硬的，我的盾是最好的，谁也不能不好意思地说：“你们去比拼一下吧！”

读书对同学们来说，我觉得最重要的就是最后的冲刺。我是喜欢跑步的人，全球跑步界最著名的赛事就叫波士顿马拉松。波士顿马拉松赛道30公里处，刚好有一个陡坡，这是不可思议的。因为跑步的人都知道，最痛苦、最困难的就是撞墙期，30公里左右正是马拉松选手的“撞墙期”，可它就是这么选的。我们知道的川端康成，还有美国第43任总统小布什，都跑过波士顿马拉松，跑过波士顿马拉松的人是引以为荣的。高三也相当于马拉松跑步的冲刺，所以很辛苦。今天我的讲座，如果能给同学们带来休息，我觉得就很好。

我是蒙古族人，说说我的家乡内蒙。说到内蒙古，首先是内蒙古大草原，大家就想啊，这是蓝蓝的天空，还有白白的云，这是腾格尔唱的，还有牛羊，草原啊，特别淳朴的话，这是他自己作的词。实际上草原作为生态系统远不止于这些，我在呼伦贝尔见过什么壮丽的美景？每年6月12日至27日，内蒙的草原会开满碗一样大的芍药花，你从海拉尔开车出去，开五六个小时，两边的草原上全都是大白芍药花。你简直会痛心疾首，你觉得，这太浪费了，不能觉得让它们就这样，它们怎能就这样了，是吧？你觉得应该栽在花盆里，应该送给亲戚朋友，但是满山遍野都是……就这么开着，这就是大自然。芍药花开花有一个特点，它开花就没有任何别的花，老百姓管它叫“花中的霸王”。

还有一次，在呼伦贝尔，我们开车经过一条路，路的两边都是杨树，杨树也没有什么神奇。我们坐在面包车里，发现道路前方有东西就像海浪一样扑过来。是什么像海浪一样扑过来呢？是蝴蝶，是白蝴蝶。我们说：“快停车，快停车。”司机停车，我们下去看，全部是蝴蝶，有些蝴蝶撞在车上，有些蝴蝶倒在车下，可能有死亡现象。但是车还得开，司机是当地的司机，他只是说：“不要撞到蝴蝶。”车就慢慢地继续往前开，大量的蝴蝶就像海水，我们的车像一艘战舰，像林海军部长（注：参加活动的区委宣传部副部长）开一个战舰，在海洋里穿过去一样。那么长时间，我们也有点痛苦，担心撞死蝴蝶。车开完了，我们停下来，开了87公里，一路上都是蝴蝶。我想说，草原是神奇的，不像老腾唱的，只有蓝蓝的天空，洁白的白云，它是一个生态系统。

我在新西兰也看过草原，新西兰是个牧业王国。它的草原、奶，比中国还要好，但是你感觉不到那是草原。我在德国生活过一个月，那个国家有个很奇怪的特点，它除了生产宝马、奔驰，它不种庄稼，也没有耕地。我到哪儿都喜欢看耕地，我认为一个到处看耕地的人是个好人……后来有一天我忍不住了问一个德国人："这里怎么看不到庄稼？"他说土地不是用来种庄稼的。我以为遇到郭德纲、周立波这样的人了。那土地是用来做什么的？休息。就像高三学生要休息一样。休息，长树长草。即使是那样，我觉得那不是草原，我所感觉到的草原，要有奶茶，要有蒙古人。

我今天跟大家分享的是，咱们内蒙古多样化的文化形态。你到过草原以后，其实最吸引人的并不是蓝天白云，可能你找不到那么多的蝴蝶了。不要说我当年欺骗你，把你骗到草原上去找蝴蝶。蝴蝶这样集聚，为什么这样？我也不知道！而且芍药花过了6月27日，你去了也不开了，你如果去晚了也看不到，也不是我骗你。但是你会看到草原的蒙古人，他们和其他人是不一样的。他们并不是你们想象的像电视剧演的那么彪悍。一个人没必要太彪悍，你不是面临战争，咱们国家享受和平已经很多年了，将近70年了，这个要珍惜。彪悍，其实人类男性都长胡子，就看你刮掉不刮掉。有人说，你怎么能长成这样呢。我应该是什么样的呢？应该很胖，长胡子，喝酒，拍桌子，还要骂人。任何一个民族，不是拍桌子、喝酒、骂人就彪悍的，这个民族的人整体上很胖，我感觉这个民族离灭亡已经不远了。

蒙古人最吸引人的是有"禁忌"的价值观，有他人生的一个分水岭。有的事情他坚决不干，打死也不干。比如，在河流里是不可以洗衣服的，绝对不可以弄脏河流，绝不可以把脏东西扔到河水里，他认为这个东西是要天打雷劈的。而且不可以在河里面撒尿。成吉思汗大法典规定："在河里面洗澡是要处以死刑的。"这个法典是清洁水源的，清洁水源是第一的。所以内蒙古所有河流的名字，乌力吉木伦河、查干木伦河……河流的名字都是吉祥的，吉利的河，福气满满的河，还有高兴的河，纯洁的河，你说这样的话是不是就不能碰了？实际上咱们温州也有很多很多好听的河，每个地方的河名都应该很好听，就像温州有飞云江、瓯江。当然，实际上也有不好听的河，叫什么羊脖子河，这算什么话呀？

蒙古人可以说不会砍树，爱树是一种信仰。按照祖先的说法，这个树上是住着神灵的。实际这是传说。我到今天我才明白，老祖先发明这样的传说，发明这样的禁忌，他是要保护生态。他并不是说老祖先知道中央某年某月某日要发什么环保文件，他不知道，他也不知道什么叫"中央"。那时候蒙古帝国跟中央也没有关系。但是一个民族，如果生态环境破坏了，这个民族活不下去，他的子孙也活不下去。到景区我认识一个木匠，他不说自己是一个木匠。牧区木匠是不承认自己是木匠的。我说："你是木匠？"他不言语。"你是木匠，你到山上砍过树吧?”他立刻站起来，他最忌讳的就是这个。那我说：“你如果缺木料，那你怎么办呢?”他如果要砍一棵树，他就到自己承包的山上去砍，那个树是自然生长的。他就会很犯愁，很苦恼。他有一个车，车辕坏了，需要一块木料。他拿上酒，拿上糕点，拿上糖果，把斧子别在身后面，到山上找找，找到跟所需木料差不多大的一棵树——不能砍一棵独自生长的树，那是“独生子”。找到那棵树，然后说“我是谁谁，什么村的，我们家的车辕坏了，我需要一棵木料，希望……”他不是求树，希望老天爷把它赐给他，并免去他的罪行。我认为这不算犯罪，这是交易。有些东西可以通过交易获得。有些你通过交钱，法律可以赦免。祭拜完了以后，他从后面拿出斧子，砍后扛着木料飞快地下山了。如果一个民族对砍一棵树是如此苦恼，如此痛苦，如此鬼鬼祟祟，那么这个民族就有希望了。他在自己活的时候，还想到别的生灵要活，树也要活。

蒙古这个民族是一个孝老的民族。每个蒙古人都要孝养自己的双亲，这是毫无疑问的事情。你到牧区里去看，无论你到哪一家之后，你看家里老人都住在最好的房间里边喝茶。中国古代有一句话叫“寿终正寝”，意思是“后边的事情了结了”。实际原话不是这样，原话是一个赞美的词。是说一个人，他离开这个世界的时候，第一，他是在他们的家里。为什么家里面呢?战乱年代四处打仗的兵，在荒野里死了的中国人，那是太多了。他不是走在山野里被雷劈了、被虎狼吃掉，不是被军阀混战拉去当兵死了，而是死在家里。家里什么地方?是家里的正房，叫“正寝”。那中国的汉族人孝道观念是：老人应该住在正房，最好的房子。蒙古人也是，家里面最好的房子肯定是坐着老人喝茶。那么我们就问问一个乡里的干部：“没有生育子女的老牧民啊，还有一些比如说不生育的、不结婚的鳏夫，这些怎么办呢?谁来养?”他说：“所有这样的老人，他的外甥侄子都抢着接回家了，比如说他妈妈的哥哥或弟弟，他爸爸的哥哥弟弟、姐姐妹妹接回家了。太好了，别人都羡慕他（她）。”孝老也是一个民族的优良传统。蒙古人愿意养老，如果他不养老，他在村里抬不起头来。

还有蒙古人不能讲谎话，要说诚实的话。我认为这跟当年成吉思汗的军事统治有关。蒙古民族是个军事民族，成吉思汗统一了整个部落。那么一个军事部落，他一定要强调诚实性，你说的话一定是要谨慎，你说的话一定是真实的。而且蒙古人他本来话就很少，不怎么爱说话。你到他们家去以后，他就跟你笑、喝茶，长时间都不说话，没有什么可说的。为什么爱说话呢?就是在屋子里待着，觉得这个房子太小，想住大房子。你住的房子太小，你难免就要跟别人说话；还有闲聊，哎呀，你长得很好看吗！哎呀，你这个腰很细吗！哎呀，你很苗条。如果长期在自然界，头顶是天空，远处是大山，然后是草原，那么辽阔，就不想说什么话了。蒙古人不说话，但你会发现他的眼睛会说话。你看，他的眼睛很生动，他用眼神跟你说话。他的意思表示：“我很喜欢你，我很欢迎你。”你看现在的城里人，好多人眼睛已经不会说话了。自从中国出了一个张小龙的人，张小龙比秦始皇还有名，他发明了微信。中国人看了微信以后，中国人的眼睛都很奇怪的。我就特别爱看中国人的眼睛，真奇怪，它聚焦啊，眼球是圆的，脸经常也是板着的。因为脸上一条微信都没有，也没有图片，脸上没有写着“惊天的秘密”。每天早上吃枸杞，中国人眼神一点不生动，中国人的脸已经不生动了。生动是你要跟大自然在一起，大自然是母亲，大自然是教父。大自然会教一个人淳朴。你在牧区看到的蒙古人，不是你想象的像腾格尔那样唱着“蓝蓝的天空……”，唱法有点太装腔作势了。你觉得他们很谦卑，你也可以说很卑微，那都是对的。你要说渺小，我觉得也没错。你站在高山往下看，你看到山峦，你看到河流变得很细很细。你看到马群，你看到牧民很渺小。那么蒙古人把自己定位在草原上。他觉得自己是众生之一，是微不足道的。人在牧区里边不重要。蒙古人的民歌更多在歌颂天空，歌颂河流。你听不到他们在民歌里面歌颂金钱，歌颂炒房，也没有这样的歌。也就是说你进入大自然，大自然是最美好的，会教给你好多东西，每个人都是大自然的子孙，包括你的所作所为都会按着大自然的意志。我的意思是什么呢？这是中国汉族人的祖先所说的，天人合一，人法地。地按天的指令生长。那么土地有什么样的特点呢？土地最大的特点是生长。每个人不管他多大年龄，都要学习，要生长、变化。土地还有什么特点？它长鲜花，也长丑陋的草。它长梅花鹿，也生养毒蛇，这是大自然之包容。所有万物都是大自然的子孙，人法地，地法天，天法道。我们应该领悟，我们应该遵守，可以持之久远的这么一个道理。道法是什么呢？古人回答了——道法自然。这就和蒙古人说的“长生天”是一样的，意思是我们按着大自然的本来面目，我们按着大自然的仁慈来生活。

在牧区，我们还看到好多很有趣的事情，它有好多代称。比如说，有一个学生，他的父亲叫刘国栋，这个同学回家了，不能说：“刘国栋，我回来了。”他也不能这样说：“刘国栋，你站起来给我倒一碗汤。”你会管他叫爸爸，这是代称。你叫爸爸，把你的血缘关系说清楚了，你也不愿意直接叫刘国栋。那么在牧区也是这样。比如说，蒙古人的碾子，就是你打下的庄稼颗粒，放在一个石头下面，让石头给碾压一下，去壳或者磨粉，这很重要的。没有碾子就没有粮食，没有人类。蒙古人叫碾子，是不可以这样叫的，它有代称，叫吉祥的老汉。所以你到牧区去，现在早已不用碾子了，原来集中到粉碎机粉碎，现在粉碎机也没有了，直接到超市买粮食，牧区有超市，目前也还有网购，你买面粉，他就送过来了。没经过吉祥老汉呢，所以要在碾子上，放贡品。这是一种感恩。感恩，中国规范的词语是“感恩戴德”，我们感恩别人给我们带来的好处，我们要用头顶着，我们不能忘记，就叫感恩戴德。好多人说“感恩……感恩”，我以为结巴。我们要对大自然，对父母亲，都有一种感恩戴德之心。

汉族人有个名词叫“接生婆”，就是帮别人接生，是民间帮人接生的人。现在都上医院了。蒙语的“接生婆”这个词很有意思，他把两个词加在一起的，叫大地巫师，或者叫大地魔术师。他是说大地是跟生产这个词有关系，他是大地的一个魔术师，我觉得就很喜欢。这件事启发了一个诗人，他认为孩子是从哪里来的？我们当然认为是妈妈生的，他不这么认为，他说是一个魔术师给变出来的。你说一个民族的语言里面就包含着这个民族的文化，这个民族的价值观。现代汉语从五四以后就没有敬词了。现在没有提供敬词，不知道怎么说了，就说“尊敬的王书记、朱部长”什么的，加个“尊敬的”。在蒙古语里面，在法语里面，在德语里面，这个词就是敬词。

第一次见面，把烟递给别人，拒绝的话，一般人就说“不抽”。“不抽”这个词不是敬词，跟长辈不可以说“不抽”，那该咋说？“不会抽”还带有“不”。蒙古语则会说，翻成汉语就是“并没有抽过”。这样叫委婉。那天我见到一个老师，把烟递给他了，他说“没有哇”，这就是很委婉，意思说我没有这个恶习。有敬词的民族是庆幸的，他会把敬词献给天空大地、自己的父母、自己的爱人。那没有敬词的民族，他在着急之余，使用微信里的表情包，这也是个办法。

前面说了，蒙古人是不能去污染河水的，泉水和其他什么水也是不可以污染的。如果你口渴了，你要拿一个碗喝。而且在泉水里不可以加入牛奶，这个为什么我也不知道。祭祀敖包的时候，女人不可以去。有人说这些是迷信。蒙古人的禁忌一直都有，对树对草，你一直不能动。成吉思汗说：“树救过我的命。”成吉思汗，我觉得他是个伟大的皇帝。他说：“树救过我的命，我的子孙不可以伤害。”你看那个木匠就特别恐惧。他还说“河流救过我的命”。他就是为了保护河流，保护环境，实际是让子子孙孙活下去。在这个土地上就生活过很多民族，至今只不过700多年历史。之后还有无数，不管什么民族。所以人要有敬畏之心。

还有蒙古人，他有了敬畏之后，一个人实际会变得奔放，不能做的事情你不做，其他你很自由。蒙古人，你唱个歌吧，他就很自然地站起来唱，不用扭捏。

你的心房，还有说心田，如果你心里的东西很少，你的空间就大，内存就丰富，运算速度就快，你这个人办起事来就不卡。你这个人到哪儿都能找到Wi－Fi，就是这么个问题。好多人支支吾吾，办事办得不爽利。好多人不知道自己该办什么，不该办什么，他的垃圾回收站就没有清理，该存盘的地方他存不上。他不知道什么事情重要，什么事情不重要，而且存东西太多。最重要的是什么？你到蒙古人家里看，家里没有太多东西，他觉得不重要。牧区人民很有钱，一头牛可以卖到1万多块钱，30头牛那就几十万元。羊一千多块钱一头，有人好几百头，他其实不缺钱。他觉得家里的东西啊，什么冰箱彩电手机，他们认为这个东西，没有什么用，重要的东西在外面，天空、草地、四季。我觉得这种想法很好，不贪财，你就不会老是往你的怀里抱东西，最后你把你自己全卡死了，你想清除都清理不掉了。比如手机，第一你不关机，从来没关过机；第二，你老是储存储存，你终于不能开机了，为你心爱的钱和心爱的这个、那个。其实，心爱的都在外面，能把自己的心保持得空空荡荡，这是最愉快的。

如果你的心能清空，非常好的。你们知道美国篮球运动员科比吧！我也很佩服他。科比说过："你见过芝加哥早晨四点钟的星星吗？"科比见过。你在喝酒的时候，科比在练球；你在打牌的时候，科比在练球；你在玩耍的时候，科比在练球。总而言之，你在做一切事情的时候，科比都在练球，练球。我昨天才跟一个朋友交流，说我每天3点半起床，他说很奇怪，其实一点儿也不奇怪。一般的人起不来，起不来是因为睡得晚了，睡得晚是因为你在做垃圾事情。因为没有什么事情是值得你在十二点、一点钟去做。无论什么事情，最重要的事情，一个人都不是在这个时间做的。我觉得科比极其简单，极为聪明。他心里什么东西都没有，就两件事：一件事是训练；一件事是比赛。这就了不起了。如果比赛要分出胜负，为什么那个赢的一方不是我们呢？一定是你，你如果不断在练球，不断在练球，那一个肯定是你。在1万个人当中，在一百万个人当中，在十亿个人当中，人类之中再也找不出第二个科比。我们找不出来，一个不断在练球，练球，练球的人，如果他不是精神病，那他就是科比，那个伟大的人。因为有人是这样的：到处问，到处上微博找，怎么能变得健康，你能告诉我吗？我怎么能变得帅一点呢？到哪里去赚钱？哪里有好工作？你去问别人，你还用问别人吗？这些事你还不知道吗？你还想不出来吗？你去问科比。这个天人合一就是这样。但那些蒙古人并没有科比那么有钱。但是他跟科比一样，他不想“生活”这件事，他生活就好了。那么你赶着牛，大雨浇下来，你往家赶，你会很辛苦，这就是生活啊。下大雪，你比如说家里很冷，但是，不会冻死你，你要忍受，这就是生活。一年四季就是生活。实际上做一个环保的人，做一个敬畏大自然的人，做一个孝敬父母的人，和做一个有朋友的人，做一个不自私的人，做一个爱自己的人，都是同一种人。

我过去写过一本书，叫《爱自己》，这本书已经出版15年了。其中有一个人给我写信，给我打电话：“我有事跟你说。”那时候打电话是要用座机。我说：“你有什么事？”他说：“你有一本书叫《爱自己》对不对？你为什么要起这个名儿？”我说我喜欢就取这个名儿，他说：“你起这个名是啥意思呢？”我说我起这个名字是爱自己啊。“你为什么要爱自己呢？”我说这是我的事啊。“这样不可以的。”我说：“不可以，你想怎么样？”“我要和你辩论。”因为咱们要听别人的意见。他其实是一个精神病患者，接听过程中逐渐发现的，但你也不能挂掉。我说：“你简短地说，我来听一下。希望对我有宝贵的启发。”他说：“要爱自己，这是反动。”我说：“爱自己怎么会反动呢？”“这个社会爱别人，要爱大家。”你老是在纠缠，你爱过我吗？你爱自己吗？你连使用词儿都不会，你连语文都没有好好学。我说你初中毕业了吗？“总而言之，你不能这么说。对这个社会有不好的导向，你爱自己，你这就不对。这个违反四项基本原则。”我说：“你说明白了，我谢谢你，告诉我这个想法。但是你有权利按照你自己的想法去做，我有我自己的想法。”就是人啊，都做不到爱自己。科比的话都是爱自己，蒙古人为什么喜欢？喜欢河流就是爱自己。他这跟古人说的知行合一是一样的，我们不能培养虚伪的人。爱自己的人都会早点睡觉的，爱自己的人喝酒喝得差不多就可以了，不会喝到钻到桌子底下。爱自己的人肯定不吸毒。你看那民警，他们戒毒缉毒。这些民警是最辛苦的。好多人说，爱是人类一个基本的感情，他从降生开始就有了，被魔术师接到就有爱了。人了不起就在于从爱自己的母亲开始，爱这个环境，爱大家，爱社会。但是它是融为一体的，但你首先从爱自己开始。一个对自己没有爱的人，对别人是冷酷的。肯定是这样，我们在爱自己的过程当中，爱别人的过程中，要变成科比，我们要变成科比的可能性一丁点都没有，但是我们可以这样做。

你比如说我是个跑步爱好者，我也没有可能参加中国田径队，我连想都没想过。我每天都跑，研究路线，看百度地图，我没有功利，我就喜欢跑步。我喜欢自己对自己有点无情，让我有点不舒适。要不然这个社会对我太好了，就连浙江省重点中学——瓯海中学都请我站在这里讲课。我除了感恩戴德之外，我还觉得是应该跑跑步啊，洗洗冷水浴啊，看看书，做点你不想做的事情。前些年我不太愿意做事情，不愿意读书，就是看看微信，微信关注好多，也有读书的微信。这不对，我要做个读书人。我这个手，闭上眼睛一摸着是纸，而不是这个屏幕。我现在在努力学习，像学生一样，在家里练习读书，而且告诉自己，别假装读书，别拿着书本想别的事，关掉手机然后读书。

刚才介绍内蒙古牧区的一些文化，也把我心里的想法说一下。我现在就在沈阳生活，其实有时候我心里很想回内蒙古。我想回内蒙古，也不是想再次碰上那些蝴蝶，我想愿意用那些牧民来感染我，那种诚实。诚实人的眼睛跟别人的眼睛是不一样的，他们表情是不一样的。他们肩膀是放松的，而且他们是可以依靠的，他们一直在笑，那非常可爱。就像我那一次去泰国，第一天住在他们的国宾馆。他们的国宾馆是他们的城里边儿第二高的楼，第一高的楼是歌剧院。国宾馆的房间有11间。第二天我出来跑步，天蒙蒙亮，来了一个人之后，我觉得他在看我，我也看他。他一直对我笑，特别熟悉，好像在说："可看到你了，太好了。"我吓了一跳。每个人都向我发出这样的微笑，就是你是他的亲人、兄长。后来我就不敢跑了，有人笑的时候，我就慢慢跑，肯定觉得我的裤衩出问题了，一切都很正常。后来我才知道，所有人都这样，对你微笑，他们国家的文化就是这样，这是个全民佛教的国家。而且是这样，你如果一个人在外面就微笑，就像泰国人一样，你就打不起架来。东北人爱吵架。你如果老是跟别人微笑，你看到一个你不喜欢的人对你笑，算了，这事情不好弄。像泰国人都是这样的，你就打不起来。他认为人是可爱的，是值得尊重的。人是神的子孙。人确实是神的子孙。神是谁？就是你的父母。你不觉得你的父母神奇吗？他们相爱就已经很神奇了。虽然没有经过你同意。最主要是他们生下你，而不是别人，你是幸运的。你想一想当年你父母生下的是谁，想到这点，你应该觉得太庆幸了，生下的是你，这就是神的子孙。好多东西你不能指望政府。每个人自己努力，每个人需要修炼。那么我觉得回到牧区比我在城里面有进步。嘿嘿，晒得特别黑，晒得简直像熟食店里的酱油肉。但是心里其实很幸福。

有人问我幸福是什么？我觉得幸福是平静，你平静，你腰不疼，你也不欠别人钱。平静之后家里也很好，家里老人也很好，儿女也很好，这就很难得很难得了。你看牧区那些人都很平静。我真想说你过来，你为什么这么平静？而我的心像南斯拉夫民歌唱的那样：“那姑娘，你为什么不平静？不诚实的少年欺骗了我。深深的海洋，你为什么不平静？不诚实的少年欺骗了我。”平静，敬畏天地，心里安稳。孝敬父母，爱护自然，尽自己的能力，能什么样就什么样，然后在心底里学习科比。虽然科比不是蒙古人，我也把他拉在蒙古人的阵营里。这是我的分享，谢谢同学，谢谢老师！

（张文莲根据录音整理，王玮康校核，有删节）

鲍尔吉·原野老师在讲演

区委宣传部副部长林海军在给瓯海中学授牌

区社科联主席王玮康给瓯海中学赠书

活动花絮

活动花絮

主持人周吉敏

活动现场

鲍尔吉·原野老师在给粉丝签名

听众朗读琦君作品

（摄影：除图8为王玮康摄影外，其余图片为季克钰摄影）

第二期活动

时间地点：2018 年 9 月 7 日（周五）上午，在三溪中学（琦君文学馆）举行。

嘉宾介绍：陆春祥，笔名陆布衣，中国作协会员，一级作家，浙江省散文学会会长，浙江传媒学院、浙江理工大学等客座教授。现任浙江华媒控股股份有限公司监事会主席，浙江省作家协会第九届委员会主席团副主席，杭州市作协副主席。出版杂文随笔集《新世说》《病了的字母》《新子不语》《焰段》《字字锦》等著作十余种。作品曾获第五届鲁迅文学奖、浙江省优秀文学作品奖、上海市优秀文学作品奖、中国报纸副刊作品金奖银奖等。他的随笔写作风格，在全国独树一帜，它不像一把把锋利的手术刀，却如一味味温和的中草药，直抵社会现实的疼痛和人性的病处，既鞭辟入里，切中要害，又充满了善意和关切，柔中带刚，让人回味。

陆春祥：建立适合自己的阅读目标

9 月 7 日上午，第二期“桂花雨读书会”暨“琦君文化进校园”活动在琦君文学馆如期举行。浙江散文学会会长、鲁迅文学奖获得者陆春祥与三溪中学文学社的学生和老师们，以及桂花雨读书会成员和来自各地读者分享了自己的阅读心得。在读书会上，瓯海区社科联主席王玮康将“琦君文化进校园基地”牌匾授予三溪中学，这是继瓯海中学之后的第二个基地授牌。琦君文化研究会会长周吉敏主持活动。

陆春祥老师以“建立适合自己的阅读目标”为主题，与大家分享了他的读书心得、写作经验，以及新作《而已》。他分别从“古和今”的传承、“中和外”的吸收、“博和专”的选择三个方面进行了阐述。他说，阅读是改变贫穷和低俗的唯一工具。读书著作要以“德行”为首要，要教育学生做有“德行”的人。他以《论语》为例，简单扼要地指出孔子的核心思想是：仁，仁者，人也。将“学而时习之，不亦说乎？”阐述为另一种新意：“把学到的东西偶尔用在实践上，不是很快乐吗？”顺手牵羊的“手”是哪只手？物极必反的“极”在哪？因噎废食是速度还是量？在咬文嚼字中获得别开生面的阅读新意和愉悦。陆春祥老师从卡夫卡、鲁迅、胡适等名家学者谈起，结合自己的作品《而已》《新子不语》等，从老师学生的教育层面切入，抽丝剥茧，层层递进，点拨学生找到事物“表和里”的辩证，用哲学的角度去分析和引导，并进行习作方面的强化训练。这些独到深刻的写作心得，引人入胜，在座的老师和学生频频点头。

在分享结束时，陆春祥老师谈到名家说文化，并将梁晓声“根植于内心的修养，无须提醒的自觉，以约束为前提的自由，为别人着想的善良”，余秋雨的“中华文化的钥匙：君子之道”“一切文化最后都沉淀于人格”送给在座的各位老师学生。在这些经典的文学名言里，我们看到了文学的真正“表与里”。

随后，三溪中学的学子们朗诵了琦君先生的《桂花雨》《下雨天，真好》等作品，声情并茂，情深意长，赢得了阵阵掌声。文学名家以不同的形式走进学生们的心灵，开拓他们的文学视野，提升他们的文学素养。

（文/林晓微）

陆春祥老师在讲演

区社科联主席王玮康在给三溪中学授牌、赠书

参观琦君文学馆

活动现场

陆春祥老师签名活动

学生朗读琦君作品

举办者与陆春祥老师合影

陆春祥老师与学生合影

（照片拍摄/潘胜波）

第三期活动

时间地点：2018 年 9 月 27 日（周四）晚上，在温州大学人文学院举行。

嘉宾介绍：赵柏田，著名作家，中国作协会员，浙江省作协签约作家，在各大期刊发表作品 200 余万字，入选多种选刊、选本及年度排行榜，部分作品译介到国外。曾获“十月”散文奖、2000 年浙江省青年文学之星、全国大红鹰文学奖等。致力于思想史及近现代知识分子研究。

谷禾，著名诗人，中国作协会员。十月杂志社事业部主任，编辑。著有诗集《飘雪的阳光》《大海不这么想》《鲜花宁静》和小说集《爱到尽头》等多种。曾获得“华文青年诗人奖”“《诗选刊》年度诗人奖”等多种奖项。

周吉敏，浙江温州人，中国作协会员，中国民间文艺家协会会员，琦君文化研究会会长。出版有散文集《月之故乡》《民间绝色》《斜阳外》，编著有《一生爱好是天然——琦君百年纪念集》《塘河》文化系列书籍。

漫步在诗意的大地

秋风徐来，银杏飘舞，秋意正在大地诗意地蔓延。9 月 27 日晚上，第三期桂花雨读书会暨琦君文化进校园活动联合温州大学罗山人文沙龙，以“漫步在诗意的大地”为主题在温州大学育英图书馆举行。

这次读书会邀请当代著名作家、学者赵柏田，《十月》编辑、诗人谷禾，本土青年作家周吉敏等嘉宾参加。同时，活动以“嘉宾介绍”“主题分享”“交流互动”“作品点评”四个环节依次展开，吸引温州大学“栖风文学社”“文字作坊”的学生及社会各界文学爱好者参与。

温州大学孙良好教授以诗意的言语介绍了各位嘉宾，嘉宾们围绕这次读书会的主题，分别阐述了自己的观点和经历。

作家赵柏田提到两个问题：第一，“为什么要旅行?”第二，“如何以阅读打开视野?”生活就像一个盒子，闷了，困了，就打开一个口子，去旅游，去远方。旅行就像是打开生活的那扇小门，远离尘世纷扰，享受那种天马行空的自由感觉。在旅途中，携带一本书，书与旅行相伴，让每一个词都落到实处，两者相互感应、相互印证，形成一种奇妙的感触。这时，你对世界的认知、情感的认知就会进入一个全新的世界，就像经历一场激动人心的爱情。

诗人谷禾说，现代交通将“远方”的地理距离拉得很近，从前的“走马观花”到现在的“一晃而过”，社会节奏加快，现实中很多风景都被忽略。诗与远方越来越稀罕。那么什么才是真正的诗与远方呢？是闷热的酷夏，一阵清风掠过庭院；是月光皎洁的夜晚，抬头的那一仰望；是每个人内心残留的那一抹柔软。真正的诗意在身边，在当下，关键在于你是否有一颗诗心。为什么很多写作者写不好，因为没有找到世界的视野，要有意识地到世界各地走一走，走进生活、走进自然。自然就是诗歌，外面的世界给写作者提供了认识家乡的参照。

作家周吉敏说，诗是散文的灵魂，大地给予我们行走的自由，就如散文给予我们写作的自由。在我的意识里远方有两个，一个是地理上的远方，一个是精神上的远方。自己没有地理上的远方，但一直以阅读构筑自己精神上的远方，供养自己地域文化的书写。同时，这几年致力于温州地域文化的积淀，邀请许多名家来温州分享他们的学识，打开文化的视野，增长我们的见识。就如今晚，两位作家的学识和经验何尝不是我们的远方呢？

在“交流互动”“作品点评”环节中，与会读者与嘉宾们展开了文学写作上的沟通和交流，嘉宾们一一作了分析解答，并提出自己经验性的指导意见。

（文/林晓徽）

嘉宾和粉丝们合影

活动现场

温州大学人文学院院长孙良好

嘉宾赵柏田在讲演

嘉宾谷禾在讲演

第四期活动

时间地点：2018年10月15—16日，在啸秋中学和瓯海一高举行。

嘉宾介绍：蒋建伟，著名作家。《海外文摘》《散文选刊》杂志社执行主编，中国作家协会会员，中国音乐文学学会会员，中国音乐版权协会会员。主要作品：散文集《年关》，歌词《大地麦浪》《水灵灵的洞庭湖》《黑土颂》等。曾获湖南省委宣传部“五个一工程”奖，湖南省文化厅“群星奖”词曲创作金奖等。15篇散文入选大学、中考试题以及多种语文课外读本。现居北京。

著名作家蒋建伟来瓯海开展讲学和赠书活动

10月15日－16日，著名作家，《海外文摘》文学版和《散文选刊》原创版执行主编蒋建伟，应瓯海区社科联邀请，分别来到瓯海啸秋中学和瓯海一高开展讲学和赠书活动。此次活动由瓯海区社科联主办，瓯海区作家协会、啸秋中学、瓯海一高承办。

蒋建伟主要作品有散文集《年关》，歌词《大地麦浪》《水灵灵的洞庭湖》《黑土颂》等，曾获湖南省委宣传部“五个一工程”奖，15篇散文入选大学、中考试题以及多种语文课外读本。10月15日下午，蒋建伟以《散文的阅读与写作》为题，以想象力、观察和情感三方面为切入点，举例讲述了如何进行散文创作。啸秋中学全体教师、文学社成员等100多人参加了活动。

《散文选刊》杂志社向瓯海一高、啸秋中学、瓯海实验中学等学校赠送了4000本杂志。10月16日上午，在赠书仪式上，蒋建伟代表杂志社向学校各个班级赠送《散文选刊》，为学生添加了精神食粮。

在啸秋中学举办讲座

蒋建伟在讲演

蒋建伟向学生赠送书刊

学生在认真听讲

第五期活动

时间地点：2018 年 11 月 13 日（周二）下午，在瓯海区外国语学校六楼报告厅举行。

嘉宾介绍：潘向黎，小说家，文学博士。生于福建，长于上海，现居上海。著有长篇小说《穿心莲》，小说集《白水青菜》《轻触微温》《我爱小丸子》《女上司》《中国好小说·潘向黎》，散文集《纯真年代》《局部有时有完美》《万念》《如一》等多部。专题随笔集《茶可道》和《看诗不分明》出版后均多次登上京、沪书店畅销排行榜单。小说五次登上中国小说学会主办的中国小说排行榜，获第四届鲁迅文学奖、第十届庄重文学奖、第五届冰心散文奖（作品集奖）等重要文学奖项。作品被翻译成英、德、法、俄、日、韩、希腊等多国外语，并出版有英文小说集 White Michelia（《缅桂花》）。

考试迫在眉睫 而古诗是远方

——潘向黎讲演实录

人生所有的事都是一期一会的。一期一会的意思是只有一次，发生过后永远不可重复。大家想一想，如果明年我再来这里，即使你们所有人都出现，也不可能重复今天。比如说，张翎老师不一定在温州，她可能在加拿大，可能在中国台湾，可能在美国，可能在满世界地飞；孙良好院长不一定有空，可能在上课。即使碰巧张翎老师、孙院长都有空，王主席也有空，大家全体到场，而你们已经不再是今天的你们了，你们已经是初三的学生了，你们的状态，你们的心情跟今天肯定不一样。我也会又年长一岁，看世界、讲古诗的心情都会发生变化。所以今天接下来要发生的，我觉得是我们一生唯一的一次，希望大家好好地分享。

讲到古诗，希望在座的同学们先回答我一个问题：在座的特别讨厌古诗的有谁？请举手。好，我看见起码有 15 位以上同学表示讨厌。下一个问题是：在座的有没有喜欢古诗的同学？我看了一下，喜欢古诗的大约是讨厌古诗的两倍。我今天不是要只对喜欢古诗的小朋友讲，我今天也要对讨厌古诗的小朋友讲，因为我自己是两方面都经历过，我可能会是一个很了解你们心思的、一个比较知心的人。你们知道我的经历吗？告诉你们一个秘密，张翎老师说我是博士，你们肯定以为我的专业就是古典文学，甚至就是古典诗词，对吗？不对。我的专业是中国现当代文学。现当代文学就是大家熟知的鲁迅、巴金、茅盾、曹禺等等，一直到当代，包括张翎老师在内的中国当代的优秀作家创作的作品，都是我专业所研究的对象。

回顾一下我的童年。我出生在“文革”时期，当时的我不及你们这么幸运，可以有电影、电视、很多很多书籍，书籍还分文字本和绘本，我们当时没有，只有八个样板戏，专门写给孩子看的书几乎是没有的，只有少量的连环画，极具社会意识形态，反映阶级斗争的。用现在的眼光看，那些书籍不是特别好。第一是启发幼小心灵对陌生世界的敌意，首先对这个世界采取的是有罪假定。法律分为有罪假定和无罪假定。无罪假定的意思是，先设定每个人都是无罪的，直到出现证据和证人，才能证明一个人有罪，否则哪怕这个人是最大的嫌疑人，所有的嫌疑都指向他，甚至站上法庭都无法证明这个人是有罪的。有罪假定则相反，先推定每个人可能都是有罪的，只有自己或他人用非常确凿的证据证明他无罪，他才能洗刷自己有罪的嫌疑，证明无罪。我们小时候所受的时代暗示，阅读的书籍都在告诉我们要对陌生人进行有罪的假定。我认为是非常不好的。今天的孩子比较好的一点就是教育理念中接受了比较人性的、文明程度更高的对人进行无罪的假定。一直要相信这个世界大多数人是好的，是文明的，是友善的，直到他有问题暴露出来，才能认为他是有缺陷的，甚至是有罪的。这个事情是很慎重的，所以我觉得你们都会比我那个时代的大多数人一上来就领先了一步，在我心目中，这个才叫“不要输在起跑线上”。我觉得我们那一代人是输在起跑线上的，我们要花很多时间来对这个世界进行重新认识。我们小时候被灌输对整个世界、对陌生人采取戒备的、审视的紧张心态，怀疑每个人都是阶级敌人，这种眼光对孩子的成长是不利的，不容易成长为一个友善的公民，不容易成为一个心地光明的人。因此我认为我们这代人对世界的认知是真正输在了起跑线上，阅读的书太少，眼界受限。我很同情自己小时候，我多么想打通时空隧道，给小时候的自己输送一批童书，哪怕是安徒生童话、格林童话。然而没有办法，这是时代亏欠我们，而你们是真正赢在起跑线上的一代。

父亲在上海当中文老师，母亲是教外文的中学老师。我跟母亲单独生活在福建，父亲是在上海。当时因为“文革”，知识分子的两地分居问题没有得到解决，父亲是我日常生活中缺席的人，一年只有寒暑假出现在我身边。他发现我没有书可以读，就亲手把自己心里背得很熟的诗默写下来，每次留下一批诗，就去上海上课了。等父亲暑假回来再要我背给他听，临走的时候他会再写一批古诗给我，寒假的时候再检查。我们小学不教古诗词，读的时候会遇到很多问题，不知道意思，又无人可问。我记得有一首诗“与君离别意，同是宦游人。海内存知己，天涯若比邻”，对于“宦游人”我不懂，我当时想“宦游”难道是“换油”吗？我询问父亲，这个中文系的老师回答我说，不用懂，先背。我问什么时候懂呢？他说，你慢慢长大就懂了。因此很多古诗词，我不知道意思，但就这么背下来了。这样背，有一个好结果和一个坏结果。坏结果是我很多诗词的意思都是自己先蒙一个答案，当我读大学中文系的时候，发现这个答案是错的，甚至很多写法的笔顺也是不对的。好结果是我有点得意，我的同龄人都不读古诗词，就我开小灶在读，感觉自己在偷偷学一门独门秘籍，这种得意的感觉很好地鼓励了我，让我慢慢积累一篇篇古诗。

粉碎“四人帮”以后，知识分子的生活比较好过，为解决两地分居的问题，把我妈妈调到上海，我们全家就团圆了。回到父亲身边之后，他并没有时间管我的功课。他当时不但教本科生，还带硕士生和博士生，非常忙碌，而且我们家里也经常挤满了学生，需要等到睡觉才把他们请出去。我那时读复旦附中，做完功课开始读父亲书架上的书，读当代的也读现代的，包括读鲁迅、冰心、林语堂以及古诗词。好处是书很多，而且复旦大学图书馆藏书量很大，我经常拿着父亲的借书证去借书。坏处是父亲还是没空管我，忙着写作和带学生。我怎么解决古诗词碰到的问题呢？这时候好办了，父亲的书对我开放了，书下面都有注释，于是在我中学时代看了很多有注释的古典诗词。到了大学的中文系，中文系课程分得很细，有古代文学作品选、古代文学理论、古代美学、现代文学史、现代文学作品、当代文学史、当代文学作品、西方文学史、西方文学作品、西方文学理论，这些课一门一门下来，我的《古代文学作品选》考了当时学校的最高纪录，至今没有人破，99分。老师说当时很想给100分，但是我的师爷说中文系是不可以打100分的。我的《现代文学》反而只有97，我当年还是比较学霸的，这时候我才意识到童年我父亲埋下的种子很厉害，而且他说得有点道理，你只管背，不要管什么意思。学语言，要学得像母语一样，必须在12岁之前要过关。我到日本留学时已经27岁了，我虽然在东京住了两年，也用日文上课、听课、写论文，但是我的发音是永远不可能达到跟母语一样好的水平，而且我始终用中文思考，而不可能用日文思考。当然我英语比日语更糟糕，更不可能用英语思考。所以呢，学语言我给大家一个忠告，一定要赶在12岁之前拿下。另外一关就是16岁，16岁是背任何的典籍和作品的一个关卡，16岁背的东西你会记一辈子，16岁以后背的会打八折，25岁之后打对折。这点在我身上验证了，我在大学里背的东西，哪怕我考97、99分，我到后来都会忘记，会卡壳，比如《琵琶行》，我背着背着会糊涂掉，《琵琶行》不是在我童年背的，《长恨歌》也是。一个忠告就是，如果你对古诗是喜欢的话，不要被它的注释吓住，注释看多了会乏味。

演艺界有“小鲜肉”的说法，古代也有小鲜肉，叫玉人，或美人。中国古代的时候，有个美男子叫潘安，是最早的偶像级的小鲜肉。他出去游街，坐在马车上，喜欢他的人夹道欢迎，当然主要是女性，不断往他车里扔东西，有扔随身带的首饰，有扔水果，有扔鲜花，所以有典故“掷果潘安”之说。玉人，多美妙，比白面书生更美妙，玉带了质地感，有温润剔透的美感，所以“玉人”是当时很流行的对男人的美貌和风度的评价。不仅仅是评价外表，还应该品行正，有才华。品，才，貌，三者，貌居后。宋之问，写过“近乡情更怯，不敢问来人”。他有才华，但没品行，才子无行，他帮武则天的面首张易之捧尿壶，一路高升，张易之倒，他被贬，悄悄溜回家。近乡情更怯，为什么怯？包含了好几层意思了。表面上是说好几年不跟家里人通音信，不知道家里人怎么样，很怕家里出事情，所以不敢问；另一方面他是溜回来的，朝廷并没有赦免他，他是不可以回家的。他藏匿在朋友张仲之家。张仲之当时与驸马都尉王同皎密谋诛杀武则天侄子武三思，被宋之问听见就去告密，后张仲之和王同皎被杀，宋之问不但没有被追责，而且被封了新的官职。一直到最后又投靠了安乐公主。所以宋之问这样的人，长得再好看，能叫“玉人”吗？

如果一个德行很美好的人，但是长得不怎么样，也不年轻，是个老头，也可以叫作“玉人”。这就反映一个问题，重品、重才、重貌三者，中国人最看重哪样？排序应该是品德、才华、相貌。

在唐朝，品才貌，三者结合得完美的人，我认为王维可以当选冠军。历史记载王维美丰仪，白皙俊朗，谈吐极好，是一个文艺全才，与人为善。其次是刘禹锡，顽强豁达，重情义。再者为白居易、李商隐。

古诗对我而言是远方，不是柴米油盐，不是考试必须的。不能因为考试要背，丧失对古诗词的热爱。古诗词是祖先留下的最大福利，非常美妙，绮丽。如李清照《声声慢》中“寻寻觅觅冷冷清清……”一连串叠词，唇齿音，读着就能感受抽泣的声音。《春江花月夜》中意境的美好，不是一般人能体悟。外国人学古诗，常常一头雾水。

不管你当下喜欢与否，请不要永久拒绝古诗，给自己三次机会，高中，大学，中年，总会在某个时期，读懂诗中的况味。考试的古诗词有对错，答案只有一个，不考试的古诗词没有对错，只有美妙。古诗与生活，古诗与审美，是联结在一起的。诗是当下，亦是远方，希望你们正值青春年华能有一份对古诗的爱恋与憧憬。

（根据录音，王玮康校核整理，有删节）

潘向黎在讲演

温州籍海外华文作家张翎作为特邀嘉宾出席

温州大学人文学院院长孙良好教授作为特邀嘉宾出席

瓯海区社科联主席王玮康致辞

孩子们听得津津有味

举办者与嘉宾合影

跋

编写此书的目的，就是想做一个记录者。让做过的事，来过的人，说过的话……让所有在2018年为瓯海琦君文化工作添砖加瓦的事情和人物，在经过许多平常的日子后，都能有迹可循；在记忆经历了时光褪色之后，还能找到复原的脉络。

书已成稿，还有几句话交代一下：

一是本书所收集的内容，只作为资料存档、文化交流，并不作为商业运用。

二是本书所涉及的各项工作，都是在区委、区政府领导下，全区相关部门共同努力的结果，并不仅仅是笔者所在单位——瓯海区社科联一家之功。比如，琦君散文奖就是区委宣传部、区文联、区台办在主抓这项活动。

三是首届琦君研究高峰论坛学术论文部分，由温州大学人文学院孙良好院长认真校核过，在此深表谢意。

四是本书所收集的照片，大部分由活动举办单位提供，少部分由个人提供，在这里感谢潘胜波和季克钰的支持。

五是琦君散文奖板块内容，由区文联提供原始文字材料和照片，笔者进行了校核和整理。

六是桂花雨读书会暨琦君文化进校园板块内容，选用了两篇林晓微写的读书笔记内容。第一期桂花雨读书会的“鲍尔吉·原野瓯海中学演讲实录”，在张文莲的录音整理稿基础上，校核整理成稿。在此，感谢两位的辛勤付出。

我一直认为，琦君的作品，除了文学价值外，更值得挖掘研究的是蕴含在作品里的文化价值。比如，作品里呈现的瓯越地域民俗文化、倡导的中华民族优秀传统文化、饱含的思乡恋土的家园情怀、传递的人性伦理的博爱之美……当今社会，传统文化日益受到现代科技的冲击，现代社会新的人文价值体系正在重构之中，这个时候，琦君作品的文化价值弥足珍贵。经过多年的努力，瓯海打造的琦君文化品牌已经显山露水，呈现良好的态势。一代人有一代人的担当，一代人有一代人的作为，琦君文化工作也需要继往开来，持之以恒，在不断夯实的基础上，继续前进。

最后，对成全本书顺利出版的所有单位、个人，我真诚地道一声：谢谢！因为是在工作之余编写本书，时间仓促，定有许多疏漏谬误，还望读者诸君不吝匡正指谬！

王玮康

2019年2月18日